U0927048

谨以此书
献给
用心血和激情
哺育设计城的人

GIDC Insight
走进设计城

胡启志　韩治帮　主编

華南理工大學出版社
SOUTH CHINA UNIVERSITY OF TECHNOLOGY PRESS
·广州·

图书在版编目（CIP）数据

走进设计城/ 胡启志，韩治帮主编. —广州：华南理工大学出版社，2014.7
ISBN 978-7-5623-4094-2

Ⅰ. ①走… Ⅱ. ①胡… ②韩… Ⅲ. ①城市发展-概况-广东省 Ⅳ. ①F299.276.5

中国版本图书馆CIP数据核字（2013）第263167号

走进设计城
胡启志　韩治帮　主编

出 版 人：韩中伟
出版发行：华南理工大学出版社
（广州五山华南理工大学17号楼，邮编510640）
http://www.scutpress.com.cn　E-mail:scutc13@scut.edu.cn
营销部电话:020-87113487　87111048(传真)
策划编辑:赖淑华
责任编辑:潘江曼　赖淑华
印 刷 者:红苹果印刷有限公司
开　　本:787mm×1092mm　1/16　**印张**:23　**字数**:314千
版　　次:2014年7月第1版　2014年7月第1次印刷
印　　数:1~3 000册
定　　价:108.00元

序一 广东工业设计城：设计产业化发展的今天与未来

蔡勇

广东省商务厅副厅长、原广东省经济和信息化委员会副主任

这四年多，广东工业设计城以一种极为迅猛的姿态进入大家的视野，并成为我省设计产业化发展的一个缩影。

2009年9月5日，省经济和信息化委员会和顺德区人民政府携手共建广东工业设计城，这使我有机会见证设计城从5家设计公司发展到100多家，从50位设计师拓展到1000位，从当初的顺德工业设计园到广东工业设计城。园区企业总产值以每年50%以上的速度高速增长，定期举办具有全国影响力的9大品牌活动，每年接待近2万人次的参观考察。短短四年，设计城经历了飞速发展和巨变，成为我省设计产业化发展的一面旗帜。2012年10月25日，省委省政府在设计城召开了“全省设计创新促进产业转型升级现场会”。回首这段历程，广东工业设计城取得良好发展势头，既得益于产业发展的现实需求，也得益于其独特的发展思路和运作机制。

在经济全球化背景下，自2008年开始的金融危机导致全球经济的不确定性，使得以制造业为主导产业、出口依存度高的广东经济面临严峻挑战，产业转型升级成为必由之路。如何找到产业转型升级的突破口和抓手？设计创新成为一个新的选择。为此，我们提出

了产业设计化、设计产业化、设计人才职业化的发展思路，营造设计产业发展的良好生态。由此，全省设计产业蓬勃发展。因为顺德所具备的“敢为天下先”的改革传统、产业基础、主动变革的意愿、企业家精神等产业基因和文化因素，也因为顺德政府的大力推动和省属相关部门的支持引导与顺势而为、撬动发展的思路相契合，设计城落户顺德也就成为必然。

今天，设计城之所以能从一张白纸起步，后发先动从众多的设计园区中脱颖而出，并且其发展实践已经成为设计产业化发展的一种模式和样本，除了上述因素以外，设计城有其自己的特点：

一、省区共建的制度安排为设计城发展所需要的资源迅速聚集提供了条件。

二、同步构建有利于设计城发展的外部生态系统。

三、建立了设计与制造对接及设计成果产业化的有效机制。

四、设计城发展与城市化相结合，形成产、城互动关系。

五、确立政府引导和市场化运作相结合的运营模式。

如果说，设计产业化发展的今天，更多的是因为外部环境和压力所造成的，有自发和行政引导的因素，那么，设计产业化发展的未来，则更需要系统和科学的规划，以适应产业高端化发展和产业设计化的更高需求，使设计成为后工业化时代的先导性产业。如何保持和持续提升广东工业设计城发展的生命力、影响力？设计城不仅要成为一个空间载体，还要是一个精神地标，引领产业转型升级和二次城市化。

我相信，未来在书写和总结我省设计产业化发展的这一进程时，广东工业设计城一定会是其中极为亮丽和独特的一笔。让我们共同期待与见证。

序二 | # 设计创新推动产城融合发展

梁维东
佛山市委常委、顺德区委书记

今天的顺德比以往任何时候都需要设计。顺德已经进入后工业化阶段，客观上需要设计作为先导性产业引领顺德产业的转型升级。同时，顺德的再城市化更需要设计，通过设计将历史与现代、文化与自然和谐交融，创造出顺德独特的城市魅力。

我至今清楚记得，2008年底，北滘镇委镇政府向区里报告，计划建设一个工业设计园区。我们意识到这是从产业转型的战略高度所做的一步谋划。为此，区政府将国家知识产权局颁给顺德的“国家工业设计与创意产业基地”牌子授予北滘，为其奠定发展的高起点。开园半年，我们又借全省支持设计产业发展的东风，拓宽视野、因势利导，以“省区共建”的创新机制，将“顺德工业设计园”提升为“广东工业设计城”。在设计城的成长过程中，北滘看准工业设计的生命力，依托企业自主运营，用较短时间通过城市更新改造，创建出一个高水平的专业园区。她的诞生，体现了顺德人把握产业发展脉搏的敏锐性和推进产业转型升级的坚定决心，用事实印证了我区“城市升级引领转型发展，共建共享幸福顺德”战略的科学性和可行性。

产业是顺德发展的根基。过去30年，顺德以工业立区创造出辉煌成就。但新形势下，原有发展模式受发展空间、环境生态、社会管理等诸因素制约，与城市、社会的共生发展产生矛盾。我们需要寻找新的产业以解放更强大的生产力。创意设计是智慧型产业，一方面以文化为工业产品增值，另一方面聚集高端人才反哺城市升级。

世界城市发展史告诉我们，产业应该与城市的发展同步双生，融合互促。如美国的新泽西城，地处纽约和费城两大城市之间，虽难形成中心城市，却是典型的“网络城市”形态。这与顺德地处广州和深圳两大城市之间，努力构建网络型“魅力小城”的区位条件相似。从产业变迁看，新泽西在经历高速工业化、完成初始积累后，转型发展科技教育、营造宜居环境、提升城市品质，成功转变为“科技之城”“花园之城”。“广东工业设计城”的探索和建设，也同样找到了转型之匙，是推动产城互动、建设“魅力小城”的成功实践。

历经四载，“广东工业设计城”的发展形势是喜人的。从“园”到“城”的升级提升，本土的设计企业首获德国红点设计概念奖，在第五届“省长杯”工业设计大赛10强中占据了4席，工业设计的服务对象已从传统家电业延伸到各个行业领域，全国、亚洲乃至全球的优秀设计企业、设计师纷纷落户……这些都充分说明，顺德的创意设计如大树般正茁壮成长，走向枝繁叶茂、花果满枝。

千里之行始于足下，我们的转型之路还要迈出更大步伐。全省设计创新促进产业转型升级现场会在设计城举行，随着《促进我省设计产业发展的若干意见》的颁布实施、我区“十二五”期间《设计创新提升计划实施方案》等的制定出台，我相信我区的创意设计产业会更具引领性，推动顺德产城融合，实现新的更好发展。我更衷心希望，这一新的产业发展所体现出的危机意识、敏锐触角、创新理念，能更深刻地成为我们的思想内核，为顺德城市与产业的转型升级营造更多元化、更具生命力的强大引擎。

前言 潜心思考 脚踏实地

胡启志
中国工业设计协会副秘书长、广东省工业设计协会秘书长

今天，我们正处于一个迅猛变革的时代，正处于计划经济向市场经济、传统社会向可持续发展社会转型的关键时期。在这个转变过程中，设计创新的作用日益显现，并成为衡量一个国家和地区竞争力的重要标志之一。

自2008年温家宝总理批示“要高度重视工业设计”，到2010年7月22日，国家工信部等11部委联合发布《关于促进工业设计发展的若干指导意见》，再到2014年1月22日，国务院总理李克强主持召开国务院常务会议，部署推进文化创意和设计服务与相关产业融合发展，2014年2月26日，国务院正式颁发《关于推进文化创意和设计服务与相关产业融合发展的若干意见》，工业设计在塑造制造业新优势方面的重要作用和核心地位越来越得到肯定和重视，可以说，我国工业设计的发展迎来了黄金时期。也正是在这个阶段，在广东顺德，以“广东工业设计城”的建设为舞台，展开了一场以落实广东“产业设计化、设计产业化、设计人才职业化”战略的成功实践，成为一个以设计引领推动产-城-人互动实践的典型样本。

这是一本记录广东工业设计城发展历程的书，它以一个个鲜活的、真实的故事串联起设计城建设的脉络，也从一个侧面反映出在

广东产业转型升级大时代背景下，工业设计在推动“广东制造”转向“广东创造”的过程中，由后台走向前台、从配角到主角的蜕变。

本书的重点在于记录，而不是总结，如果能让读者和广大从业者从设计城发展历程中，引发对设计产业发展的思考，能够对广东乃至中国设计产业的发展起到参考和借鉴作用，就达到了我们的目的。

对于设计城的建设，不同的角度会有不同的解读。2013年，广东省工业设计协会受顺德区委托，组织开展对顺德设计产业的梳理和对顺德105设计大道的规划研究工作，解读设计城的经验和做法也是其中重要的任务。作为设计城发展的见证者和参与者，我认为设计城这个项目，它不是设计产业的简单聚集，而是通过引进新产业、新人才、新理念，搭建产学研协同创新平台，组建创新团队，发展高端设计教育，举办有影响力的设计活动，来促进科技与文化的融合、设计成果与产业及资本的对接、城市从硬到软的转变，设计是构建“魅力小城”的重要抓手。其实，这与其说是我对设计城的解读，不如说是我对设计城的期望更为准确。

随着习近平总书记到顺德设计城视察，并对设计城发展提出了新的更高的要求，设计城的建设需要好好理清思路，重新出发。以历史的观点来看，广东工业设计城还很年轻，就像中国的工业设计一样，才刚刚起步，还需要思想的指引、时间的沉淀、成果的积累，还需要培育产生我们自己的设计思想和设计哲学，希望设计城能成为这样的摇篮，进而真正成为一面旗帜和一个象征。

当产业变革的重任摆在面前，我们能否让工业设计真正肩负起这样的使命和责任，这是我们所有从业者需要认真思考和努力践行的。潜心思考、脚踏实地、迎头赶上，这才是我们当下的努力方向和任务。感谢那些用心血和激情哺育设计城的人！

2014年2月23日
于广东工业设计城

目 录
Contents

目 录
Contents

2012年10月25日，中共中央政治局委员、时任广东省委书记汪洋等一行人参观广东工业设计城，从一排撑着太阳伞的圆桌下经过。当时，一位正在圆桌上谈生意的年轻人掉过头来，大声打招呼说：“汪书记好！”

令汪洋没有想到的是，这位偶遇的设计师，竟然是4年前认识的故人——青鸟工业设计有限公司市场总监宋颢。4年前，汪洋找了老半天，才在一家废旧电扇厂的厂房里找到了当时北滘唯一的一家设计公司——青鸟工业设计有限公司。这家公司是顺德最早的工业设计公司之一。几年经营下来，固定的客户并不多，且由于企业对设计的价值认知不够，加之设计公司之间存在价格竞争，公司始终徘徊在生存的边缘，发展缓慢。当时的情形，也令汪洋不由地担心。

士别三日，当刮目相看。凭着设计城的集体品牌，借助设计城的服务和对接平台，加上设计师们的共同努力，今天的青鸟和园区内许许多多成长型的公司一道，在开拓客户、凝聚人才、增长见识、完善自我的过程中迅速发展壮大。4年之后，宋颢已经“发达”并开上了宝马。青鸟的一飞冲天，堪称顺德工业设计产业发展壮大的缩影，顺德乃至广东的产业升级转型，正从一个个设计灵感中获得越来越强劲的动力。

4年前的刻意寻找，再到4年后的不期而遇，似乎冥冥之中，有着一股说不清的力量。如何解读这种力量？那么，就请翻开《走进设计城》这本书，与我们一起收拾时光的碎片，体会广东工业设计产业发展的激情与梦想吧。

第一章

缘起 | Original

谁说蚂蚁不能举重
蝴蝶不能扇起风暴
星星之火不可以燎原
这个世界正在悄悄改变

这个世界正在悄悄地改变。

四年前，北滘三洪奇牌坊前的那片破旧毛纺厂，依旧沉睡在乡镇工业的历史尘埃里，顺德本土的设计师寥若晨星。

四年之后，光阴变了个戏法，一座充满设计与创意元素的园区在珠三角西岸的土地上迅速崛起，一个高端的本地设计“军团”开始蜚声海内外。

从无到有，从小到大，由园及城，广东工业设计城的快速发展，已然成为中国工业设计领域的一个“标杆”。

星星之火，可以燎原。这点点星火，是改革开放30多年来蓬勃兴起的顺德制造业，是一群有志于以设计创新重振制造业的基层探索者，是一群高屋建瓴放眼未来的政府官员，也是一群独具慧眼的学者，一群心怀壮志的设计师，一群夜以继日以辛勤汗水浇灌的建设者……

星火不会熄灭，改变不会停止。今日的广东工业设计城，每天都有新的设计在进行，每天都有新的产品在诞生，每天都有新的项目在推行。传统的制造业悄然“变脸”，新产业与新人群正在聚集，他们将发出新的光芒，孕育广东工业设计新的明天。

基层的大胆探索

○一次临时安排的考察

历史总是惊人的巧合。

1992年，邓小平第二次南方视察，再次视察顺德。在来到珠江冰箱厂（现海信科龙集团）时，他提出“发展才是硬道理”。这寥寥数语，指引了神州大地改革开放发展的方向，也让倍受鼓舞的顺德在不经意间站上了时代的潮头。蓬勃发展的乡镇工业始开全国先河，率先开展企业产权制度改革，顺德制造由此昂然崛起。

16年之后，一次视察再次改变顺德的产业生态。这次的故事要从20C8年10月说起。当时，上任近一年的中共中央政治局委员、广东省委书记汪洋考察顺德。期间，他想看看顺德的工业设计产业发展情况。然而，顺德那时还没有集约的工业设计产业园，陪同参观的顺德区官员只找到了105国道旁的一家小型工业设计公司——青鸟工业设计有限公司。

陈刚昭就是这家公司的执行总监。当时

原本只安排了10分钟的调研时间，汪洋却在青鸟待了近40分钟。他饶有兴致地参观，详细询问青鸟目前的运行情况。陈刚昭回忆说，当时他们将工业设计企业面临的种种困境向汪洋书记进行了汇报，其中重要的一点，就是无论企业还是社会都还没对工业设计形成足够的重视。汪洋了解后，前瞻性地提出发展工业设计产业的设想。

省委书记对工业设计的支持与肯定，正与北滘苦苦寻求产业转型升级突围之路的发展需求不谋而合。早在2007年9月，碧江金楼，北滘官员们已经邀请了全国各地的创意产业专家集聚一堂，为北滘的发展出谋划策。虽然那次“头脑风暴”并没有将起爆点十分明确地锁定为“工业设计”，但通过文化创意产业将北滘建成一座独具特色的魅力小城，已给镇委镇政府官员留下深刻印象。汪洋的这番设想，恰似灵光一闪，击中了北滘，也坚定了北滘政府发展工业设计的决心。

顺德人的务实和尽责， 使北滘人没有简单地跟随和盲从。彼时，全国的文化创意产业如同一锅烧开的水，强烈地冒着蒸汽与泡沫。国际和国内工业设计发展的大势，以及纽约苏荷、巴黎左岸、北京798、上海8号桥等世界各地的故事，让有志之士热血沸腾。在深圳，同时有几十家文化创意产业园在争先恐后地铺摊子。

先后综合考察国内数个创意园区后，北滘将目光投向了珠江东岸的深圳。他们结合北滘的实际情况，认为，全国工业设计产业发展正处于方兴未艾之时，北滘及整个珠三角地区强大的制造业基础为工业设计的发展壮大提供了有力支撑，引进工业设计可将传统产业“拉长拓宽”，将传统优势变得更优。深圳“设计之都”让北滘人眼前一亮，“我们要的就是这个”。“设计之都”慢慢成了北滘以工业设计实现转型突围更为具象化的标杆和图谱。

与此同时，整个顺德转型升级也在紧锣密鼓地推进之中，其他镇街也都开始各自的探索之路，有些镇街甚至已经开始讨论发展创意产业的可能性了。2008年7月，“顺德创意产业园”在大良街道凤翔工业区内挂牌。虽然这与北滘工业设计产业是错位发展，却也表明时不我待的紧张气氛，北滘必须加快推动进程。当年10月，北滘镇经济发展办公室（现镇经济促进局）副主任邵继民正式领命，负责工业设计园的筹备和落实工作。这位在20世纪90年代顺德企业产权制度改革中的“研究生秘书”，15年后又一次披挂上阵了。汪洋的设想即将在北滘付诸实践。

2012年12月9日，广东工业设计城迎来了一位尊贵的客人。

当天正值周末，设计城内的工作一切如常。前一天晚上，设计城接到政府的口头通知，“有一位领导要来”，以为是例常的考察，就没有做刻意准备。10时21分，几辆中巴驶进设计城，习近平总书记从车上走了下来。中共中央政治局委员、时任广东省委书记汪洋，广东省委副书记、省长朱小丹，佛山市委书记李贻伟，顺德区委书记梁维东等领导陪同。

首先参观设计城博物馆，广东工业设计城相关负责人进行讲解。当看到一款不用油就可以炸薯条、炸鸡翅的空气炸锅时，习近平就问：“能不能炸油条？”当看到一把把融入东方元素的椅子时，习近平就说，椅子的市场非常大，他也在找一把既舒适、又健康的椅子，却很难如愿。

一直心系工业设计的汪洋已经是设计城的“老熟人”，这一次，他义务担任起“讲解员”“演示员”。在一款老年人浴缸前，汪洋一边解说着产品功能，一边按动开关调节升降。

习近平一路听、一路看，还不时亲自体验产品功能。当听说汪洋亲自出面与国家有关部门协商，为广东设计师争取到了职称，还把全省最好的荣誉颁发给优秀设计师时，习近平频频点头。

在即将离开设计城时，设计城相关负责人对习近平说：“我代表广东工业设计城的800名设计师，感谢总书记对工业设计的关怀。”

习近平对广东工业设计城的发展寄予了厚望，他说：“希望我下次再来的时候，你们这就有8000名设计师了。”

总书记的考察历时27分钟，比预定安排延长了10多分钟。

1992年年初，邓小平南方视察，在顺德视察珠江冰箱厂，并提出“发展就是硬道理”的主张。20年后，习近平首次离京视察，其路线与1992年邓小平南方视察遥相呼应，其“8000名设计师”的提法，也被视为对经济转型升级的殷切期盼。

广州美术学院工业设计学院院长童慧明教授

○从无到有　园的崛起

万事开头难。

但一切的难题都被北滘的决心、诚心和对未来的信心一一化解。

工业设计园尚未开园，广州美术学院的童慧明教授与国内几家顶级美术学院磋商成立的工业设计产学研中心就已敲定落地北滘。来自深圳的园区专业运营商，与北滘顺利签订协议，承担工业设计园未来的园区运营，并推荐跨界设计师张建民提供园区的改造设计方案。就在签约的同时，对旧厂房的改造也立即如火如荼地展开。

“国家工业设计与创意产业（顺德）基地”揭幕，标志着国内首个由国家知识产权局批准的国家级园区正式开园运营

2009年1月17日，农历腊月二十二，距离除夕只剩8天，顺德工业设计园终于揭开神秘面纱，嘉宾如云，高朋满座。国家知识产权局副局长张勤和时任广东省副省长宋海等共同为“国家工业设计与创意产业（顺德）基地”揭幕，标志着国内首个由国家知识产权局批准建设的国家工业设计与创意产业基地正式开园运营。

顺德工业设计园的运营，实现了顺德工业设计的从无到有，无论是对本地制造企业还是对处于散兵游勇状态的设计业内人士来说，都是一件令人振奋的事情。但凡喜庆，广东人都有派发利是的习俗。考虑到大多数设计师对顺德、对北滘还不是十分熟悉和了解，北滘镇政府特别送给每位设计师一张公交卡和一张顺德地图。公交卡已经充过值，钱不多，但蕴含的却是政府的一份心意。

政策的“红利”随之而至。开园不久，北滘镇镇政府出台了《关于促进顺德工业设计园发展若干扶持办法》。政策明确指出，从2009年起，镇政府每年从预算中安排500万元，在优才计划、自主创新、推介活动等方面进行资金扶持。当年，就有21家设计企业获得共计183万元的发展扶持资金。政府还出资1000万元设立“中小企业信用担保基金”，与企业实行风险共担，并给予其一半的利息补助，这有效缓解了企业发展面临的融资难问题。

对园区内注册企业，根据签订入园协议时间，给予减免一至三年办公场所租金的优惠。其中，2009年2月前签订入园协议的，给予免收三年办公场所租金的优惠，并同时给予适当的办公设施支持；2009年7月前签订入园协议的，给予免收第一年办公场所租金以及第二年只收取50％办公场所租金的优惠；2014年前全国100强或上市的工业设计企业（必须提供专业机构证书），均给予免收三年办公场所租金的优惠。

2010年，北滘镇重新修订政策，出台《关于促进工业设计产业发展暂行办法》，扶持范围和力度进一步加大。新增设了“广东工业设计城设计大师奖”，对为工业设计发展做出突出贡献的设计师给予8万元的奖励，给予所属企业2万元的配套奖励。这也是全国首个镇级工业设计大师奖。

2012年，北滘镇又出台2012年3号文件，即《促进工业设计产业发展扶持办法（试行）》，更加深入和细化了对设计企业在担保基金、优才计划、自主创新、商业运作、企业进驻等方面的扶持。

一项产业扶持政策，四年调整三次，表达了当地政府对工业设计产业以及设计企业发自内心的关怀。2009年，顺德工业设计园开园当日的宴会上，时任北滘镇镇长、现任北滘镇党委书记冼阳福就表明心态：“现在当务之急是让他们（入驻设计企业）能赚到钱。”

○金楼论剑

根据国务院正式批复出台的《珠江三角洲地区改革发展规划纲要（2008—2020年）》，从目前到2020年，广东珠三角地区将建设以现代服务业和先进制造业“双轮驱动”的主题产业群。而在珠三角发展规划五大战略定位中，“探索科学发展模式试验区”和“深化改革先进区”被摆在前两位。而2008年末，时任佛山市委书记林元和曾经提出，佛山构建现代产业体系的核心就是提升全市整体产业水平，这就要求佛山淘汰一批落后产业，提升一批传统产业，培育一批新兴产业。有鉴于此，在提升顺德、北滘产业水平的过程中，工业设计无疑成为一个重要的发动机，基于这一提升传统产业的关键要素，一场名为“工业设计与中国创造”的大讨论，终于在2009年1月18日在北滘碧江金楼古建筑群拉开帷幕。

此前的1月17日，国家工业设计与创意产业（顺德）基地衔牌揭幕仪式暨第二届中国（顺德）国际工业设计创意博览会新闻发布会刚刚在北滘举行，而“金楼论剑”无疑是对北滘“下一个发展兴奋点”的再一次深入探讨。

中国综合开发研究院研究员李津逵、跨界设计师张建民、嘉兰图设计公司董事长丁长胜、当代著名艺术家舒勇、留英著名工业设计家石川、美的产品策划部部长谢华参与论剑，艺术家兼主持人区志航主持。论剑以工业设计与中国创造为主题，通过探讨金楼传统文化、顺德创意产业、工业设计与中国创造等话题，寻找北滘、顺德乃至中国工业设计的方向与路径，进而提升北滘乃至顺德工业设计在中国乃至世界的影响力，促进北滘、顺德乃至中国工业设计的发展，加快中国制造向中国创造升级步伐。

国家级的工业设计与创意产业基地，往往总是与制造业基地相结合。美国有硅谷，而中国也可以建设创意之谷，只不过在各类创意园全国遍地开花之时，落户顺德的国家级工业设计基地却单纯着眼于“工业设计”，从顺德制造业出发，没有将创意设计与物质产业分离，所以，国家工业设计与创意产业基地选择顺德，这是和谐共进的“天仙配”。

金楼论剑：工业设计与中国创造

○顺德的设计梦

从哲学逻辑上来说，必然总是各种机缘巧合的集合。

在顺德工业设计园及至广东工业设计城背后，蕴藏着工业设计的巨大需求。北滘工业设计的发展，犹如“点燃了工业设计的引线”。爆炸效应首先影响着顺德，点燃了顺德的工业设计梦。

制造业是顺德发展的根基。回顾过去30多年的高速发展，粗放型的资源消耗型发展模式已难以为继。顺德作为改革开放中率先起步的乡村工业化地区，更早地遇到了发展的瓶颈和限制。在顺德工作二十余年，现任北滘镇党委书记冼阳福认为，“顺德的发展需要转型变轨，既有的发展模式只是在原来的道路上越走越远，无法实现顺德的再次腾飞和引领”。工业设计在顺德的落地、扎根和成长，正是这种转型变轨需求背景下偶然中的必然。

2011年1月，《珠江商报》和广东工业设计城联合推出《顺德设计》特刊。佛山市委常委、顺德区委书记梁维东在首期《顺德设计》上刊发《发力工业设计正当其时》的署名文章，再次明确提出“在新的形势下，珠三角的产业转型升级正处在关键的历史时期，迫切需要加快发展现代工业设计产业”，同时表明顺德将对工业设计加以支持和培植，将其打造成为服务顺德、辐射珠三角、构建现代产业体系的“现代产业之都”“品质生活之城”的主要力量和新兴产业。

顺德早已把工业设计视作变“顺德制造”为“顺德创造”的有力杠杆。2008年，当时的顺德科技局就专门设立了工业设计科，时任局长的谭志亮曾经几下深圳“设计之都”洽谈合作意向。当年8月，顺德还出台了《促进工业设计与创意产业发展暂行办法》，对创意产业园区、服务平台、设计机构进行扶持，并评选认定“顺德区工业设计重点企业”。彼时，顺德工业设计园还只是设想，距离开园运营尚有近半年时间。这份文件已成为了顺德此后出台的多份工业设计产业扶持政策的蓝本。

工业设计园在顺德落户后，工业设计迅速并且毫无异议地成为了一年一度顺德工博会的重要内容。2008年9月，首届中国（顺德）国际工业设计创意博览会在顺德展览中心开幕，以“创新 创意 创造”为主题。第二年，主题演变为“设计与制造缔结永恒之约”，加速设计创意与工业制造结合，促进设计企业和制造企业的合作共赢，成为更为细致和具体的目标。

及至2010年第三届工博会，广东工业设计城地位愈发凸显，成为分会场之一，强化设计与制造对接依然是最大特色。2011年11月11日开幕的第四届工博会规模最盛，主会场广东工业设计城变身“创意亚洲现场”，3天内吸引参观人数超过3.6万人次，中外2000多家企业级商会组织代表前来现场洽谈。

依托广东工业设计城这个高地，中国（顺德）国际工业设计创意博览会这个舞台，顺德工业设计梦越绽放越绚丽。

省区共建为设计城的发展带来历史性的机遇

○由小及大　由园到城

心有多大，梦想就有多大，世界就有多大。

埋头探索的顺德工业设计在2009年又迎来了华丽的升级。这年9月7日，广东工业设计城在北滘正式揭牌。这是中国工业设计界里程碑式的项目，让北滘一跃成为全国工业设计产业高地，并承载了珠三角地区产业升级的殷切期盼。顺德工业设计园实现了迈向广东工业设计城的蝶变。

这是一个谁也没预料到的惊喜变化。顺德工业设计园运营之初，园区一期改造才刚刚完成，二期改造尚在进行之中。当时计划总投资是6000万元，改造面积是2.25万平方米。相较顺德工业设计园，广东工业设计城显然是一个“巨无霸”，规划总面积为2.8平方公里，是前者的47倍。

广东工业设计城的主体范围为，三乐路—105国道—跃进路—南源路—环镇西路所合围的区域，规划总用地面积为286.20公顷。

入驻的设计企业数量也大幅飙升。2009年底，引进国内外设计企业30家，如今已超过100家，入园设计师总数超过1000人，发展成为全国最有影响力的工业设计主题园区。德国红点大奖评审团主席朗·纳巴罗、著名设计师路易吉·克拉尼等百余位国际设计大师先后到访、讲学，美的、格兰仕等众多大型企业纷纷前来交流、洽谈。

“整个发展的速度和效果都大大超过我们原来所预料”，时任北滘镇党委书记徐国元曾这样评价从顺德工业设计园到广东工业设计城的这种发展变化。他坦言，2008年汪洋书记来考察时，北滘仅有一家小的设计企业，那时根本没有想到有这么大的设计产业园区。“能做一栋楼已经很不错，做三栋楼我都有点心虚，但现在已经有十几栋楼”，在他看来，这不仅“超额”完成了任务，更重要的是，工业设计作为一个新兴的产业已经在北滘生了根。

梁维东曾将尚处于起步阶段的顺德工业设计比喻为“树苗”。在第四届工博会广东工业设计城会场，他高兴地说：“整个创意产业已经长成了一棵树，还很健康，而且是迅速茁壮地成长”。离开时，他紧握住设计城运营商广东同天投资管理有限公司董事长韩凤琴的双手表示：“你们放心，我们会全力以赴地推进设计产业的发展。”

省区共建的示范

○省里“借来”的胆识

如果说汪洋书记一次临时的视察，催化了顺德工业设计的加速萌发，那么，后面发生的故事，则是省委省政府高屋建瓴的决策，给予基层探索者继续拓展舞台的胆识。顺德工业设计的历史画卷，开始变得越发精彩。

2009年，广东省明确工业设计归口省经济和信息化委员会管理，以加快推进工业设计发展。这年5月，省经信委副主任蔡勇赴日本、韩国考察工业设计，蔡勇的考察感受是：压力与动力倍增。

他当时设想，在珠三角地区要设一个点，让工业设计落在一个聚集区，以便成为全省的试验田。但是广州市的地价普遍偏高，合适的地点在哪里？有眼光、敢作为、执行力强的团队在哪里？寻找合适的地方、团队，这的确要费点周折。蔡勇的航班降落在香港，省工业设计协会秘书长胡启志的电话也到了，在香港生产力促进局接风的晚宴上，胡启志给蔡勇推荐了一位新朋友：时任

时任广东省常务副省长肖志恒来到设计城，在出席第五届“省长杯”工业设计大赛启动仪式前，饶有兴致地观看了充满水乡特色的行为艺术表演

省委政研室长期关注工业设计促进产业转型升级的课题，其调研报告指出设计城的发展方向正确、条件具备，应予重视和支持。该报告获得了汪洋书记的批示

北滘镇党委书记徐国元，这次会面也为后来的省区共建广东工业设计城埋下了伏笔。

与此同时，2008年10月的视察过后，百忙之中的汪洋依然关注着顺德工业设计的发展。2009年5月，广东省委政策调研室副主任张劲松一行，按照省委省领导的批示，前往顺德调研。

此时的顺德已经明显感觉到工业设计对广东转型升级的重要意义，认识到顺德工业设计园承担的使命已绝不限于顺德。时任顺德区副区长苏伟波也认为，假如仅是一个镇的项目，现在就可以“收工”了，但工业设计是关系到全省产业升级的，需要省里强有力的推动。针对广东工业设计城的谋划和筹办，成为了省委政研室长期关注的课题。省区共建正是在这种指导下碰撞出的火花。

这篇调研报告得出的结论是“把顺德工业设计园拓展为广东工业设计城的规划构想，方向正确，条件具备，总体可行，省里应予重视和支持”。2009年6月2日，汪洋对报告进行了批示。

在得到省里的认可后，由广东省经济贸易委员会、高校专家、学者组成的项目顾问和研究小组共同推出了《省区共建广东工业设计城工作方案》。一个占地2.8平方公里，在6年内将撬动10000亿元工业产值的宏伟蓝图就此绘就，广东工业设计城开始了腾飞之路。

2011年7月底，省委第十届九次全会刚刚闭幕，中共中央政治局委员、广东省委书记汪洋一行再次来到顺德调研。工业设计依然是汪洋十分关心的新兴产业。这次他对顺德设计寄予厚望，期望能够坚持不懈地发展，促进产业转型升级。3个半月后，第四届中国（顺德）国际工业设计创意博览会在广东工业设计城开幕。无暇前来现场的汪洋专门发来《给设计师们的一封信》。

广东省经济和信息化委员会与顺德区人民政府正式签约省区共建广东工业设计城项目，温国辉、蔡勇、刘海、梁维东、曹洪彬、冼阳福等省区领导出席了签约仪式

卸任的广东省省长黄华华，现任省长朱小丹，省委副书记朱明国，省委常委、副省长肖志恒等省委省政府领导，也先后多次前来广东工业设计城视察，关注顺德工业设计的发展。省经信委副主任蔡勇、省工业设计协会秘书长胡启志等更是广东工业设计城的常客，有时1月内多次往返广州、顺德。省区共建的广东工业设计城早已跨越了地域的限制，成为全省乃至全国转型升级的亮点。

广东工业设计城发展有限公司有关负责人曾这样评价：“汪洋书记第一次来视察，激发了设计产业的起步和发展。第二次来是鼓励顺德设计再出发，这将是工业设计获得更大发展的又一次绝好机遇。”

○“双子星座”的蓝图

在“由园变城”的过程中，广东省委政策调研室深入园区调研，和园区企业进行面对面的座谈。随着座谈的深入，一个个疑虑烟消云散。调研成果最终以一份报告的形式呈现出来，被递交给省领导，并在一定程度上促成了广东工业设计城的诞生。

2009年5月，时任省委政策调研室副主任张劲松、处长刘敏清等人按照省委省领导的批示，来到顺德工业设计园了解情况。调研前，他们对北滘做工业设计持有疑虑，毕竟，北滘只是一个镇，但工业设计承担的使命，是推动广东制造业的转型升级。一个镇，能承担这样的使命吗?

广东同天投资管理有限公司董事长韩风琴回忆说，张劲松等人经常来园区明察暗访，表情非常严肃，当他们和企业座谈时，问题问得很详细，好像要把最本质的信息一点一滴榨出来。“他们最关心的一个问题是，广东有这么多城市，北滘一个小镇，凭什么能把工业设计做大做好？”韩风琴回忆说，当时园区只有二三十家企业，张劲松等人一家家去看，一个个去问，对于这个项目的发展潜力和持续性，他们尤其关心。

北滘的制造业基础，位于广佛都市圈节点的特殊区位优势，让省政研室的领导提出了大胆想法——将顺德工业设计园拓展为广东工业设计城，使之与南海的广东金融高新技术服务区珠联璧合，结成“双子星座”。

“近年来，毗连顺德的南海区积极发展金融服务业，创办的广东金融高新技术服务区已具雏形，正成为佛山乃至珠三角地区产业升级的一个重要服务引擎。如果不失时机地把顺德工业设计园拓展建设为广东工业设计城，进一步把国内外工业设计高端资源引进和汇聚起来，打造珠三角地区乃至全国的工业设计产业基地和工业设计外包服务中心，则无疑是一个带动全局、影响深远的战略举措。这不仅有利于顺德和南海发挥优势、错位发展，而且通过打造顺德广东工业设计城和南海广东金融高新区这一对现代服务业‘双子星座’，必将为佛山乃至珠三角产业升级构建强大引擎。”正是在这份报告中，广东工业设计城的轮廓呼之欲出。

广东省委政研室张劲松副主任（中）

○上面吹来的政策东风

在全国而言，工业设计都是一个新兴的产业。虽然具有一定成长性，但探索发展过程中存在许多的未知数。就如同一颗幼苗，需要阳光、雨露的滋养呵护才能茁壮成长。来自省里的支持和肯定，成为了顺德工业设计实现由“园”到“城”跨越的基础。

2011年2月，广东省经信委副主任蔡勇又一次来到北滘。这一次他带来了好消息，酝酿已久的《关于促进我省工业设计发展的意见》(以下简称为《意见》)正式出台。这也是全省大力发展工业设计产业以来，首次以省政府名义发布的指导广东工业设计发展的产业政策。

《意见》指出，要围绕产业结构调整与转型升级主线，以企业为主体，以信息技术为手段，以人才培养为支撑，以粤港合作、省市共建为依托，以提升产业和产品市场竞争力为目标，加强政策支持和引导，形成设计创新、技术创新、品牌创建三位一体的创新机制，加快推动广东省从“广东制造”向“广东创造”转变。

蔡勇对政策亲自进行了解读，其中一条是“在具体部署上，以一个基地为基础，打造一批工业设计产业基地”。这里面所谓以“一个基地为基础”，正是广东工业设计城，其确定的发展目标是“培育成辐射带动效应显著的国家级工业设计示范园区”。

在《意见》列明的重点任务中，省区共建的广东工业设计城的发展方向更加清晰。第一条即是创建工业设计产业基地，“重点推进广东工业设计城建设，把广东工业设计城打造成为辐射带动效应显著、具有国际影响力的工业设计高地。”在串连起广州、佛山、东莞、深圳、香港等各个节点，形成一条主轴线的粤港工业设计走廊中，广东工业设计城也将占据引领地位。

更多肩负着期望的“荣誉利好”接踵而来。广东工业设计城运营之初，就被国家知识产权局授予“国家工业设计与创意产业基地”；国家工信部授予“国家新型工业化产业示范基地”；广东省经济和信息化委员会授予“广东省工业设计示范基地”。还入选广东省现代产业500强项目、广东省现代服务业集聚区，被纳入《广东省建设文化强省规划纲要（2011—2020年）》。第五届“省长杯”工业设计大赛也首次选择在广东工业设计城启动。

这股从上而下吹拂而来的东风，虽然没有直接送来任何资源，却带来了信任与期望，也激励着广东工业设计城的雄心。其发展规划是，到2015年实现产值100亿元，拉动工业产值10000亿元。

值得关注的是，由省经信委牵头制定的《关于促进广东省设计产业发展的若干意见》也将很快以省政府的名义出台，这将是全国第一个设计方面的指导性文件。《广东省工业设计“十二五”规划》也即将出台，全省工业设计产业的发展将迎来历史性的发展机遇，大步踏入春天里。

2010年，第五届“省长杯”工业设计大赛启动仪式在设计城隆重举行

智囊团与思想库

衡量广东工业设计城的开发建设进度，入驻园区的设计机构和设计师人数可能是最直观的指标。无从统计的是顺德工业设计由“园”到“城”的蝶变，源自于多少次头脑风暴。这是前人没有尝试过的探索，而改革总是要冒险，并可能产生始料未及的未知变数。来自智囊团与思想库的真知灼见与出谋划策，是将广东工业设计城这艘航船驶向彼岸的有力保障。

这群人中有政府官员，有学者教授，有设计大师，也有行业专家。一次次的论坛争锋，一次次的头脑风暴，一次次调研论证，最终才绘就好蓝图，选择好路径，推动顺德工业设计前行。在全国工业设计园区研讨会上，中国工业设计协会理事长朱焘直言，“工业设计不能关起门来搞，必须开放”。只有立足本地，面向全国，眼观六路，耳听八方，博采众长，才能走向世界，共同探索出有中国特色的工业设计产业发展之路。

○李津逵：“魅力小城”的催化剂

在专家智囊团中，综合开发研究院（中国·深圳）（CDI）城市化研究所应该是与顺德、北滘结缘比较早的。综合开发研究院（中国·深圳）又称“中国脑库”，是经国务院总理批准成立、在业务上接受国务院研究室指导的独立研究咨询机构，也是首批被列为全球百家著名脑库的中国机构。城市化研究所是CDI下属的一个综合性研究咨询团队，是中国土地学会团体会员单位、中国城市科学协会会员单位。早在2007年，CDI城市化研究所就在北滘开始了城市发展战略咨询工作，对于北滘形成“魅力小城”的城市理想起到了积极的推动作用。经过一番细致深入的研究，城市化研究所认为：

第一，顺德虽不具备形成单一中心、大城市的条件，但却具有在广佛大都市群中营建“网络城市”的基础。顺德的每一个镇街作为一个中小城市，进而组成水乡水城、田园城市的网络。而北滘可以将“智造北滘，魅力小城”作为自身的发展定位。李津逵是CDI城市化研究所主任研究员，也是顺德区、北滘镇两级政府的公共决策咨询委员会委员。从珠三角东岸的深圳奔波往返于西岸城市顺德，占去了他一年中不少的时间。对于北滘的发展定位，他有个更为形象的比喻，“如果说广州是一棵大树，那么北滘就是大树底下的碧螺春，北滘难以也没有必要长成一棵大树，美国多次评选魅力城市，当选的都是大都市圈中的小城，很多世界500强企业也将总部设在这些小城，北滘的各种条件跟这些小城非常相近”。

第二，百年前顺德率先工业化，但百年后重新工业化。而比顺德

综合开发研究院（深圳）城市化研究所李津逵主任研究员，是设计城发展的“智囊”之一

工业化晚30年建市的哈尔滨、大连、青岛等地，均已成为中国名城。其原因何在？没有城市化的工业化不可持续。顺德一定要补上落下的城市化的课。

第三，顺德缺少城市文化传统，但顺德的乡村是人类文明史上最优秀的乡村之一。保护顺德的岭南水乡，是城市化中的必做题。

除了研究咨询外，对于北滘如何通过工业设计推动“魅力小城”建设，CDI城市化研究所还开展了一系列具体的工作，主要包括：①与北滘共同发起召开“创意产业头脑风暴会”；②帮助北滘引进工业设计园区运营商；③协助举办城市大讲堂；④共同发起“北滘设计沙龙”；⑤编制研究工业设计城发展战略等。

在上述工作配合下，工业设计成为北滘在产业转型升级、提升城市品质方面的有力抓手。李津逵认为，工业设计不同于一般的文化创意产业，它既是制造业提升创新的希望所在，又是在传统的制造模式中长期被忽视、被挤压的弱势一族。可以说以往“中国制造”的巨大成功，恰恰形成“中国创造”的巨大障碍，这就是工业设计发展的困难所在。政府探索兴办这个大有希望又充满艰辛的事业，虽难以马上见效，却功在千秋。

CDI城市化研究所还建议，工业设计园区在未来新一轮的发展，成功与否不仅要看园区本身，更要看是否由此开始，有源源不断的新的社会群体进入，使得北滘的社会结构得到重组。因此，园区不能以一个独立的产业区存在，应该扩散渗透，与原有的城镇社会互动交流。在政府、企业、学校、社区之间打破围墙，实施整合，建设“我的北滘·我的家”的社会认同。

○柳冠中：首份工业设计数据的发布者

2011年11月，柳冠中又一次来到了顺德北滘。毫无意外，这位清华大学美术学院博士生导师、中国工业设计协会副理事长兼学术和交流委员会主任，此行依旧与广东工业设计城的发展密切相关。

这次，清华大学美术学院设计战略与原型创新研究所联合广东工业设计城发布了《中国工业设计园区基础数据统计报告》。这是全国首份工业设计产业的基础数据，该报告填补了多年来在工业设计企业、园区方面系统化基础数据的空白，集中反映了国内工业设计园区目前的发展状况及问题，将促进形成我国自有的工业设计行业统计规范，为政府评价园区发展提供理论支撑。柳冠中就是项目的主要负责人之一。

这份报告研究的试点园区正是广东工业设计城，柳冠中十分熟悉这个全国工业设计顶尖园区的发展。课题研究以设计企业自评、园区方评价、专家评价、总评等指标，全面展现评估每一个设计企业的发展状态和成长前景，俨然是广东工业设计城DNA数据库。他高兴地发表了结论，依据诊断，这个城是一个处于健康发展的“青年”。

柳冠中还建议，广东工业设计城要坚持工业设计的基础研究，比如支持工业设计基础研究项目，开发工业设计数据库，建设材料图书馆，甚至建设工业设计交易所，为设计师提供更多的支持。

用柳冠中的话来说，设计产品再好，也只是优良品种而已，还必须要有良好的土壤，如果土壤不好，设计产品也扎不了根，开不了花，结不了果。广东工业设计城所做的就是要培育这样的“土壤”，互相影响发酵，形成创新的产业环境，否则只是“涂脂抹粉”“穿衣戴帽”而已，根本没有触及长远发展的实质。

在他的推动之下，清华大学美术学院还与北滘镇人民政府签署战略合作框架协议。2011年，第三届清华国际艺术·设计学术月也首次移师北滘，并将与北滘联动机制固化下来，形成常态化机制。

清华大学美术学院博导柳冠中时刻关注并亲身参与设计城的专业建设

中国工业设计会副秘书长、广东省工业设计协会秘书长胡启志，为设计城的建设和发展倾注了极大的热情和心血

○胡启志：“顺德设计”的设计者

胡启志与顺德工业设计何时结缘，笔者无从知晓。《未来30年的中国梦——顺德北滘的再城市化》一书中提及，2009年1月，顺德工业设计园开园之际，细心的设计城负责人主动联系到了省工业设计协会秘书长胡启志，这为后来的省区共建广东工业设计城埋下了伏笔。

工业设计协会的作用是桥梁，是沟通的平台。胡启志将这种纽带的作用发挥到了极致，在广东工业设计城的开发建设过程中，充分协调了政府、企业、园区、教育和资本市场等各个层面之间的关系和互动。在顺德工业设计方面的重大活动上，都可以看见他的身影。2009年9月，省区共建广东工业设计城正式落户北滘，胡启志当之无愧地受聘于工业设计城，成为首批6名建设顾问之一。

经过几年实践发展，顺德工业设计在全省乃至全国都走在了前列。胡启志认为顺德工业设计路子走对了，但还要继续解放思想，并以国际视野来规划工业设计。因为部分人思想上还存在误区：

其一，提构建现代产业体系，必提战略新兴产业。其实传统优势产业的升级也有很大的空间。如何提升，就是靠设计。

其二，很多企业对工业设计的理解仅仅停留于外观设计这种肤浅的层面。一个工业设计，除了外观设计，还包含功能设计（实用新型）、原理创新（发明专利）、商业模式设计（商业模式的保护），并可以更进一步挖掘文化的价值，形成产品的核心竞争力。

胡启志还强调，顺德未来构建现代产业体系中，如何充分发挥工业设计的作用，还需要有一个有作为的政府强有力的推动才能实现。这具体可以从战略、机制、环境三方面着手。要推进“设计产业化、产业设计化、城市设计化”三化战略，形成“科技创新、设计创新、品牌创建”三大机制，将政策、产业、教育、资本、文化多方面相互融合，通过这些土壤，营造出一个良好的工业设计生态环境。

共筑同一个梦

○神奇的造梦师

2008年，北京奥运会，同一个世界，同一个梦想。以此来形容广东工业设计城的开发建设，同样格外贴切：一座发展的城，一个共筑的梦。

这个梦也起源于2008年。那年，当北滘人喊出“工业设计是北滘产业提升和实现魅力小城城市理想的重要抓手，这条路我们已然看清、看准”时，园区是新建还是旧厂房改造，这成为摆在决策者面前的第一个课题。

北滘决定放弃大拆大建，通过改造废旧厂房实现资源整合和功能重组，搭建工业设计的产业新平台。在时任镇长、现任北滘镇党委书记冼阳福的提议下，顺达毛纺厂进入了人们的视野，这片地处北滘三乐路和工业大道交汇口的破旧厂房区，在闲置多年后再次回到梦想舞台的中央，开始见证新一轮产业的交替。选址工作基本敲定。

“造梦师”很快到位，北滘选定的是张建民，邀请他为园区改造提供设计方案。此时的深圳设计之都已然成为全国三旧改造、产业升级的完美典范，各地工业设计园区建设的翘楚，张建民正是项目设计者。深圳南方国际摄影产业园、晋江国际工业设计园等，同样是张建民的经典设计之作。在这些从旧厂房改造而来的项目上，张建民大胆创新，尽量减少对原有建筑体的破坏，既减少了改造的成

本，又增强改造后的实用性，将建筑艺术的创意性发挥得淋漓尽致。

2008年12月11日，意识到“顺德人是动真的”，张建民连夜带着方案奔赴北滘，于第二天向北滘镇政府汇报设计的构想。“工业设计园是顺德制造业转型升级的重大战略部署，是一局角力全球制造产业链的关键博弈。我们选用了最能体现中国传统文化和智慧的‘围棋’作为核心创作元素，结合运用现代设计手法表现中国传统四艺‘琴、棋、书、画’。经纬交错，以园为局；黑白相间，以屋为子；集仟小成大观，以汇聚为力；从无序到有序，开启腾飞气象……”张建民娓娓道来，在场政府领导当场表达了对设计方案极大的赞赏和认同。

然而，张建民做事力求一丝不苟，追求完美。回到深圳后，他和团队对设计方案重新进行了修订，重新考虑了主题壁画的内容和形式。为了避免延误工期，张建民拨通了邵继民的电话，要求重新汇报，修改方案。

方案确定后，园区立即进入了施工作业的阶段，张建民也开始了在深圳和顺德之间的穿梭生活。时任北滘镇党委书记徐国元也曾做过顺德新城区建设开发中心主任，他深知在建筑整体结构不变的前提下，未来园区的个性完全取决于设计师的创意。用人不疑，疑人不用，他果断地对现场各路施工队伍说："一切听张总的。"

两个月后，顺德工业设计园开园运营。第一批入驻园区的青鸟设计总经理宋颢说："进入园区的那一刻，我着实吃了一惊，两个月前我就听说这里要建一个工业设计园，政府的相关官员还曾经就此事到我公司进行过调研。然而当时我却对园区的选址和创建园区的想法并不看好，但没想到的是，园区不但有了崭新的面貌，而且以超出想象的速度完成一期改造工程，让我彻底佩服。"

A-ONE学研中心设计室的石振宇也曾说，全国的创意产业园，90%是做房地产，但北滘则是要真的做工业设计了。

○敬业的大管家

选择合适专业的运营商，是摆在北滘面前的又一个难题。在深圳拥有丰富园区运营经验的专业团队是当之无愧的最佳选择。几经波折，北滘人终于用诚意和行动为设计城请来了国内最专业的园区"大管家"。

韩风琴，北滘政府理想中的运营商代表，这位20世纪80年代的专业女排运动员，经过北京体育大学和清华大学6年的科班学习，又在深圳商海搏击十余年，跌宕起伏的履历充满了传奇色彩，个性利落率直，做事极

广东同天投资管理有限公司韩风琴董事长是设计城名副其实的大管家

为稳妥用心。在北滘镇政府官员多次登门拜访之后，韩风琴决定亲自去北滘看看。而这一看，从此就与北滘结下了不解之缘。

2008年12月6日，双方在深圳设计之都进行了最后一次洽谈，彼时韩风琴已下定决心与北滘镇政府开展合作。次日一早，一份签字盖章的协议书送到了韩风琴手中，自此她将自己与珠江彼岸的广东工业设计城牢牢地系在一起，共同探索政府支持下工业设计园区商业化运作的全新模式。广东同天投资管理有限公司便在这样的背景下应运而生，担负起广东工业设计城的运营管理。

饮水方知开源难，园区建设初期面临着各种纷繁复杂的局面和种种突如其来的变化让这位久经商场的韩大姐反复思考着未来的发展——企业追求利益本无可厚非，但当对象是刚刚起步正处萌芽状态的中国工业设计时，按常规法则去选择无异于杀鸡取卵，那么该如何处理两者关系？这些困惑就像是一座座大山压在身上。在压力最大的时候韩风琴选择了去井冈山散心。果然，这个对中国革命有里程碑纪念意义的根据地让她豁然开朗，韩风琴决心树立在北滘“栽树”的心态，把“工业设计”当成一个事业来做，“既然是运营商，就要与政府、企业携手并肩，要让他们看到，大家都在用心地‘培育’这颗树苗，这样中国工业设计的春天才会让人有所期待”。

与此同时，同天加强了引进人才的力度，更下气力进行团队建设，力求打造一支更加国际化、专业化的团队，以便更好地履行运营商的职责。韩风琴很清楚，未来广东工业设计城的招商营运一定是在全球范围内整合各类设计资源，所以园区运营商必须付出更多的人力成本去延揽人才、培养人才。

过去几年，韩风琴几乎将所有的员工包括保安和清洁员都送到国外考察，让大家切身感受到国外先进的文明服务理念，开阔视野，从而提高服务的质量。今天的广东工业设计城，无论你何时进入园区，都能看见保安人员热情有礼的接待，以及被打理得干净、整洁的园区公共环境。尽管园区的面积在不断扩大，但这里的管理仍全面且细致，而他们的专业就体现在细节。

同天的优质服务团队助推了设计城的发展壮大，深受各界好评

优质的运营服务助推着广东工业设计城的发展壮大，同天也随之一同成长。广东同天投资管理有限公司有关负责人表示，有三个数字令她印象最为深刻：就在这年（2011年），同天共组织各类大小活动103次，共接待访客425批次6000余人。如此繁重的接待任务，饱含着员工忘我投入的工作热情。

作为政府的合作伙伴，同天这个大管家在做好园区运营服务的同时，还管着更多的事：接受政府工业设计城的战略目标定位和整体规划，对之进行论证并提出相应实施方案；为工业设计城的开发建设和运营提供，选择和整合社会、商业和企业资源；承接政府政策性优惠和补贴，负责工业设计企业及上下游企业的招商入驻等；与政府共同打造了设计沙龙、设计师之夜等品牌活动，活跃了园区设计师的工作、生活和交流氛围。

可以说，政府与运营商正上演着一场为顺德工业设计而跳的“双人舞”。

○设计英才的“百老汇”

评价和衡量一座城市的成功，有很多种不同的标准。最简单的方法，似乎就是“人多不多”。广东工业设计城的崛起，为坚守多年等待中国工业设计发展春天的人们，带来了难得的发展机遇。这好比搭起了一方舞台，“英雄好汉们”陆续登场。规划设计、产品设计、电子商务、手板制造、品牌策划等各类企业和机构纷纷进驻广东工业设计城，智慧碰撞，产业汇聚，在互相砥砺和交流合作中成长壮大。

张建民来了，他以中国传统的黑白相间的围棋布局，为广东工业设计城植入了东方的基因。“近水楼台先得月”，2009年1月，张建民的“中世纵横”顺利扎根北滘，成为入驻园区的首批企业。不久，他成功承接美的总部大楼的导向标志设计，把业务做到了顺德的地标之上。北滘、狮山等城镇的Logo设计、道路导向标识设计，也皆出自张建民之手。这片土地上留下越来越多的“张氏设计”印记。

2009年秋，英国皇家特许设计师协会会员、香港理工大学设计学院副院长李德志来了。他正式接受北滘镇政府的邀请，担任广东

北滘，魅力小城

工业设计城的顾问，对区内产业发展规划、工业设计教育培训、本地制造业与国际产业资源接轨等方面提供战略性方案，“粤港产业创新设计中心”也由此成立。一年之后，“产业创新设计工作坊”开班，56位设计企业高管开始接受全新的创新设计理念。

潜龙、青鸟、古今、尚致等本土工业设计企业也联袂而来。2008年前，顺德本地工业设计机构规模多在20人以下，人均年产值仅四五万元。入驻园区后，本地“草根”们与高手过招，迅速成长进步。汪洋书记当年视察过的青鸟，办公面积扩大一倍，业务量增加了三成。在2011年11月第四届工博会上，顺德区委书记梁维东问及“今年有什么变化”时，青鸟市场总监宋颢笑着告知，最大的变化就是赚钱多了，以前一年赚个百来万元，现在超500万元了。

国际高端设计资源开始频频向广东工业设计城抛出橄榄枝，超过100位的国际设计大师先后到访、讲学、交流，一批国外知名的设计机构陆续进驻。在一年内4次考察北滘后，德国红点机构主席彼

德国著名设计大师路易吉·克拉尼说：“只要用心去发展，北滘将会成为国际性的设计之都。”

得·扎克将红点中国办事处设在广东工业设计城。“红点”被誉为工业设计界的“奥斯卡”，除了德国本土外，红点只在新加坡和北滘设立了办事机构。

红点抢滩北滘一个月后，2010年7月19日，日本国宝级设计大师喜多俊之也与广东工业设计城签订项目合作战略框架协议，正式进驻北滘。无独有偶，这同样是喜多俊之在华设立的首个工业设计机构。“他们不是来扶贫的，而是来发展的。”广东工业设计城发展有限公司有关负责人一语中的，工业设计城的产业环境和发展理念是吸引他们的重要筹码。

德国著名设计大师路易吉·克拉尼、中国工业设计界的怪才石振宇等大人物也分别要来。清华美院、中央美院、中国美院、广州美院等全国四大美院联合在此设立A-ONE学研中心。香港理工大学设计学院、北京航空航天大学、清华大学等数十所高校也纷纷在此展开合作。

各路英才风云际会之下，广东工业设计城迅速扩容，入驻设计机构和企业超过100家，更多企业排队等候进入。“无中生有”的广东工业设计城不断积聚着能量，酝酿着新一轮的质变。

张建民不无骄傲地表示，“未来，这里将成为中国工业设计师最好的实现梦想和理想的地方。”路易吉·克拉尼也寄语：“只要用心去发展，北滘将会成为国际性的设计之都。”

○ 湿透的衬衫

罗马不是一天建成的，广东工业设计城同样如此。

在改革开放后近十年，北滘的经济增长速度曾长期保持在20％，最能体现经济运行状况的用电量年增长率也平均突破10％。这样的发展速度在百舸争流的珠三角也并不常见，曾主政佛山的广东省副省长陈云贤曾经常用“北滘速度”来激励其他镇街奋勇争先。如今，这样令人惊叹的发展速度再次在北滘工业设计产业上演。从规划到顺德工业设计园开园，只有2个月。从“园”到广东工业设计“城”，仅8个月。

一个不为人知的细节或许可昭示新“北滘速度”背后的故事。2008年12月7日，时任北滘镇党委书记徐国元身处深圳，与园区运营商韩风琴紧张地进行着谈判。设计城负责人在北滘企业服务中心静候着深圳的消息。韩风琴在合作协议上刚一签字，深圳的电话便打到了邵继民的手机上。邵继民随即给已经静候在顺达毛纺厂施工现场的施工队打去了电话：“开工。”工地上随即尘土飞扬，原来旧厂房顶上突出来的屋檐应声被敲下，工业设计园的改造建设宣告启动。

设计城负责人陪同著名经济学家吴敬琏参观设计城

至顺德工业设计园开园时，这种改造建设的步伐一直没有停止。2009年开园时，顺德工业设计园仅完成一期改造工程。运营8个月后，二期改造工程便已竣工。及至当年年底，园区预定的改造工程即全部完成。

“顺德工业设计园”这个头衔也正是这种干劲挣来的。旧厂房还在改造的时候，梁维东来到北滘，他在现场看到了一派生龙活虎的景象，感叹于这个并非由区政府事先规划却生机勃勃地成长起来的工业设计园区，不由地说：“谁愿意做我们支持谁，谁做得快我们支持谁”。他对北滘的干部们说：“别叫北滘工业设计园，把国家基地的牌子挂到这里。”于是就有了顺德工业设计园，并且挂上了由国家知识产权局授予顺德的“国家工业设计与创意产业（顺德）基地”的牌子。

随着由园到城的越级而立，广东工业设计城的规划蓝图愈发宏伟，还有上百家的设计企业排队等候进驻。依旧是一边开园运营，一边建设发展。在最初的几年里，每隔数月到访一次广东工业设计城，呈现在面前的都是让人耳目一新的变化。喜多俊之工作室的设立，已经突破顺德工业设计园最先的规划。

邵继民行色匆匆的步伐，经年累月忙碌的身影，是这种大发展、大建设背景下另一生动的注脚。无论是珠江西岸连日的绵雨，还是绵雨过后的暑热，似乎都没有对邵继民的工作热情有丝毫的干扰，工作到凌晨对他而言已经是习以为常的事情了。他不仅要为园区的事情操劳，还要为广东工业设计城实现远大的理想殚精竭虑。

开园以来，广东工业设计城迅速成为各方关注的焦点，全国各地慕名而来的参观考察队伍络绎不绝。不知不觉中，邵继民成了工业设计城的讲解员和导游。对园区发展如数家珍的他，会根据来访者的需求量体裁衣、对症下药，讲述他们希望了解的内容和信息，带他们参观希望看到的企业和平台。

尤其是到了夏季，邵继民上、下午经常是不同的装扮，不知情的人还以为他爱美。熟悉的人都知道，身体略微发福的他讲解时常常是全神贯注、忘我投入。往往接待一结束，他已经是汗流浃背了，以至于每天至少要换两次衣服，有时候更多。

深入到设计师群体中，邵继民又像这个班级的班长。他对于设计师的熟悉程度，不仅在于风格水平，更在于性格气质，做起工作来灵活多变，事半功倍。他独特的语言感染力，让政府的政策、企业的发展，在他口中都变得鲜活起来。听他剖析工业设计的发展，时常让人眼前一亮。

“开始做这个事的时候是把它当作一个任务，我自己也没有做过创意产业，但是当你接触之后，会慢慢感觉爱上他们了。设计本身就是一个很新颖的东西，设计本身这个事情在我心中引起了共鸣，我自己感觉很愉快”。即使每天忙得脚不着地，邵继民话语中依然透露着自己对广东工业设计城这份事业的热爱。而他只是千千万万以辛勤汗水浇灌北滘工业设计成长的参与者之一。

○最亲还是“娘家人”

2009年9月，省经信委杨建初主任在顺德区人民政府呈送的《关于省区共建顺德工业设计园》的请示报告里，写下了这样一句话：

要把这个省区共建的项目办成、办好！之后，就拉开了顺德工业设计园共建的序幕。从此，园区里的粤A车牌出现的次数就越来越频繁。这种频繁的背后，是省里各级部门在密切关注和支持着顺德工业设计园的建设。顺德工业设计园很快实现了从“园”到“城”的转变，“广东工业设计城”的名字也传遍了大江南北。人们都喜欢将制造比喻为设计的“婆家”，那么这些省里来的政府官员们，则是设计城当之无愧的“娘家人”。

在广东工业设计城成长的这四年，省经信委的官员们对往返奔波于广州、顺德两地的生活习以为常。在广东工业设计城几乎任何活动和会议上，都可以看见他们的身影。技改处处长许晓雄笑言，一年要去三四十次，“已经超越了出差的概念”。副处长陈文泉也打趣说道，“如果我能出门下基层，起码三分之一的时间是在工业设计城”。副主任蔡勇则笑着回避了这个问题，但大家都知道，他也是这里的“常客”，在省经信委牵头的20多个省市共建项目中，广东工业设计城是他最关切也是到访最多的地方。

省经信委的关怀犹如一只看不见的手，助推着工业设计城迈出每一步。在省区共建之初，在省经信委的多方协调争取之下，“广东工业设计城”的招牌落在了顺德身上，承载起全省工业设计产业示范发展的使命，各方资源也接连不断地向工业设计城倾斜。更深层次的“照顾”还体现在工业设计城发展更宏观和更细微的层面。省经信委联合顺德地方政府成立专门的领导工作小组，定期召开会议，沟通解决问题。没有“文来文往”，都是面对面的交流，扫清了省区共建道路上一个又一个阻碍。即使在日常的具体工作中，也经常出现省经信委官员们的身影。

蔡勇甚至被戏称为广东工业设计城在省里的“代言人”。在省委省政府会议或活动的公开场合，蔡勇总是会提起广东工业设计城，大力进行宣传推介。在省委党校给干部们讲课时，广东工业设计城也会成为经信委官员们必讲的案例。在每一份关于工业设计产业的政府文件和政策中，几乎都会出现“广东工业设计城”的字眼。“能写的我们都写了”，一位省经信委的官员说道。

更多的省级政府部门甚至国家部委，都被“拉”了进来，成为广东工业设计城的“亲戚”，对其发展都给予了莫大的支持。园区运营方广东同天投资管理有限公司董事长韩风琴逐一表示着自己的感谢：省委政策研究室一直密切关注着广东工业设计城的发展，多次对设计城的发展模式进行调研，为设计城的发展出谋划策；顺德探索建立广东工业设计研究生培养基地，省教育厅鼎力支持；省科技厅主管领导也考察广东工业设计城，在创新设计与知识管理方面给予支持；省文化厅也给予专项资金资助园区文化建设；省人力资源和社会保障厅则对设计人才培养给予重大支持；省发改委甚至帮助落实了园区发展600多亩的用地指标；国家知识产权局也十分关心园区发展，授予“国家工业设计与创意产业基地”；工信部也授予园区“国家新型工业化产业示范基地”；国家发政委也给予专项资金资助设计城硬件建设……省经信委正是这其中协调各方的重要纽带。

广东工业设计城发展的光芒愈发耀眼。第五届“省长杯”工业设计大赛在广东工业设计城启动，并成为大赛今后启动、总评、颁奖的地点。在省经信委的牵头下，工业设计城设计企业开始走进珠三角地区产业集群，一路经江门，过开平，赴阳江，与当地产业集群“零距离”接触，将工业设计理念带入制造企业。中山小榄、深圳、东莞、潮州、揭阳等地也留下顺德设计企业的身影。“江门最近又希望我们再去一次，七八十家制造企业已经准备好了要与设计企业对接”，省经济和信息化委员会技术改造处处长许晓雄十分欣喜地看到，广东工业设计城正通过“工业设计走进产业集群”，使设计与制造有效对接，且越走越好，越走越远。

广东工业设计协会秘书长胡启志也十分高兴，能够亲自见证和参与推动广东工业设计城的发展。在他眼中，广东工业设计城与全国其他园区的区别是它独特的发展模式。我们不仅是建设一座城，更是去构建有利于这座城发展的生态系统，政府、院校、企业、行业协会是这一生态系统的四种角色，它们互有需求，彼此满足，动态一体，组成设计种子萌发所需要的土壤、空气、阳光和雨露。胡启志认为，这四种角色的使命、承诺、决策和行动成为了设计城迅速发展的动力来源。

广东工业设计的发展不会止步。2012年夏天，省经信委一名女科长悄然来到广东工业设计城挂职锻炼。当前，广东工业设计城正

推动省区共建的几位主要“推手”：右起徐国元、杨建初、胡启志、蔡勇、陈文泉、梁维东、许晓雄

在力推实现“部省共建”。以这位科长为窗口，可以预见的是，省里的“娘家人”将源源不断地向广东工业设计城输送关心和支持。

从设计城开园之初，就有一个团队默默在背后提供支持。设计城相关负责人表示：设计城能快速发展，广东省工业设计协会的作用功不可没。

作为一个全省性的行业组织，协会通过整合政府、企业、院校、园区和设计师的资源，推动和促成了“省长杯”的设立、工业设计活动周的举办、工业设计专业技术人员职业资格的全国试点、全省工业设计“十二五”规划的编制等，受到国家工业设计协会、国家部委、省政府和兄弟省市的充分关注。

2010年，为表彰协会在“省长杯”工业设计大赛的出色工作，省政府授予协会和协会人员先进集体、先进工作者、优秀评委等荣誉称号。2011年和2012年，协会专职和兼职领导分别获得了中国工业设计协会授予的年度十佳“设计推广人物”“教育工作者”和“设计师”等荣誉称号。

在全省产业转型升级过程中，工业设计是重要抓手。广东省工业设计协会一直致力于推动设计企业和制造企业的对接，为设计“走进产业集群”等活动的顺利开展提供了后援支持。为表彰在这一领域的特殊贡献，2011年，广东省工业设计协会被授予“广东十大经济风云人物”年度团队特别奖。

协会支持包括顺德和设计城在内的全省各类设计活动，创新性地在第六届“省长杯”和广东工业设计活动周中提出并实施“省地联动”，将全省工业设计活动串联起来，最大限度地营造了良好的社会氛围。以设计为核心整合产业链，主导创立广东“中国厨房”产业设计联盟，倡导建立一系列工业设计公共服务平台……在设计城的发展过程中，刻下了广东工业设计协会的辛勤足迹。2012年，顺德北滘设计大师奖将“团队特殊贡献奖”授予了广东省工业设计协会。

广东省工业设计协会获颁2011年广东省“十大经济风云人物”团队特别奖

第二章

生态 Environment

把根扎在泥土里
和风儿一起越冬
和小鸟一起歌颂春天

再好的种子，如果不种进土壤里，也发不了芽，开不了花，结不了果。种进土壤的过程，就是纳入生态环境、获取营养和生长机会的过程。

广东的工业设计产业，正经历着从无到有、从小到大的急剧转变，因为中国特殊的时代背景和社会发展阶段，也决定了工业设计产业发展的特殊性。那么，如何看待设计城发展所身处的生态环境？如何对设计产业的发芽、开花、结果做出展望？

关于万物的成因和发展变化，古希腊自然哲学家恩培窦可里斯认为，四种元素的分合聚散，是变化的主因。这四种元素是土、气、火、水，被他形容为四根。没有沃土、春风、热力、水流，种子无法萌芽，更无法长成参天大树。如果换个角度，这四种因素，可以被看作是一个企业乃至一个产业成长的外部生态环境。恩培窦可里斯同时认为，有一种内部的力量，决定着这四种元素的分合聚散，他简单称之为“爱”和“恨”。如果加以延伸，考虑到企业或者产业的发展过程，可以将其称为发展的“动机”与“推动力”，或者说，是一种价值观、核心竞争力的体现。

本章拟从沃土、春风、热力、水流、推动力五个维度，搭建设计产业发展的外部生态模型，并对设计产业发展的内外部环境做出阐述和思考。

沃土　雄厚制造业

○工业设计的起源为什么是德国？

瓦特对蒸汽机进行改良后，一艘艘拥有动力的蒸汽火车、蒸汽轮船应运而生，在提升了运输效率之余，也为接下来的电力革命铺平了道路。以这一事件为标志，人类社会告别农业时代，走向工业新纪元。

依靠强劲的工业，英国在世界范围建立了大量殖民地，号称“日不落帝国”。欧洲其他国家受此影响，也纷纷加快了工业化进程。农田里的小麦和稻子被铲平，厂房盖起来，一根根大烟囱在城市里耸立，大量的机器设备运到了这里。工人们从农田里走出来，好奇地操作起从未接触过的机器设备。

彼时，法国、瑞士、西班牙的工业都飞速发展，但德国却因多

世界工业设计的发源地——德国包豪斯设计学院

种因素的纵横交合，被甩到了“第三世界”，也就是说，当时德国的工业，还处在草创和不入流的阶段。

我国工业设计泰斗柳冠中先生对此进行了详细介绍，有一位德国人，为改变祖国贫穷落后的现状，到英国进行了详细考察。回国之后，他将银行家、企业家、政府人士、律师、会计师等相关人士聚集在一起，力争改造德国工业发展的生态，而突破点，就在于工业设计。

柳冠中说，工业设计是人类社会的第三种智慧。科学是一种理性和探究事物实质的智慧，艺术是创造力与想象力的智慧。而设计，则整合了理科、工科、文科和艺术的所有方面，是跳出来的第三种智慧。

如此看来，当德国意识到贫穷落后的状况后，“穷则思变”，而变的关键，则是抓准使工业迅速腾飞升级的工业设计。这是不足为奇的，因为除此之外，实难有其他更为有效的办法。

事实上，德国正是依靠工业设计，使之成为欧洲第一工业大国，每年的汽车和高端工业品出口量，令其他欧洲国家难以望其项背。德国在我国修建的大桥和下水道工程等，保修期甚至长达100年，100年过后，虽然我国已经历过动荡的社会变迁，但这些工程仍能正常使用，效果良好。此外，德国汽车工业更是笑傲全球，虽然产量远不及日本和美国，但已树立高端品牌车市场的旗舰形象。奔驰、宝马、保时捷、奥迪……这些品牌，已成为舒适性、安全性、高端体验的代名词。

○广东工业　30年的顽强生长

改革开放之后，广东工业才迎来了蓬勃发展的时期。这一从无到有、从小到大、从雏形初具到世界工厂的转变，仿佛就在眼前。

科龙公司的沧桑转变，可谓是广东工业发展的一个缩影。一位顺德知名的企业家告诉笔者，当初科龙公司的第一台冰箱，是从香港偷偷运回来的，而这位企业家当初在香港创业，为这一过程提供了便利。当时，几位不懂流水线生产、不懂家电的赤脚师傅，硬是靠着零零碎碎的手工敲打，组装出三台“容声冰箱”。

著名经济学家周其仁长期关注顺德经济，与科龙公司也结下了不解之缘。回忆起科龙当时的掌舵人潘宁，他显得非常有激情：“听潘宁的讲话，沉稳里透出豪情。1998年，当时中国出现通货紧缩，经济‘冷’得厉害，科龙偏偏在那个时候大举投资，不能不触发我的好奇心。当面问潘宁，他只回答了一句——到热的时候就晚了。”从20世纪90年代开始，科龙以世界工业史上少见的速度开始腾飞。“到1999年，科龙冰箱产量265万台，年销售额58亿元，利润6.3亿元。”

在顺德的另一个镇街北滘，美的也演绎着自己的故事。创业于1968年的美的集团，1980年正式进入家电业；1981年开始使用美的品牌。美的集团一直保持着健康、稳定、快速的增长。20世纪80年代平均增长速度为60%，90年代平均增长速度为50%。新世纪以来，年均增长速度超过30%。经过多年的积累和产权改革的惊险一跳，目前，美的集团已经发展成为了近13万员工，拥有美的、威灵等十余个品牌。除顺德总部外，美的集团还在国内的广州、中山、安徽芜湖、湖北武汉、江苏淮安、云南昆明、湖南长沙、安徽合肥、重庆、江苏苏州等地建有生产基地；在国外的越南平阳基地已建成投产。

在“2007中国最有价值品牌”的评定中，美的品牌价值跃升到378.29亿元，位居全国最有价值品牌第七位，在广东省企业家协会评定的“2007广东企业100强”中，美的集团名列第三位。2007年6月，由《环球企业家杂志》和罗兰·贝格咨询公司发布的2007年度“最具全球竞争力中国公司20强”名单，美的榜上有名。2006年10月，国家统计局公布的“中国最大500家企业”美的集团排名第52位。截至2010年10月，美的集团年销售收入首次突破1000亿元。何享健同时提出“再造一个美的”目标，要求集团在2015年实现年销售收入2000亿元。

但在当时，科龙、美的开始发展工业，是处于摸着石头过河的阶段，当时的政策环境、市场环境，甚至生产环境，并不明朗。换句话说，在其他国家大行其道的流水线生产，在广东、在顺德都是新生事物。科龙公司，正是看准正在崛起的消费能力和大市场，从而以一种跨越式的方式发展起步的。其间的心酸和无奈，按下不表。“到1999年，科龙冰箱产量265万台，年销售额58亿元，利润

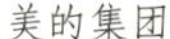

美的集团

海信科龙集团

6.3亿元。”这组数字，科龙至今仍未超越。即使在科龙与海信公司进行业务重组后，也难以重回昔日的辉煌。周其仁对此评价说：“将来的人要知道‘中国制造’是怎样一回事，科龙当年的故事应该是一个缩影吧。”

广东工业这30年的发展，外部的生态环境并未理顺，就像来到苍莽的荒原种麦子，土壤如何，并不知情，如何在杂草地里透出生机，亟待研究。这一切，只是带有探索性质的野蛮生长。

○10万亿的制造业沃土

因为立足于广阔的市场，这一轮野蛮生长过后，成绩也算喜人。在中国家电产业，顺德牢牢占据了白电领域的龙头地位。美的、格兰仕、万和、海信科龙，这些家电领域响当当的牌子，确立了“顺德制造”的地位。

2011年，在经济环境极为复杂严峻的情况后，“顺德制造”交出了华丽的成绩单——5000亿元工业产值。

而另一组颇带巧合的数字，则更有代表性和说服力。

2011年，对广东工业来说，将注定是一个无法绕过的年份，因为一个数字——10万亿。这一年，广东工业总产值首次突破10万亿元。

与这一个数字相匹配的，是另一个并不为公众留意的数字——

10万人。那就是，2011年，广东工业设计从业人数出现“井喷”，接近10万人。

两个10万，两串由1和0构成的神秘数字，它们的同时出现，是巧合，抑或是某种必然？

或许，“10万”的象征意义无需被过度解读，因为这仅仅是人类选择了10进制而已。经过这样的一番祛魅后，10万亿元背后的意义或许无需深究。但考虑到10万亿元工业产值是目前省级地区所达到的最高极限，10万从业者是广东设计产业所刷新的最新数字，就为我们打开了探究问题的另一个维度。

如果说，数字本身只是浮出海面的冰山一角，那么，海平面下的追根溯源，将是无法回避的课题。

10万人、10万亿，可以简单解读为，每一个设计者肩上，都挑着1个亿的工业产值。但另一种说法或许更具说服力，那就是：在工业转型时期，广东设计产业已经积蓄了足够多的能量，正在等待一个恰当的时点，集中释放。

○工业设计　破土而出

在经济全球化、竞争全球化时代，让我们将目光适当放远，并探讨一个问题：工业设计的中心在何处？美国、意大利还是日本？

100个人眼中，或许有100种答案。但国际工业设计大师喜多俊之的回答多少有点另类，他说：“中国有着世界上最大的消费市场，引领世界工业设计潮流的国家，将是中国。”

一方面，对一个改革开放才30多年的经济体来说，这是否仅仅是一种吹捧？另一方面，虽没有明确的统计数字，但众多专家经过比对后认为，2011年，中国的工业总产值已超过美国，达世界第一。

中国工业的“三极”在哪里？在长三角区域、环渤海区域和珠三角区

域，这其中，又以珠三角工业的民营化程度最高，对设计也最为倚重。

广东省经济和信息化委员会技术改造投资处处长许晓雄介绍了一组数字。他说："2012年9月，广东专业工业设计机构超过700家，4000多家制造企业设立了专门的工业设计部门，工业设计从业人数约10万，超过全国的五分之一。"

其中，如美的集团这样的龙头企业，对于工业设计的发展功不可没。中国工业设计协会副秘书长、广东省工业设计协会秘书长胡启志谈到广东的工业设计发展时表示，工业设计的发展有两个源头，一个是院校、研究机构，一个是企业。一些早年跟企业接触密切的学院与研究所逐步走进市场，进行创业；而一些先发展起来的龙头企业，其工业设计部门的一部分设计师，也逐步自主发展。其中，顺德众多优秀的本土设计企业，正是发源于美的集团的工业设计部门。正是这两股力量在市场环境中不断地开枝散叶，为今天工业设计的发展做了充分的铺垫。

美的集团科技管理部有关负责人说，广东工业设计城的出现给了美的"积极正向的刺激作用"。自此，美的进一步加大了对工业设计的投入，在集团总部做出了大力发展工业设计的决定；各个事业部开始大量引进国内外优秀设计人才；成立集团内部的工业设计协会；举办全国大学生工业设计大赛。2010年，美的工业设计师的数量从原来的70多人猛增至250多人，并引进了20多名国外一流的设计师。

设计是工业的灵魂。这一看似浅显的理念，许多年来，并未得到广泛认同；直到乔布斯击溃诺基亚，才使业内形成蚀骨惊魂般的共识。面对全球同行的倒逼，重新定义设计在工业中的重要作用，已经刻不容缓。

许晓雄继续介绍说，顺德，又是广东设计产业发展的核心基地。目前，顺德共有3个工业设计产业集群区——广东工业设计城、德胜创意产业园和顺德创意产业园。仅广东工业设计城一家，就有100多家国内外知名设计机构进驻，专业设计师超过1000人。此外，随着广东工业设计城设计广场一期工程的推进，还有超过百家设计企业排队等待入驻。

从这个角度来说，未来的设计天堂，或许就在我们身边。

GD-HK
INNOVATION
INCUBATION
CENTRE粤港
产业创新设计中心

春风 珠三角一体化

○发展强音 珠三角一体化

经济的增长，实质是什么?

经济学大师凯恩斯认为，在剥离了种种表象之后，中长期的经济增长的引擎只有两个，一个是人均资本的增长，另一个是全要素生产率的提高，前者是生产要素投入量的指标，后者是生产要素使用效率的指标。投资的增长才是经济增长的原因。

主宰经济发展的，是资本的流动和聚集，那么，资本究竟是什么?

资本不仅仅指代厂房和设备，也包括人力资本、信息资本、金融资本，乃至资本背后的经济环境、制度安排等。

资金、人才、信息流动的关键在哪里? 在“地球村”概念日渐盛行的今天，这一问题日渐趋明，把藩篱拆除，促进更大区域和范围内的分工合作，迎接一体化时代的来临。这种合作共赢，为未来几十年的发展突破了瓶颈，排除了困难。

广东工业设计城的发展迎来了怎样的春风?这就是珠三角一体化。

珠三角一体化意味着什么? 早在2009年，研究区域经济的学者们就惊呼：“一个人口超过3000万、地区生产总值近2.5万亿元的超级城市体正在珠三角诞生。”

城市，不再是经济发展的界限。城市群和城市体，为区域间的合作分工创造出全新的可能性。

这个超级城市体的模型，在2009年8月下旬，以一份文件的形式被固化下来。这份文件名为《珠江三角洲城乡规划一体化规划（2009—2020年）》（以下简称为《规划》）。

《规划》指出：要在珠三角基础设施、产业布局、基本公共服务、城乡规划和环境保护五大方面进行一体化布局。

正如上文所述，经过30年的积累与发展，中国形成了3个明显的区域经济圈——长三角经济圈、珠三角经济圈和环渤海经济圈。其中长三角经济圈和环渤海经济圈都是跨省经济圈，在地理范围上、行政藩篱上，存在一体化的诸多限制。而珠三角经济圈，位于广东腹地，在产业链和价值链上高度互补，是进行一体化，打造超级城

市体的最佳选择。

经过多年高速工业化、城市化的推动，珠三角地区经济地理结构正在发生着润物细无声，但实际上改天换地般的变化。这个变化，将在二三十年后显出明显端倪。珠三角地区内部城市，正在走向有机的融合。

○超级城市体　发展春风遍地吹

经过广东省委高层的部署，珠三角经济圈又按照经济结构和地理结构的相似性、互补性，被内在划分为3个小经济圈——广佛肇经济圈（广州、佛山、肇庆）、深莞惠经济圈（深圳、东莞、惠州）和珠中江经济圈（珠海、中山、江门）。这其中，尤以广州和佛山地理位置最近，衔接的条件最为具备。事实上，在全国乃至全世界，两个400万人口以上的大都市，在地理位置上处于半小时以内的经济圈，绝无仅有。

珠三角一体化还有另外一层含义，经济要素的流动将在更为广阔的范围内，以更为有效的方式流动。

在考虑这个问题之前，让我们先将目光转移至美国，在20世纪60年代至80年代，美国国内开展了一次声势浩大的产业大转移，人们形象地说，这是从“积雪地带”向“阳光地带”迈进。

所谓“积雪地带”，是指美国北部及东北部地区，经济发达但气候寒冷。所谓“阳光地带”，则是指美国南部及西南部地区，阳光充裕但经济落后。这一现象的造成，与美国的经济发展史有关，这里不做探究。

熨平经济的“暖极”和“寒极”，开拓经济发展的更大舞台，为今后数十年乃至数百年的发展扫清障碍，是这次产业转型的关键思路。虽然在当时，这次“行动”引来了数不清的质疑，唯有设身处地，才能体会到决策者和实施者们面对的权衡与摇摆。但回过头来看，它所带来的巨大效益已经毫无疑义地阐明。

从1978—1983年的5年间，美国消费增长最快的25个城市中，有19个城市属于阳光地带各州。当今几个举世闻名的高科技工业科研生产基地，其中有4个在“阳光地带”，比如加利福尼亚州的“硅谷”和北卡罗来纳州的“三角研究区”。

这种产业转移，远的可以和我国“西部大开发”类比，近的则可以同珠三角一体化所带来的要素流动相比较。

作为中国最富裕地区之一的珠江三角洲，人均GDP早已突破1万美元，按国际标准，已达到中等发达国家水平线。但内部的发展不均衡，带来了潜在的隐忧和决策层更深层次的思考。

珠三角地区的GDP总量是粤北山区的5倍，是东西两翼的4倍；2007年，广东地区差异系数为0.77，全国是0.67。“热土”与“寒极”并存于珠三角内外，被执政者定义为经济和社会发展的“内伤”。

但是，珠三角一体化的意义，不只是“疗伤”那么简单，它孕育出数不清的产业机会和创业机会，这其中，又尤以工业设计号角的吹响最为引人注目。

○广佛“试验田”

广佛同城，是珠三角一体化的“先行者”，它的现实“产出”，具有先导效应和样本效应。

2009年3月，广州与佛山签署《广佛同城化建设合作框架协议》，并建立市长联席会议机制，确定2009年将重点推动52项工作。笔者有幸见证了这一历史性时刻。会议在一个晚上举行，当天，几辆大巴将佛山市的主要领导接至广州，虽然“饭点”已过，但两地领导却在对未来的展望中激情难抑，就一些细节问题反复磋商。夜幕低垂，待相关协议签署后，相关共识达成后，两地领导才匆匆享用当作“晚餐”的夜宵。

广佛同城的重要意义，已经清晰地展现在眼前。但同城所必须面对的实际问题——交通同城、通讯同城、金融同城、就业同城、居住与工作同城，却令决策者们辗转反侧，望之却步。一部广佛同城史，就是一部“破冰史”，举两城之力，将各种障碍逐步排除。

身处佛山市南海黄岐、盐步的居民，能更为深刻地感受到广佛同城带来的巨大便利。在此前，从盐步到广州、从黄岐到广州，都有收费站“把路”，两地企业在开展经济往来时，不得不将多出的物流成本考虑在内。黄岐和盐步居民的手机信号，一会身处“佛山服务区”，一会身处“广州服务区”，飘忽不定，困扰重重。

虽然彼时，广州和佛山的接缝区域早已开通公交，坐车穿梭于两地，不过20分钟时间。但在两地的经营者和市民看来，其中的“鸿沟”，仍然难以填平。

广佛同城，正是在这一时代背景下，以一种前所未有的魄力和速度迅速发力。

2006年11月18日，佛山一环正式通车。工程跨禅城、南海、顺德3区14个镇，全长约98千米双向14车道。佛山一环城市快速路东线及其南北延长线约60千米，与广州西环平行，是广佛都市圈内重要的南北通道和经济走廊，北接广州新机场，南连广州南站和南沙港，是珠三角西部、南部区域进入广州的最快通道。

2010年4月，广佛地铁首通段——朝普区间全线贯通。广佛地铁是

国内首条城际地铁，横跨广州的海珠区、荔湾区和佛山的禅城区、南海区。线路西起佛山市魁奇路，东达广州市沥滘，总长约32千米，其中佛山市境内约15千米，走完广佛线全程，只需约50分钟。

公交站点的优化设置，手持一张广佛通，两地公共交通随便坐；广州买社保、佛山看病报销；广佛金融体系同城化的稳步推进；通讯连城，两地话费同城化结算，也已经逐步走进现实。一件件民生实事的实施，方便了群众生活，加速了两地的经贸往来。

同城化之后，广佛出现了经济上的连锁效应。比如广佛地铁开通后，佛山地铁线的房价应声上涨。“从南海桂城到上班的地方，比从番禺过去还要近，而桂城一带的房价非常有吸引力。买房的话，当然是首选桂城。”在广东省政府工作的王先生是笔者的一位同学，日前，他在参观完桂城的多处楼盘后，最终入手了一套。“今后，就打算坐着地铁上下班了。”

○北滘　资源汇集地

珠三角一体化，带来了生产要素的更便捷流动。

水，因地而制流；资源，向洼地汇聚。广佛同城化，带来了强者愈强的“马太效应”。作为经济发展前沿阵地的魅力小镇——北滘，也成为各路资本、人才竞相青睐的风水宝地。

北滘地处珠三角运输带的中心腹地，交通十分便利。而广珠城际轨道、太澳高速、广珠西线、佛山一环等重大区域性交通设施的贯穿而过，更为北滘的腾飞提供了千载难逢的机遇。至此，北滘正式迈入以高速、高铁为标志的“两高时代”。在珠三角一体化、广佛同城的背景下，呈现出更优越的区位优势。

除区位及交通优势外，北滘的产业基础更是促使工业设计产业在此落根的重要原因。北滘的支柱产业主要包括家电、金属材料以及机械设备制造等，其中尤以家电制造业最为突出，产业集群程度最高、产业链最为完善，是国际级家电生产基地之一，被评为“中国家电制造业重镇”。北滘镇内美的、碧桂园、精艺、惠而浦、蚬华、浦项等一大批中外知名企业，支撑起北滘经济的半壁江山，并带来大批就业机会。2011年，北滘本地生产总值339亿元，多个产业链条逐步完备。

而总部经济模式的确立，也为企业在市场上进一步开疆拓土开拓了创意空间。继2010年美的总部大楼一期投入使用后，总部二期也将启动建设，成为美的集团整合全球资源，冲击世界500强的战略据点。日美总部于2012年4月投入使用，精艺、盈峰等10家成长型企业落户总部经济区域，由多家总部企业进驻的财富中心也即将奠基兴建。

北滘拥有雄厚的工业基础，在新的市场环境下，依靠设计来提升工业，是一条必由之路。而广佛同城的推进，珠三角一体化战略的实施，行政藩篱的拆除，各种瓶颈的打破，为工业设计破土而出营造了内外部良好环境。

那么，到底是北滘选择了工业设计，还是工业设计选择了北滘？这个问题，无需过度深究。但有一点可以明确的是——在这个时间点，在这个时代背景下，工业设计落户北滘，正当其时。

热力 市场倒逼

○巨头之殇

迎接全球化时代到来的，是市场之火的洗礼。

在全球化带来的激烈竞争中，有几个事件尤为影响深刻，其中包括柯达的濒临破产，手机巨头诺基亚和摩托罗拉的一蹶不振。曾经风光一时的微软，也在走下坡路。这一切的背后，都在阐明一个简单的道理——没有创新，就没有出路。

柯达是数码相机的发明者，但为了保证胶片的销量，延误了将其产业化的进程，反倒被其他公司抢占先机。最终，沦落到申请破产保护的境地。

2012年9月，诺基亚方面有消息传出，为断臂求生，诺基亚计划出售位于芬兰埃斯波的总部。该公司女发言人麦佳・泰米(Maija Taimi)称："我们正在为非核心资产如房地产评估各种选择，这些资产包括了总部。"

数年来，诺基亚和摩托罗拉一直是移动通讯领域的王者。树立了看似难以摧毁的客户满意度和品牌美誉度。但在智能手机时代来临时，为了维持既有利益，不肯大刀阔斧进行改革。虽然其比苹果率先推出智能手机产品，却仍然在市场竞争中败下阵来。

昔日的手机巨头，芬兰的支柱和骄傲，为何落得卖家惨求生存的窘况？那就是，不能站在行业的最前端高瞻远瞩，面对行业的变革甚至洗牌，没有接受挑战的勇气。在全球一体化时代，世界各地的企业在同一个舞台展开竞争。笔者以为，李嘉诚的一段话，可以为时下的企业家和政府人士提供参考。

李嘉诚先生说："今天面对全球在经济、技术领域的竞争，以往的成功只代表过去，与今天也许毫不相干。在这不断转动进步，浩瀚无际的知识经济时代，惟一可令我们与时共进的就是一颗恒久好学的心。更新求变，就是使自己不被禁锢束缚的关键，我们要有智慧，能够客观地认清各种困境，鼓起勇气，直面世界的挑战；要有毅力，去克服重重障碍，勤于反思，追求新知，才能营造一个和谐、健康和有价值的社会，缔造出未来新的传奇。"

也就是说，唯有恒久好学、更新求变，才能在惨烈的市场竞争中占据不败之地。

○不变革　无出路

在广东家电产业的野蛮生长时代，面对饥渴空白的市场，工业企业只要让流水线开足马力，订单和钞票就能滚滚而来。随着从卖方市场向买方市场的转变，消费者对工业品的选择日渐挑剔。如果不能将功能和时尚品味有机统一，就无法从过剩的商品中脱颖而出，就会沦为低档货，从而彻底丧失定价权。

那么，顺德以及广东的工厂、老板们，是否对此做好了准备呢？是否重视研发和工业设计的投入呢？在对设计公司的走访中，不少设计师指出："大多数工厂仅仅把设计当作一个小环节，投入几十万，拿到设计图纸后，合作就算结束了。设计公司希望将自身努力与产品销量捆绑在一起，根据销售额计提设计费用，这一合理要求基本上都会被拒绝。"

另外一方面，大多数顺德的工厂采用了与诺基亚相同的竞争思路——推出多种型号的产品，并美其名曰——"个性化"。

笔者发现，无论是空调、冰箱、电风扇，还是热水器、微波炉，顺德家电企业均推出了一系列型号，这与移动通讯市场早期的情形颇为类似。在早期，为满足消费者的"个性化"需求，诺基亚、摩托罗拉等巨头都曾推出过百款型号的手机，让消费者各取所需。后来，在手机智能化时代，苹果仅凭iPhone一款产品，就彻底颠覆了该行业的竞争格局，令巨头们一蹶不振。

有专家表示，这两种竞争方式，可笼统称为"最佳型号策略"和"个性化型号策略"。企业应根据自身情况谨慎选择。

"最佳型号策略"的优势在于资源的集约化利用。家电行业的大多数企业，要将研发资源、生产资源分摊到各类产品中，由此带来两个问题：①不能打造最完美的产品；②不能规模生产，降低单件产品的成本。但实施"最佳型号策略"时，因为产品线高度单一，一旦失败，将可能对企业造成致命打击。

该专家表示，顺德家电企业如要实施"最佳型号策略"，就应当砍掉至少90%的产品线。

如果不在设计上投入更多的资源，如果不对既有竞争战略进行全面梳理，也许，这些企业在竞争中将会越走越吃力。

○万家乐的“头啖汤”

工业设计是位“魔法师”，它的魔法杖一点，“灰姑娘”般的工业产品，就变成人见人爱的“超级明星”。这一过程，可以简单理解为工业设计发力的具体过程。

2012年8月28日，在广东工业设计城内，笔者见证了这神奇的一幕。在广东工业设计城，当万家乐公司和国际设计大师联手打造的Q6热水器刚一亮相，就引发全场欢呼。其唯美的外观和便捷的操作，使之成为热水器行业的划时代产品。

该产品的市场前景受到业界强烈关注。不仅因为它是万家乐摆脱不利经营形势的重要砝码，而且它的成功与否，还是顺德制造能

否成功转型的重要尝试。其背后的逻辑是：当设计与技术结合，潜力究竟有多大？

众所周知，万家乐是我国最早研发、销售厨卫产品的企业之一，“万家乐、乐万家”的口号也一度家喻户晓。但其发展步伐，相对美的、格兰仕等本土企业稍显蹒跚。2012年上半年，万家乐实现营业收入9.5亿元，同比下滑13%，实现净利润3800万元，同比下滑48%。

面对诡谲的市场，万家乐管理层也在探索着破冰思路。Q6智能浴热水器的推出，就是该公司十年磨一剑的重要棋子。

这款产品的卖点在于技术与设计的完美融合。技术上，植入了万家乐自主研发的智能操作系统；设计上，由日本“国宝级”设计大师喜多俊之担纲主持。在此前，喜多俊之曾为夏普设计了一款液晶电视，年销量从6万台陡然提升至120万台。这一奇迹能否在热水器产品上得到演绎？业界充满期待。

喜多俊之评价说，Q6热水器是他“怀胎十月”生下的孩子，无论从功能上、美学外观上，都得到了充分的考虑，摆在家里，绝对不是一件丢脸的作品，希望产品能得到消费者和市场的认可。

那么，万家乐公司能否凭借一系列创新产品，实现华丽转身成功逆袭呢？

近距离欣赏这款艺术品般的热水器时发现，产品分红、黑、白、银四色，采用汽车工业的烤漆工艺精密上色，外壳宛如镜面。

设计者喜多俊之介绍说，为设计这款作品，他多个晚上夜不能

由入驻设计城的国际设计大师担纲设计的万家乐燃气热水器

寐，瞄准一系列细节问题苦思孜求解决方案。设计上，他极尽简约，减少不必要的材料浪费。但有些细部的设计，他无论如何都不愿舍弃，“那么，就增加企业的一点点负担吧。”

“总而言之，该产品从人性、生活本质和实际需求出发，绝非冰冷的设计。”喜多俊之补充说。

TCL董事长李东生表示，人们对于家电的需求已不仅仅满足于功能范畴，从设计的时尚感，到空间的艺术感，以及与整体装修风格的搭配，都将是消费者考虑的因素。

简而言之，家电的“功能时代”即将过去，“美学时代”即将来临。在时代的转折路口，以设计为主导的产业升级方式，是否能起到立竿见影的效果?

万家乐总经理余少言告诉笔者，喜多俊之设计的产品在尚未推出市场之前，就拿到了3000万元的预收款。这一火爆销售势头，可谓始料未及。

“目前，工业设计在公司内部已深入人心，成为万家乐发展的源动力。设计公司全面参与到公司年度的产品规划，并协助产品的推介和传播，深受业务部门欢迎。我们与设计公司的合作包括项目合作和战略合作两个层面。自从将工业设计摆到最突出的位置后，公司的经营思路发生了巨大变化。”对此，余少言这样评价道。

○政策的薪火

除了市场的倒逼，各级领导的重视，各种政策倾斜的纷至沓来，也为工业设计这锅粥添了一把很旺的火。

时任广东省委书记汪洋，十分关注广东工业设计的发展。2011年7月14日，汪洋在肖志恒、徐少华、陈云贤等省领导的陪同下来到广东工业设计城，细致考察广东工业设计的发展情况。

展览厅里，独居匠心、创意感十足的工业设计产品吸引了汪洋的目光。他边走边听介绍，了解园区发展思路和规划。

“没有夕阳产业，只有夕阳技术。”汪洋认为，广东工业设计城为产业升级提供了技术支撑。他介绍说，德国之所以在国际金融危机中受到的冲击较小，主要原因就在于其始终注意保持制造业的竞争优势，并通过信息技术提升传统制造业。希望顺德通过工业设计扬制造业之长，发挥市场主体的活力，坚持不懈地抓好产业转型升级。

事实上，从更早开始，领导的目光就一直关注这设计城。政策的利好可以追溯到更早的时间。

据顺德工业设计园相关人士介绍，设计园从2009年1月开园，在短短七个月内就能够实现由“园”到“城”的飞跃式发展，是与汪洋对工业设计的重视分不开的。2008年年底，时任广东省委书记汪洋在视察顺德时，要求安排参观北滘一家工业设计企业。2009年4月，在设计园开园三个月后，汪洋指派广东省委政策研究室对顺德工业设计产业聚集，即顺德工业设计园做出深度调查和思考。5月，广东省委政策研究室专门赴顺德，对顺德工业设计园的运行情况和

“广东工业设计城”的发展构想进行了调研。

经过实地考察，省委政研室充分肯定了顺德工业设计园建设运营情况，并在此基础上进一步探索建立广东省工业设计产业链的高端运营平台，认为“把顺德工业设计园拓展为广东工业设计城的规划构想，方向正确，条件具备，总体可行，省里应予重视和支持”。广东省经济贸易委员会、高校专家、学者组成的项目顾问和研究小组随后共同推出《省区共建广东工业设计城工作方案》，广东工业设计城呼之欲出。

广东工业设计城项目关乎全省产业发展中的结构性问题，对于省区产业转型升级具有重大的促动作用和积极的示范意义，由省经济贸易委员会与顺德区共同落实完成，这也是我省少有的省区共建项目。

根据《省区共建广东工业设计城工作方案》，广东工业设计城将重点建设“369”工程，即：建成三个基地，包括广东省工业设计服务外包基地、国家级创新成果产业化基地、国家知识产权保护与转化服务基地；打造工业设计六大服务平台，包括交易服务平台、金融服务平台、成果转化服务平台、人才引进及培训服务平台、共性技术研发平台、品牌推介平台；建设九大重点项目，包括顺德工业设计园、国家工业设计实验室、国际工业设计交流中心、设计广场、设计酒店、工业设计资讯中心、工业设计学院、设计博物馆、设计创新体验馆。打造一个涵盖工业设计、教育培训、生活配套、服务推广等一体的综合性试验区。

在项目资金筹措上也由省区共同制定。省经信委将在其统筹的省财政资金中安排专项资金，顺德区政府原则上按不少于1：1的比例配套相应资金，共同支持工业设计城城区规划建设以及相关的高端增值配套服务业项目的落实。专项资金原则上采用项目贴息、项目补助两种方式。在政策支持上，省经信委积极为相关设计企业办理项目进口设备免税、研发费用扣除和协助办理高新技术产业、科技成果转化等优惠政策手续，区政府则制定相关配套政策，共同推进广东工业设计城建设。

正是因为省区共建框架的搭建，有了省区领导共同组成的广东工业设计城建设领导小组，有了专家委员会，成立了广东工业设计城发展有限公司，从而提供了制度上的保障，避免了领导的变动对项目的影响，保证了项目的连贯性并最终能够建成、发展。

与此同时，顺德工博会被引进设计城，在2012年，还被提升为设计产业年会。“省长杯”的主战场也设在设计城，此外，针对优秀设计师和优秀项目，省、市、区都设立了一系列奖励政策。

2012年9月，笔者从顺德区经济和科技促进局获悉，23个受扶持的工业设计重点项目已经出炉，并将共享610万元的配套资金。

“这并不是新鲜事，该扶持资金的发放，已经是第二年了。”时任顺德区经济和科技促进局副局长蔡炜斌介绍说，对工业设计产业的大力扶持，从2008年就已经开始。顺德区委区政府充分认识到工业设计对促进经济转型的重要作用，在此基础上，推出了一系列政策和措施。

这一奖励政策，就是这一宏观战略的延续和体现。蔡炜斌介绍说，对工业设计重点项目的扶持，将形成可以预期的长期性政策。也就是说，未来几年，将继续组织评选和发放，也将有更多有潜力的项目脱颖而出。这23个获扶持项目，分属“重点设计创新产品”“重点工业设计机构”“工业设计应用示范企业”“伙伴计划”四类，获得的配套资金分别为40万元、20万元、10万元、20万元。这些重点项目，涵盖了微波炉、按摩浴缸、咖啡机、抽油烟机、办公椅等常用产品。

各级政府部门除提供配套资金外，还将在人才引进、融资服务等方面给予倾斜。

此外，北滘镇还发布《促进工业设计产业发展扶持办法》，从2012年开始，连续三年，每年从镇财政预算中安排500万元，作为发展工业设计的专项资金。

在一次政策宣讲会上，在听完政策宣讲会后，顺德区心雷工业产品策划有限公司总经理刘海军表示："今年新出台的工业设计扶持政策，由原来的一年期改为三年，体现了北滘镇政府的决心，这就保证了政策的连贯性，设计企业也能更安心地发展。"

除财政倾斜之外，还将有一系列优惠措施出台。比如完善企业服务平台，继续品牌活动，以服务助力企业"破冰"，通过深化服务内涵，从"服务型"向"引领型"迈进。组织多层次、多渠道的转型升级、合作交流活动。另外，还将完善镇经济信息电子平台，将第一手服务政策信息送到企业，实现政府经济政策、信息和企业之间的无缝对接，如此等等。

举办中国（顺德）国际工业设计博览会，是顺德区政府高度重视工业设计推动产业转型升级的标志性事件。首届工博会由当时的区科技局具体实施，时任局长谭志亮率全局为此倾注了大量心血

第三届中国（顺德）国际工业设计博览会开幕仪式

○全省的设计现场

2012年10月25日，全省设计创新促进产业转型升级现场会在佛山市顺德区召开，足见领导对顺德工业设计的重视有增无减。时任中共中央政治局委员、广东省委书记汪洋出席会议并为第六届“省长杯”工业设计大赛专项赛及地方联赛代表授旗和为广东“中国厨房”设计产业联盟授牌。会上，省委副书记、省长朱小丹出席会议并做重要讲话。省委常委、秘书长林木声，各地级以上市及顺德区、省有关部门、中直驻粤有关单位和省有关行业协会、工业设计基地、示范企业、有关设计企业和机构的主要负责同志参加了会议。

当天上午一大早，汪洋、朱小丹等省领导和与会代表就来到设计城考察。一行先后参观了广东工业设计城设计广场建设现场、设计城博物馆、幸福生活体验馆（长者馆）和潜龙工业设计有限公司，详细听取了有关负责人关于工业设计城规划建设、运行和设计成果转化情况的介绍。汪洋语重心长地对一同参观的与会代表说：“最近我看了《第三次工业革命》，这本书里讲述了人类社会工业发展的规律。在第三次工业革命中，工业产品和农产品一样将成为附加值比较低的产品，人们的目光和生产会更多地向服务业如研发、设计等领域集中，这是个大方向。广东是改革开放的先行地，领导干部要看到趋势性的规律，顺德的这个设计园之所以在三年多时间里能发展得这么快，就是顺应了这个趋势。”

在了解工业设计城规划蓝图时，汪洋指出，广东的产业发展要向微笑曲线的两端延伸，目前，广州、深圳、东莞和顺德区都在积极推动设计产业的发展，各地在发展设计产业的过程中一定要突出自身特色，各有侧重，实现互促共赢发展。汪洋、朱小丹还与年轻设计师们亲切交谈，了解他们的工作与生活情况，勉励他们开发设计出更多有市场前景的产品。

为贯彻落实汪洋书记关于“推动广东工业设计和现代服务业加快发展”等指示精神，经省政府同意，2012年年初我省开展了以“新设计、新广货、新生活”为主题的第六届“省长杯”工业设计大赛。同时，为整合设计资源，提升设计水平，由清华大学与省工业设计协会、广东工业设计城、中山华帝、广东万家乐、佛山维尚等机构和企业发起成立了“中国厨房”设计产业联盟。

2013年1月10日，新任省委书记胡春华到中山实地考察小榄镇生产力促进中心和中山工业设计产业园，听取了为中小企业转型发展提供服务的工作汇报。他指出，受国内外经济形势影响，目前很多中小企业面临着融资难、产品技术含量不高、竞争力不强的压力，各级党委、政府要坚定不移地走转型升级之路，积极转变政府职能，努力营造良好营商环境，制定和出台实实在在的措施帮助中小企业克服当前困难，为中小企业转型升级、做大做强民营经济打造平台和提供服务，使中小企业在转型升级中增强竞争力。

值得一提的是，新任书记当年主政团中央时，力促光华基金会设立设计基金并开展“中国设计业十大杰出青年”年底评选活动，颇为设计界认同。

2012年10月25日，全省设计创新促进产业转型升级现场会在北滘召开，广东省省委省政府主要领导和各地市主管领导出席，副省长主持

水流　智力中心　人才洼地

○新产业聚集新人群

因为注入了工业设计的变量，广东工业设计城的扎根不仅改变了北滘的产业生态，也在一定程度上改变着北滘的社会生态。这个新兴产业以其快速的成长性，带来一个庞大就业群体，不断聚集着新的人群。

从城市发展的一般规律看，城市化的过程伴随着人口的聚集，人口的聚集还要通过产业来完成。改革开放三十多年的乡村工业化，北滘通过家电等劳动密集型产业聚集起大量的人口。如果以这样的产业机构和行业形态继续发展，未来外来人口还有增加的可能性，但人口的素质和结构不会有明显的变化和调整。工业设计产业的兴起，则将人口素质对北滘城市化的变量提升效应彰显出来，对未来小城的品质和水准起到极其关键的导向作用。这种效应显然不是“美的增加几万流水线生产工人”能够相比的。

北滘这个小地方吸引人才的方式，也体现了工业设计与当地制造业天然的切合性。过去企业聘请设计人才，收入不高，没有氛围，人才自然不来。现在有了市场，有了独立的工业设计产业集群，有了可观的回报，有了群体集聚，人才自然从四面而来。

只经过短短四年的发展，广东工业设计城现已集聚起超过100余家设计企业，超过1000名设计师，成为“新北滘人”举足轻重的群体。按照广东工业设计城最新制定的五年发展规划，到2017年，入驻设计企业及相关机构预计超过300家，吸引工业设计及其他各类创意人才预计超过3000人。

新人群源源不断地涌入，是广东工业设计城未来新一轮发展成功的关键，这也在悄然重组着这座小城的社会结构。不是简单意义上人口在空间上的集聚，不同的群体在互动中交互影响。园区已不是一个独立存在的产业区，它在扩散渗透，在与原有的城镇社会互动交流。

服务的对象从过去的产业工人转变为工业设计师、知识分子、专家学者等新群体后，这对地方政府尤其是本地公务员的素质和能力也提出了更高的要求，他们也在悄悄改变。对于专业的工作，政府不会简单地交给专家完成，而是要求干部与专家共同工作，在实践中发现问题，学习解决问题的方法。“知名专家走进北滘”演讲会连续举办多场，从建筑、艺术、城市规划等各个领域对干部们“传道解惑”。在广东工业设计城举办的“北滘设计沙龙”，也正成为北滘城市新文化生活的一张新名片。在2010年全镇村（居）党支部书记年终述职会议上，时任北滘镇镇长冼阳福甚至特别提到，希望基层干部今后要严肃对待外出学习参观活动，端正衣装，弘扬北滘人诚信、务实、开放、包容、勤奋、和谐、至善的精神。

对于北滘发展工业设计所带来的未来人群，也正享受着与改革开放之初的“星期六工程师”有所不同的待遇。对政府而言，他们不再是过去的“客人”，而是北滘的“主人”。潜龙工业设计有限公司的设计总监尹晓丽顺利当上了“主人”，这位地道的重庆美女，却在千里之外的北滘找到了自己事业和生活的归宿。企业、学校、政府、社区之间的围墙被打破，“我的北滘我的家”正在成为所有“新北滘人”的社会认同。

至于未来的北滘社会形态和人口结构如何演变，谁也无法预测。时任北滘镇党委书记徐国元的一段话点破了发展的关键："长远的事，谁也不知道。所以我们要有准备，要调整产业结构，让经济更多元化，让人口素质得到改变和提升。我们现在所做的事情，工业设计产业园也好，二次城市化也好，都是希望人口结构改变，素质提高，如果全世界最优秀的人在这里，这座城市的发展潜力是不可估量的。

○设计人才的"黄埔军校"

广东工业设计城的营建为珠三角工业设计产业发展提供了难得的发展契机，搭建了全方位的发展平台。但中国工业设计整体水平的提升，归根到底需要有一流的设计师，故人才培养成为了关键。从长远来看，这也是广东工业设计城成败的关键。引进国内外优秀工业设计资源只能解决短期的人才缺乏问题。只有通过培育具有本土特色的设计人才，才能为广东工业设计的发展提供持续的智力支撑。

从顺德工业设计园开园之日起，北滘已经萌生了设立自己的工业设计"黄埔军校"的想法，并为之持续努力，园区搭建的六大公共平台，其中就有人才培养这一项。最初的一年，设计园区尚在改造建设之中，条件有限，会议室、展览室已经成为了人才培养的场所，不少国内外设计界的大师就在这里授课。

引智高校也在第一时间被提上了日程。顺德区在北滘镇有关领导的指导下，2011年3月和4月间，设计城相关负责人连续数周在国内各地高校间穿梭往来，足迹遍布重庆大学、成都理工大学、四川大学、南京理工大学、安徽大学等十余所高校。

香港理工大学、清华大学美术学院、中央美术学院、北京航空航天大学、广州美术学院、顺德职业技术学院等十多所高校已分别与广东工业设计城签订了战略合作协议；更有数十所高校表达了合作意向，部分已经携手园区设计企业进行共性技术研发。

在与各大高校签订的合作协议中，均涉及人才培训内容。其中，顺德职业技术学院则实行学历教育，计划在园区打造出广东工业设计职业教育基地。香港理工大学承诺利用其丰富、专业的工业设计教学经验及国际资源，对顺德制造业、园区设计师等开展专业的技术培训，现已开展了多期创新工作坊培训班。清华大学美术学院、中央美术学院也拟定每年开设四期工业设计培训班，通过实例项目分析的形式进行人才培养。

广东工业设计城首次引入国际高端设计学历教育，与德国科隆国际设计学院签署中外联合办学合作协议，开启“设计研究与国际设计”硕士研究生课程。双方计划每年培养30名符合珠三角产业转型需求的、具有国际视野与前瞻理念的高端创新设计人才。

在此基础上，设计城相关负责人还提出了要构建多层次的人才培养体系。“第一层次是针对在职设计师的培训，培养设计人才；第二层次是针对制造业老板的培训，增强其认识转变 第三层次是针对政府层面，为产业发展决策提供思考。”我们的最终设想是，将广东工业设计城打造成为工业设计产业发展人才的“黄埔军校”。

“黄埔军校”的梦想正在逐步走进现实。经过一段时间的酝酿和筹划，北滘镇提出在广东工业设计城建设一所高水平的工业设计教育机构。这一大胆的设想得到了顺德区的积极回应和支持，区政府为此专门向广东省政府提交了《关于申请筹办广东工业设计研究生学院的请示》，其中力陈筹办工业设计研究生学院的重要意义和未来发展构想。

2011年“两会”期间，十一届全国人大代表、广东格兰仕集团公司知识产权办公室主任王龙霞征求了各方意见并向大会提交了《关于加快筹办广东工业设计研究生学院，探索高层次、复合型创新人才培养机制的建议》，向教育部申请在广东省和顺德区筹办广东工业设计研究生学院。当年5月，王龙霞再次致信教育部部长袁贵仁，申请在顺德筹办广东工业设计研究生学院，以加快对高端复合型创新设计人才的培养步伐。

就在王龙霞致信3个月后，广东工业设计研究生联合培养基地建设领导小组第一次工作会议在广东工业设计城举行。省委教育工委书记、省教育厅厅长、省学位委员会副主任罗伟其，顺德区委书记梁维东，顺德区区长黄喜忠等以及部分省内高校校长，围绕研究生人才培养模式创新、基地发展战略和组织管理等核心议题，再次进行了一次头脑风暴的碰撞。“我们必须清醒地看到，顺德工业设计要走下去，人才这一步是关键”，梁维东认为，这次省区共建研究生联合培养基地正是点题的核心。

2011年，清华大学工业设计工程硕士班在广东工业设计城内正式开班，这也是清华当年在全国开设的唯一一个工业设计在职研究生班。广东工业设计城还设立了20万元的奖学金，对报名就读首届硕士班的人员，给予资助。这也预示着省区共建广东工业设计研究生联合培养基地迈出重要一步。

2012年7月，广东工业设计城设计广场动工，其中功能分区之一就是研究生联合培养基地。这个培养基地将配置实验室、会议展览、标准化教室等设施，承担起构筑产学研人才培养创新平台的责任，全部主体工程2014年年初完成。

○招才计划

工业设计产业发展的关键，是上下游价值产业链的完善，以及一大批优秀的设计师。作为智力密集型和依赖创意的产业，谁拿住了人才这张王牌，谁就能立于不败之地。

如何保证设计城内人才源源不断的供应，一方面要依赖外来引进，另一方面也要内部培养。

在外部，北滘毗连广州大学城，中山大学、暨南大学、华南理工大学、华南师范大学、广东外语外贸大学等高校均设有设计相关专业。设计城还加强与北京、上海、武汉等高校密集地、“人才强市”的合作，让老师和学生们来设计城参观、实习，促进人才和岗位的对接。

“问渠哪得清如许，为有源头活水来。”在拓宽外来引进渠道的同时，广东工业设计城还将在自身培养机制上大刀阔斧进行创新——筹备自己的学校，清华大学工业设计工程硕士班已经开班。

为做大、做强这个学习班， 设计城将聘请国内外知名设计大师和

设计城的人才招聘会

业界精英担任企业导师，参与教学工作。将高校设计教育与设计实践紧密结合，通过理论与实际结合，大局观营造、实操培训，帮助学员突破视野的局限性，成为真正的复合型高层次创新人才。

据悉，现已确定的企业导师有：日本设计师喜多俊之、法国设计师米罗、韩国设计师金德根、荷兰设计师Matthijs Pot、飞利浦资深设计顾问李剑叶、法国设计师Hugo Cailleton以及国内众多的知名设计师。

为了用经济杠杆调动学生的积极性，吸引优秀生源，广东工业设计城发展有限公司设立了"（广东工业设计城）清华大学工业设计工程硕士班学员奖学金"，为学员提供了专项奖学金经费支持。通过基本的评定和筛选，确保每位学员得到不少于1万元的奖学金，从而减少了广大报名者的经济压力。

而作为更宏伟的目标，建立广东工业设计城研究生院，也正在积极推进当中。顺德区教育局副局长徐旭雁介绍："高校是教学、科研和社会服务三位一体的，广东工业设计研究生联合培养基地有利于教学经验的积累。我们也在积极推动广东工业设计科技研究院的申办，研究院主要负责科研和社会服务工作。这两个工作互为补充，互相促进，发展得好，将来就是一个高水平的研究生院。"

让优秀公司、机构和人才扎根顺德，扎根广东工业设计城，并通过内外并进的方式源源不断地引进新鲜血液，确保了设计城内优秀设计师资源的稳定，也为这个大生态环境提供了最大的保障。

与此同时，广东工业设计城通过一系列公共服务平台的打造，为设计公司提供"一站式"配套服务。2012年6月13日，广东省首个镇级产学研公共服务平台——北滘镇协创产学研促进中心在广东工业设计城正式成立。这是继6月初广东工业设计城知识产权技术服务中心和快速成型技术服务中心成立后，设计城增添的又一个公共服务平台。

○粤港设计走廊

从20世纪70年代开始，国际制造业逐渐从香港等地区转移到广东。目前，顶级的设计资源仍然集中在西方发达国家和香港等发达地区，但“回流”的趋势已十分明显。在目前的形势下，打造粤港设计走廊，促进两地设计资源的优化配置，促进两地设计师的牵手合作，十分必要。

自从工业设计在广东萌芽以来，一批香港设计师来到广东，传播现代设计思想。此举，加快了广东工业发展进程，也拉开了中国现代设计的序幕。30多年弹指一挥间，广东已成为世界工厂，成为全球制造业不可忽视的重要力量。在工业设计方面，广东也走在了全国前列。广东工业设计协会调查的数据显示，目前广东90%的企业改变了公司形象，80%的企业进入新产品市场，70%的企业通过设计降低产品成本。所调查企业利润的40%来自工业设计。

很显然，在制造业先行发展的地区，对工业设计的投入和重视程度均更胜一筹。韩国知名设计专家金德根表示，从韩国产业的升级和不断变化上看，设计已成为重要的投资，也是许多大公司制胜的法宝。三星公司拥有1500多名设计师，LG的设计师也超过1000

人，设计师队伍，已发展为跨国公司的核心竞争力。

所谓设计，就是创造新的生活方式。而设计师，在分析基本信息的基础上，开展创造性思考。他们既要有预见未来的远见，又要对人文、社会、人类行为有敏锐的洞察力，对新技术、新材料的了解更是必不可少。目前的工业设计，正朝着轻、薄、短、小等方向发展。

“现在的社会，呼唤天才般的设计师，他们不仅可以提高企业附

加价值，而且还是改变社会和开启未来的重要力量。”金德根对此介绍道。

从这些角度来看，粤港设计走廊的打造，是广东设计师迅速成长的沃土，也是广东制造引进“外脑”和外部智库的可靠渠道。

在全球设计引领创新的浪潮中，粤港这几年来在设计方面的合作日益频繁。粤港两地政府紧密协作，通过促进设计合作，来推进广东制造的转型升级。目前，广东经贸部门、香港生产力促进局、香港设计中心已达成一系列合作，探讨双方共同建立工业设计创新平台，下一步将实施全方位的粤港联手，打造广州、深圳、香港工业设计走廊。

在广东工业设计协会秘书长胡启志看来，粤港优势互补带来的外部效应，是不言而喻的。

香港是以时尚潮流为主的设计中心，深圳是高科技产品的设计之都，广州擅长汽车工业等方面的工业设计，以及东莞的设计研究院、顺德的广东工业设计城和南海的设计培训学院，不同城市在一定程度上错位发展工业设计，默契地为彼此间合作预留空间，粤港设计走廊已在无形中形成。设计机构和设计师们在走廊内往来穿梭，通过头脑风暴寻找机会，提升水平。可以预见，设计走廊的建立将催化“中国制造”向“中国智造”转型的进程，并将为一系列世界级品牌的出炉创造条件。

喜多俊之：
被日本国内誉为“国宝级”的设计大师

○国际元素

在全球化时代，工业企业在全球市场上抢占份额，需具备一定的国际竞争力。以设计产业为例，虽然，每个国家的文化不同、地理环境不同，但设计理念、设计元素的碰撞与交流，仍然在全球范围内进行着。

为此，广东工业设计城积极和国际知名设计机构、国际知名设计大师进行合作。进驻设计城的企业，也是来自世界范围内的设计公司。而从英国、美国、法国、德国、日本、澳大利亚等地留学归来的新鲜力量的加入，也让设计城迸发出蓬勃生机。

喜多俊之是世界知名的设计大师，他的作品被纽约近代美术馆，以及世界主要博物馆选定为永久收藏品，受到很高的评价。受广东雄厚制造业基础的吸引，喜多俊之在广东工业设计城内成立了自己的工作室。

喜多俊之告诉笔者，与中国的企业家合作，是非常棒的经历。目前，在家居和家电方面，他已经和顺德四家企业确定了合作意向，另外还有十个左右的项目正在谈。“中国是世界上最大的市场，中国的产品，也一定会引领世界的潮流。接下来几年，希望能继续发挥我的能量，让更多好的产品诞生出来，与大家见面。”喜多俊之这样表示道。

喜多俊之认为，和纯粹的艺术创作相比，工业设计要把愿景化为现实。因此，必须从生活和消费者的角度出发，必须考虑到企业的成本、环保等问题。另外，设计可以适当超前，但不能过于超前，太超前了，消费者是不会买账的。

他的这些理念，对国内设计行业的同行造成了冲击。比如，有些中国设计师感叹工作的辛苦，说：“设计太辛苦了，我要转行。”喜多俊之则勉励他们说：“吃的苦越大，幸福感就越大，不要轻言放弃。”

而在英国研读设计的80后设计师陈浩博也表示，随着越来越多的海外设计企业来设计城开设工作室，将为广东的产业转型升级注入新的活力。他们带来的新思潮，也会对中国既有的设计理念形成冲击，从而促进文化的开放和包容。

除了引进大师外，广东工业设计城还注重和国外高校的合作，并引进一些国际机构。

2012年9月28日，广东工业设计城运营商——广东同天投资管理有限公司邀请英国克兰菲尔德大学Simon Bolton教授来访广东工业设计城，就依托广东工业设计城打造中小企业设计创新与商业转化平台进行协商。

基于此，Simon Bolton教授详细考察了顺德企业的发展状况，并对今后可能开展的交流合作充满了信心。

推动力　创业精神

○雄心

根据恩培窦可里斯的理论，当一种大的生态环境确立后，还必须存在一种内在的动机和动力，才能促进事物的发展。在企业内部，即使万事俱备，但没有把事情做成的决心，也于事无补。而广东工业设计城内，就有这样一批做事的人以及他们勃勃的雄心。

2012年10月16日，武汉职业技术学院的陈娜老师带领97名设计相关专业学生造访设计城，并深深为这里的创业氛围所吸引。“当设计城的管理团队向我们介绍发展前景时，他们富有激情，滔滔不绝，这种态度将我深深感染。看得出来，他们富有理想，并且把设计城当成一项伟大的事业来做。”陈娜赞道。

当笔者多次走访广东工业设计城时，也常常为管理团队的敬业精神所吸引。很多人自愿加班，并追求在事业上的更好表现。

正因为如此，设计城在成立后迅速获得了长足发展，吸引了顺德工博会、广东“省长杯”工业设计大赛等一系列展会、赛事的入驻或举办，并成为优秀设计师竞相加盟的沃土。

○创业精神

设计城的成功，除取决于园区的高瞻远瞩、稳健经营外，也和入驻企业息息相关。笔者发现，园区除了一些在国内国际享有盛名的设计公司外，也有一些胸怀理想的年轻公司，他们在面对逆境时所表现出来的创业精神，令人动容。

比如和小家电公司——小熊电器以及母婴市场领军企业——星河电器共同成长的艾迪工业设计有限公司，就是由两位年轻人共同经营的。创业初期，他们为了生存拼命接单，“不管有多难，不管条件多苛刻，先应承下来再说。至于技术细节的攻破，只有靠埋头啃书、发挥创意了。”但现在，艾迪设计已经走上了正轨，并拥有了几十人的设计师团队。对公司未来的经营思路，也有了更为明确的思考。

在广东工业设计城内的一家办公室内，该公司经营者李快水和唐宇前，向笔者介绍了他们的经营思路：

艾迪现在已成为母婴市场的设计专家。所有的设计师必须深入市场，与用户直接对话，绝不闭门造车。用户体验被纳入最重要的考核指标，比如母亲们用手接触的地方，必须用软胶。因为，坐完月子的母亲，身体往往虚弱。此外，厨房电器和灯具，是艾迪另外两个主攻的领域。“厨房杂乱无章的时代即将过去，旧的秩序将消亡，新的秩序将产生。灯具将不再只起到照明作用，好的灯饰，将是增强家居品位的艺术品。就像手表不仅仅用来看时间，也可用来彰显身份一样。”

而另一家年轻公司——简奥工业设计有限公司的创办过程，则更加富有传奇色彩。该公司创始人张永昌毕业后，因金融危机找不到工作，为此，只好和导师共同创办了一家设计公司。后来，得知北滘正在发展工业设计产业，他立即带上简单行李，跳上了湖南开往广东的火车。

下了火车，张永昌直奔广东省汽车客运站，跳上一辆大巴，来到北滘交通中心。又靠着一辆“黑摩的”，将他拉到了广东工业设计城，并从此开始了自己的创业生涯。

公司经营第一年，出现亏损，第二年巨亏，23万元全部打了水漂。这对于一个刚毕业不久的年轻人来说，压力难以想象。但是，张永昌默默坚守到了现在，并两次斩获世界著名设计大奖——红点奖，公司业务也越办越好。

正是秉持这样一种不留退路的创业精神，设计城内的大量小公司迅速突破了发展瓶颈，并积累了发展的第一桶金。

第三章

路径 Process

一步一步往前走
总能走出平庸
走到梦想的所在

当广东工业设计城从一片旧厂房上破土而出时，秉持的不过是一个简单的初衷，那就是：将北滘零散分布的设计企业组织起来，通过资源整合，发挥“1+1＞2”的协同效应。

未曾预料到，在社会形势和市场需求的推动下，在各级领导的关怀和重视下，设计城实现了“三连跳”，完成了从“北滘工业设计园”最初构想到广东工业设计城这一标杆园区的转变。

短短四年，广东工业设计城的发展脉络却十分清晰。四年时间，每年大跨越，每年大变样，这不仅与设计城的自身努力有关，还取决于中国工业设计产业超常规发展的现实景况。

本章从顺德工业设计产业的萌芽期开始回顾，对四年历程进行系统梳理，并对未来的发展愿景——世界级设计基地进行了展望。

未来的梦想，取决于现阶段每一步的努力。在新的起点上，设计城即将开始新的征程。

原点　零散分布的设计作坊

○不入流的设计师

顺德区正式提出并确立工业设计发展战略的时间节点是2008年。为何起步如此之晚，这既与顺德的产业发展阶段有关，也与中国社会变革的大环境有关。

一位在改革开放之初即在顺德创业的企业家告诉我们，顺德之所以选择家电产业作为产业方向，以至于最后成为中国的家电生产基地，其实带有相当的偶然性。顺德是著名的侨乡，在中国香港、新加坡、南非的海外乡亲特别多。乡亲们归国探访，一般都会带些比较时兴的小礼物如风扇，就成了美的创业之初的主打产品。而科龙选择容声冰箱赚取第一桶金，也带有类似的巧合。当他们通过各种途径了解到冰箱的市场前景后，就悄悄从香港运来了第一台冰箱，然后由赤脚师傅们进行组装。

那时候，不要说在顺德，即使在全国看来，工业设计也是新事物。大多数生产制造类企业，对设计环节都不太重视。企业负责人关心的，是如何低成本、快速生产出产品，然后迅速铺到各个销售渠道上去。

机器设备的引进，流水线的改进，生产效率的提高，是当时制造业关注的主流。

顺德一位知名企业家告诉笔者，当时美的、科龙等工厂，正忙于从各大高校、科研机构邀请“星期六工程师”，至于工业设计环节，根本无暇顾及。该类公司早期的许多生产线，就是“星期六工程师”们匆匆组建的。

所谓“星期六工程师”，其实也是一种形象说法。这些工程师平时在各大高校或研究机构上班，到了周末，就匆匆赶往担任技术顾问的民营企业。

但是，任何工业产品如电风扇、冰箱、微波炉的推出，完全没有工业设计也是不行的。那么，怎么办？就由工程师身兼数职——草图一画，厂长点头，马上就推进生产，走下流水线，进入销售渠道，成为可供销售的产品。

也就是说，顺德制造业兴起之初，设计师是根本不入流的。

○10万元的微波炉图纸

当市场从“供不应求”转向“供过于求”时，制造企业开始加强了对工业设计的重视。但行业普遍的规则，都是低价将设计流程委托给设计公司。“往往是10万元设计一台微波炉、5万元设计一台电饭锅，工厂拿到设计图后，就拿回去做，合作方式是非常简单的。”顺德区一位设计企业负责人这样告诉我们。有理想的设计公司，都希望把自身利益和厂家捆绑在一起，根据产品最终的销售额，收取提成。但这一正当诉求，在行业里却是天方夜谭。

这种现象，其实也说明了“设计理念”的萌芽，说明了制造业对设计的重视日渐盛行，所以，才会有依附大中型企业而生的诸多“设计作坊”。

这些小型设计企业，创业的过程可谓充满坎坷、布满艰辛。顺德的一家知名设计公司，在草创之初，是由两位同事在一种对前途的迷茫和不确定中发展起来的。

“起初，我们是同事，一起在某台资企业工作，并肩作战，收入不菲。手机模件、下水道探测仪……一件件产品相继诞生，业内认可，老板器重，但舒适安稳的生活里，似乎带有某种缺憾。后来听说，有一家顺德的设计公司刚创建不久，正寻求转让，经过几个昼夜的思考后，我们花光存折里的最后一分钱，买下了这家公司。”该公司的经营者这样向笔者讲述道。

创业前期，他们为生存而奔波，千辛万苦，才拉回几个“蚂蚁订单”。“通宵达旦，把前途赌在每一件作品上”是他们当时的工作状态。这其中，既是为了做出令人满意的作品，更多的，也是生存需要，要发得出工资，不至于让员工走掉。

“顺德的设计产业，就是在这种情况下发展起来的，最开始，是一些依附工业而生存的‘设计小作坊’。但是它们却是北滘设计产业、顺德设计产业的先行者，对行业的发展具有不可替代的作用。”据一位业内人士介绍，在这些“星星之火”渐成气候之后，大企业相继成立了各自的设计中心。随着市场竞争的加剧，小企业也开始成立工业设计部门，或将工业设计业务外包出去。现阶段，美的、东菱、格兰仕等企业已采取大动作，新建或优化重组了内部的工业设计部门，此举为制造业的二次腾飞奠定了基础。

聚合 顺德工业设计园

○探路

分布在北滘、顺德各地的“设计小作坊”，各自为政，为“蚂蚁订单”忙得焦头烂额。如按照一般市场规律办事，要形成产业、形成气候，恐怕要数十年之久。在市场中夹缝求生的设计师们，在以模仿、代工为主要形态的“中国制造”模式的重压之下，艰难地坚守着，等待春天的到来。

其实，呼唤工业设计产业园区建设的，不仅仅是这些以此为生的设计小作坊，顺德本地的大企业——美的、格兰仕、东菱、科龙等，也对一流设计产业的兴起抱有期待。

据了解， 美的集团为了解国际企业在工业设计方面的最新动向，曾到韩国设计振兴院（KIDP）、三星设计中心、日本工业设计促进组织（JIDPO）、索尼设计中心、香港设计中心（HKDC）等政府设计促进机构和世界级品牌企业设计中心进行考察和交流。回国之后，“赴日、韩、港等地考察工业设计的报告及相关建议”即时出炉，讲述了亚洲领先机构和公司的最先设计理念与实操做法。同时，美的也系统梳理了自身的问题：如产品线庞大，产品形象不统一；各产品单位工业设计能力参差不齐；工业设计人员缺乏，集团整体工业设计能力和水平与美的的地位不尽匹配。针对上述问题，美的建议成立“美的工业设计协会”，加强内部协同和交流，推动美的集团工业设计能力的提升。

美的的反思，正是顺德制造类企业的“冰山一角”。因此，诸

多公司纷纷成立内部工业设计中心，仿佛就在一夜之间。因为不变革，将会被市场无情淘汰。

但设计产业的发展，仅凭几家大公司的“孤兵奋战”，并不能成气候。产业链条的构建和完善，是一个系统工程，涉及产业上下游的方方面面。说到底，这些大企业，也不过是“大工业”的参与者，并非主导者。要对“微笑曲线”两端——研发和设计进行完善，绝非朝夕之功。在这个阶段，通过成立产业园区，将资源集聚，使产业在孵化器中快速成长，已经刻不容缓。虽然在发达国家，工业设计产业园区的概念极为少见，但是在广东，这却是形势使然，顺应了发展的客观规律。对此，在接受笔者的采访时，一位业内人士做出了这样的阐述：

“发达国家与中国的设计产业，分处于两个不同的阶段。在国外，创意产业刚起步时，是粗犷式发展的，没有形成明显的产业集群。比如英国，就零散分布于各个街区。目前，英国设计产业已长成参天大树，政府只需浇浇水即可，无需特别照顾。但中国的情况完全不同，在与国外同行的竞争中，完全占据下风。可以说，中国的设计公司还是一棵棵小树苗，需要通过政策的引导与帮助，让它们发展壮大。有专门的园区，辅之以廉价的租金、各种配套帮扶政策，以及合作交流的便利渠道，是很有必要的。此外，外国设计公司进入中国时，也不用像无头苍蝇一样乱窜，选择一个产业园区即可。”

分布于零散角落的设计公司，正等待集结号的吹响。

○工业设计的集结号

集结号，是在2008年正式吹响的。这一年，顺德区政府纵观全局，高瞻远瞩，确立了工业设计创意产业的发展战略。

工业设计工作体系开始紧急搭建。2008年，顺德区出台了一系列的工业设计政策办法，并根据市场的反应，及时对办法进行调整和修改。这些工作的进行，促进了《顺德区促进工业设计创意产业发展实施办法》的最终出台，该文件于2011年1月1日开始施行。

在区一级政策基础上，北滘、伦教等镇街相应出台了镇一级的政策，形成了区镇两级的政策促进机制。紧随其后，政府职能体系也开始紧锣密鼓的配套跟进。“大部制”改革中，顺德区经促局专门设置了工业设计科，它是国内最早建立的促进工业设计产业的专门政府机构。其后各镇街的相应改革中，也将工业设计纳入镇街经促局职能，除北滘设有设计科外，其他镇街均有人员跟进设计工作。

行业组织开始逐步发展。2009年1月，顺德工业设计协会成立，目前会员企业逐步增加，并实行与顺德工博会筹备办合署办公，通过政府购买服务、业务委托等形式支持，协会的行业服务能力得到明显提高。

透彻反思过后，顺德工业设计面对的突出问题也逐步浮出水面：

一、产业载体设施还不健全，规模效应尚不明显。比如，广东工业设计城发展初期，乃至现在都面临着的扩容、空间拓展和配套设施等问题需要加快解决。

二、设计市场容量仍较小，制造业的需求有待加大开发。尽管不少大企业对设计的重视程度有所提高，但制造业整体的设计价值认知和应用还处于较低水平。广大中小企业的设计创新需求普遍不高，设计市场培育还需经历一个过程。

三、设计服务能力还不够强，设计价值尚未有效显现。顺德的设计企业还普遍处于创业成长期，很多都以承接外观设计服务为主，而对产品集成开发、技术整合应用、市场研判等综合服务还普遍欠缺。区内仍然缺少带动性强、设计价值突出的产品项目。

经过探索实践，工业设计工作的方向和定位还需进一步明确，不能仅仅只盯着设计产业本身，要从设计和制造两处着力。

一方面要抓园区载体建设和配套设施完善，抓设计服务能力提升，推动工业设计产业真正上规模、上层次，形成区域服务特色；另一方面要专门针对制造业，紧抓设计理念，激发设计需求，着重加强设计应用能力培育，特别是借助大型企业、品牌企业的工作基础，推动工业设计运用的突破发展。

因此，顺德工业设计的发展定位，对内是把工业设计产业作为顺德现代服务业的重要组成，发展成为经济转型升级的重要支撑性产业，推动制造产业链向高端延伸；对外则是打造形成区域性的工业设计服务业基地。

○ 三大核心园区的兴起

2008年，顺德区确立了工业设计创意产业发展战略。在这一战略实施后，一些区域性的产业园区拔地而起。最具代表性的，分别是位于北滘的广东工业设计城、位于大良的顺德创意产业园、位于容桂的德胜创意产业园。这三家创意园区，都是在旧厂房的基础上改建而成，顺应了城市更新升级的发展方向。

三大核心园区，顺应了顺德工业转型升级的潮流，再加上政府的支持，民营资源的导入，分别都得到迅猛发展。目前，三大园区的产业集聚基本形成，规模效应日渐显现。

第一，广东工业设计城，规划面积2.8平方公里，其启动区广东工业设计城占地6万平方米，目前入驻创意机构100多家、设计人员1000多人。设计城的配套项目如国际设计中心、粤港设计创新中心已相继投入使用，广东工业设计研究生联合培养基地正在抓紧建设，其清华工业设计硕士班已成功开班，工业设计博物馆等平台建设已于2013年启动，并正在抓紧推进建设。作为扩容主体工程的“设计广场”已完成建设，新建面积为3.2万平方米。

第二，顺德创意产业园，规划面积15万平方米，一期已于2009年9月投入运营，共入驻综合类设计创意和软件企业达80多家，二期已于2011年下半年建成投入使用，企业招商已全部完成。

第三，德胜创意产业园，该园区总面积5万平方米，一期已于2011年6月正式开园，首批来自国内外的10家创意机构已成功入驻，创意廊等项目已经对外开放。

除此之外，行业性的创意设计载体园区也逐步兴起：龙江一号家居创意产业园于2010年12月投入运营，成为全国第一个以家居产业为主题的创意产业园；伦教依托珠宝工业园，已在建设珠宝创意产业园。

至此，顺德工业设计的发展框架初步搭建完成，也就是说，未来的工业设计产业，将在这一框架上有序“生长”。这一框架可以简单归纳为：“三大核心园区+若干细分园区”。

○顺德工业设计园

建设顺德工业设计园的初始目的，是将北滘分散于各处的设计资源集合起来，使之形成合力，发挥“1+1>2”的协同效应，促进北滘工业制造的升级。刚开始时，纵使运营团队抱有雄心和抱负，

但也未曾料想到接下来会面临的历史性机遇。广东工业设计城的发展，恰如一幅徐徐展开的鸿图画卷，许多突然迸发的灵感，超出了绘画者的期望，可谓“神来之笔”。

以北滘再城市化为主题的《未来30年的中国梦》一书，对该园区的“蓝图之变”做出了形象描写：

正当旧厂房改造的日子里，时任顺德区长、现任顺德区委书记梁维东来到北滘，他在现场看到了一派生龙活虎的景象，感叹于这个并非由区政府事先规划却生机勃勃地成长起来的工业设计园区。“谁愿意做我们支持谁，谁做得快我们支持谁”。他对北滘的干部们说：“别叫北滘工业设计园，把国家基地的牌子挂到这里。”于是就有了顺德工业设计园，并且挂上了由国家知识产权局授予顺德的“国家工业设计与创意产业（顺德）基地”牌子。

根据媒体报道，笔者梳理了当时社会各界对工业园建设的期望。

当时，广东权威媒体《南方日报》对此评价说，顺德工业设计园，是顺德区发展文化创意产业、打造广佛经济圈高端产业带的重要载体和产业聚集地，也是顺德区文化产业发展的排头兵和示范基地，被国家知识产权局授予“国家工业设计与创意产业（顺德）基地”。这是顺德的风格：在竞争中冲出来的地方，就是产业规划布局的地方。

国家知识产权局副局长张勤对园区的发展寄予厚望，他说：“在全球金融危机扩散蔓延和国际经济风起云涌的形势下，发展工业设计正恰逢其时，国家知识产权局将支持顺德积极探索工业设计与创意产业发展新机遇、新模式和新方法，把工业设计做大做强。”

时任广东省副省长宋海则表示，“国家工业设计与创意产业（顺德）基地应势而出，这将对珠三角实现世界先进制造业和现代服务业基地的国家战略定位、推动国家珠三角战略实施产生直接而深远的影响”。

对于设计园为产业升级带来的前景，时任佛山市委书记林元和说：“国家工业设计与创意产业（顺德）基地开始运营，必将吸引全国各地高水平的设计创意人才汇聚佛山，顺德这只‘老虎’插上了科技创新与设计创意两个翅膀，将会飞得更高。”

时任佛山市委常委、顺德区委书记刘海说：“顺德工业升级必须寻找新的途径，工业设计与创意产业便是一条很好的路子。”

时任北滘镇党委书记徐国元说：“国家工业设计与创意产业基地落户北滘，是合作各方的最佳选择和完美结合。”

社会各界，对顺德工业设计园的崛起，欢欣鼓舞，充满期待。

事件背后，是社会各界对顺德工业制造转型路径的客观认识，也是对顺德参与全球竞争的理性思考。

顺德在既有5000亿元工业产值的基础上，如不迅逗转变发展模式，将很快触摸到“增长极限”的天花板。整个广东工业，都在转型的阵痛中挣扎，寻求理想路径。而纵观国际经验，通过工业设计提升产业，是一条不二之路。

产业的需求，呼唤一个省级，乃至国家级工业设计园区的兴起。而北滘这片沃土，顺德工业设计园这块风水宝地，成了承载这一梦想的最佳载体。

提升　设计之城

○蝶变

令社会各界大吃一惊的是，这个产业园区很快就迎来了另一次蝶变。在由“北滘工业设计园”变身“顺德工业设计园”的基础上，园区很快由“园”化“城”，挂上了广东工业设计城的牌子。更名背后，是园区取得的一系列成绩，也意味着社会各界对工业设计引领作用的逐步明晰。

由“园”化“城”背后，有着怎样的发展逻辑？

《未来30年的中国梦》一书作者认为，正在改变的，不仅仅是广东工业设计城，其背后的土壤，也正悄悄发生着改变。

首先，是制造企业的观念之变。

曾几何时，中国的制造企业片面追求着规模的扩大，但随着市场走入“蓝海”，“有质量的增长”成为行业发展共识，否则，摊子铺得越大，越难转型。

日本经营之圣、京瓷集团创始人稻盛和夫，对“有质量的增长”进行了形象概括，如果换一种方式表达，那么就是，打造“高收益企业”。为什么？因为无论是面临激烈的市场竞争，还是面临经济萧条，高收益都是一道天然屏障，一种抵抗力。

稻盛和夫对此这样论述道：

高收益可以降低企业的盈亏平衡点，是一种“抵抗力”，使企业在萧条的形势中照样能站稳脚跟，就是说企业即使因萧条而减少了销售额，也不至于陷入亏损。同时，高收益又是一种“持久力”，高收益企业有多年积累的、丰厚的内部留存，即使萧条期很长，企业长期没有盈利，也依然承受得住。

比如稻盛和夫创建的京瓷集团，之所以在50年创建历程中从未出现亏损，就是因为该公司高度重视“销售利润率”这一指标，并强调“没有10%的销售利润率，就算不上真正的经营。”

但是，企业高收益体质的打造，绝非凭空得来。“微笑曲线”的两端——研发和设计，都对这种体质的打造具有积极效果。通过设计独一无二、超越消费者期望的产品，企业就拥有了定价权，销售利润率随之提高。著名的跨国公司苹果通过一流的设计与一流的技术相结合，使iPhone的利润率高达70%。可以说，设计在高收益体

制打造过程中的作用，不言自明。

其次，是城市发展的观念之变。

城市，是生产生活的载体，是人流的聚集地。城市化，也是我国现阶段发展的重要主题。上海世博会的口号："城市，让生活更美好。"体现了我国城市发展观念的改变。城市发展，必须与环境保护、与人居环境提升、与居民幸福指数提升结合起来。忽视可持续发展因素，仅凭大干快上追求短期利益的发展方式，已被逐步摒弃。

再者，设计企业的职能也在悄悄改变。

在顺德设计产业发展初期，许多公司都属创业性质，它们为求生存，在接单时并不计较，也没有实力和大企业进行谈判。往往以极为低廉的价格，为制造企业实现"设计外包"。但随着设计附加值在产品价值链中地位的提升，优秀的设计与平庸设计之间的差别，已经一目了然。企业愿意为设计支付的价码，也水涨船高。与此同时，一批小型设计公司随着行业潮涨潮退而快速成长，具备了规模和很强的设计能力，这也使得它们的产业地位提升，对自身发展提出了更高要求。

在制造企业之变、城市发展之变、设计企业之变"三管齐下"的情况下，一个顺德工业设计园，已经承载不了产业的变化，时代的要求。因此，蝶变是形势需求，发展必然。同时，在广东工业设计城的基础上，一系列产业大动作随之展开。

○“夕阳红”经济

工业设计与制造产业的深度联合，可以涉及产业的方方面面。比如，针对养老市场而开发的针对性产品，就引起了市场的极大兴趣。

日前，笔者参观了位于设计城内的老年用品展示体验中心，整个中心的装修风格都体现着浓浓的家的味道。

“你看这些产品，都是根据老年人的实际需要个性化定制的。”体验中心的工作人员介绍说，看起来很寻常的产品，体现了设计师在细节处的良苦用心。比如有个料理台，家庭不同成员要求的高度各不相同，老年人希望低一点，子女们则希望高一点。“这一点很好调节，轻轻按动按钮即可。”

“再比如这个吊床，上方设有吊环拉手，用于辅助老人起床，有

设计城内的老年用品展示体验中心

的床还具有按摩功能呢。”谈到这些创新的设计，工作人员的双眼燃动着激情。

笔者在展览中心看到，居家养老区设起居室、卧室、卫生间和餐厨空间；机构养老区设有活力、介助、介护等单元，以及诊断评估区、康复理疗区、公共浴室等区域。“展品类型主要有八大类别共约350款产品，涵盖家具类、家电类、医护器械类、卫浴类、餐厨类等范围。”

大规模进军养老产业，背后的逻辑是什么？首先是老龄化趋势背后的需求放量。根据2010年第六次全国人口普查的统计数据，我国60岁及以上人口为1.78亿，占总人口比重为13.26%。根据全国老龄委预测：到2030年，我国老年人口总量将超过3亿，老龄化水平将超过25%；到2050年，老年人口总量将超过4亿，老龄化水平将超过30%，且这一趋势将持续到本世纪末。

其次，养老产品跟设计的关联性更高，考虑到老年人特殊的身体状况和精神状况，在设计的细节上需要花更多功夫。这些，并非是靠流水线可以简单完成的。

根据国务院制定的《社会养老服务体系建设规划（2011—2015年）》明确提出：五年内将增加340万张养老床位，2015年末初步实现基本养老服务体系建设。2012年3月召开的第十三次全国民政会议，明确提出了发展适度普惠型社会福利事业，大力发展老龄服务。紧随其后，民政部召开了全国社会养老服务体系建设工作会议，全面部署了“十二五”期间社会养老服务体系建设工作。老年市场的建设，引起了更多的关注和重视。

○走进产业集群

2011年11月，在省经济和信息化委组织下，广东工业设计城内几十家设计机构与企业，一路经江门，过开平，赴阳江，与当地产业集群“零距离”接触，将工业设计理念带入制造企业，以发挥杠杆作用，撬动当地传统产业转型升级。

设计为制造服务，是广东力促工业设计产业发展的战略目标，也是顺德工业设计发展壮大的重要载体。作为全省工业设计的高地，这次广东工业设计城领衔走进产业集群，顺德设计企业成为主力军团之一。从最初“引进来”，集聚各类优势资源发展壮大，到现在“走出去”，辐射和服务更广泛的区域，顺德工业设计内引外拓，一直朝着撬动制造转型升级、设计产业集群壮大的方向前进。

2011年11月23日，工业设计走进产业集群首站到达江门，共同把脉江门产业工业设计的发展方向。江门市副市长易中强将顺德工业设计企业的到来，赞喻“为江门传统产业的发展以及做大做强新兴产业带来新的机遇”。

同珠三角其他城市一样，江门的制造业基础同样雄厚，秉承工业立市、工业强市的发展战略，逐渐形成了纺织化纤、造纸及纸制品、建材、食品、机电等传统产业集群，以及LED、轨道交通、新化纤材料等新兴产业。2010年，江门实现地区生产总值1570亿元，同比增长15.8%，实现工业总产值4184亿元，同比增长39.4%，经济实力雄厚。

易中强十分欢迎工业设计走进江门产业集群，并对此寄予厚望。“希望通过这次对接活动，以江门传统产业制造优势为基础，积极推动传统产业企业广泛开展工业设计，培育传统产业工业设计基地或设计中心，进一步提高江门传统产业的科技含量和产品附加值，促进传统产品的分化和替代，提高产品的经济效益和社会效益，加速江门传统产业转型升级的步伐。”他在欢迎致辞中如是说。

自诩为工业设计“狂热分子”的江门制造企业老板梁劲松，也热情地欢迎顺德设计企业前去“淘金”。梁劲松是顺德人，在江门开工厂，他的经营理念就是以设计优势取胜产业链环节的竞争。但苦于人才匮乏，他自己既做老板也做设计师，还兼顾销售。“正因为如此，我对江门情况十分了解，这里的工业设计绝对是金矿，欢迎你们来淘金”，在与顺德设计师的互动交流中，梁劲松话语中透着激动。

制造业基础雄厚，产业集群特色明显，这是工业设计产业在顺德茁壮成长的根基，也是顺德设计向珠三角区域辐射扩散的基础。而不容忽视的是，相当多的制造企业对于工业设计虽然有认识，但是否选择与专业设计企业合作，并向这些设计企业购买设计产品，还持有观望态度。

开平市水口镇是这次工业设计走进产业集群的第二站。屹立在潭江河畔的水口镇，聚集着500多家水暖卫浴生产企业和200多家经销商，3万多人从事水暖卫浴生产，上千种水暖卫浴产品畅销国内外，是名副其实的中国水暖卫浴生产基地。可在当地一家著名卫浴品牌企业参观中，当六维空间设计咨询有限公司总经理廖志文询问设计在产品研发中的作用时，企业负责人回答时有点茫然且不知所措。

事实上，在江门对接交流会上，到场的制造企业的反响也并不是十分热烈。许多都是企业设计人员出席，而并不是管理人员或老板。“这说明工业设计对企业而言，还没有上升到战略层面，只是战术层面，并没有引起他们真正的重视”，虽然力邀顺德设计企业来江门淘金，但梁劲松也不无担忧。他略带幽默地说道：“这绝对是个金矿，但这个金矿暂时被许多沙尘掩埋住了。”

“设计师并不仅仅是做产品外观设计，他需要综合运用科学技术、宗教文化风俗以及工艺材料等，解决需求问题，改变我们的生活。”最后廖志文总结说道。他想先让制造企业明白，什么是工业设计。

短短四年多时间，实现从无到有、由“园”到“城”的巨变，集聚各方优势资源“引进来”，是广东工业设计城在顺德生根发芽的关键战略之一。而工业设计这棵大树要茁壮成长，也必须“走出去”，服务和辐射更广泛的区域。

早在2011年4月，广东工业设计城就开始筹备这次“工业设计走进广东产业集群”的对接活动。广东工业设计城发展有限公司有关负责人是这次对接活动的领队。在他看来，“走出去”与各地产业集群交流与合作，可以打破单一解决家电方案的局面，承办更多其他产业的解决方案，并将广东工业设计城的工业设计理念带进不同的产业集群。

“工业设计投资小、效果快，它的最大作用在于为广大企业创造品牌、提升价值、提高整体竞争力，现在已经成为全省推动产业转型升级的重要手段”。省经济和信息化委副主任蔡勇同样十分看重工业设计走进产业集群的战略意义。当前，全省已建设有70个省级产业集群升级示范区，以工业设计撬动产业集群升级，对全省经济

发展方式转变的推动力不言而喻。

敢为人先是顺德人不变的勇气和气魄。在工业设计走进产业集群上，顺德设计企业也同样不负开拓精神，并出现良好开端。顺德设计企业近五成订单来自中山，很多设计公司在江门新设立分支机构。而在这次江门、开平、阳江之行结束后，顺德设计还将代表广东工业设计继续走进东莞、肇庆等地产业集群，以加快打造成为珠三角工业设计外包服务基地，并逐步辐射全中国。

○产学研一体化

人才，是设计产业最为宝贵的资源。能否保证人才源源不断的供应，决定了产业生态抗风险能力的大小、发展潜力的大小、可持续能力的大小。

身处珠三角腹地，广东工业设计城如何破解在人才问题上遇到的挑战？答案是产学研一体化，设计城内不仅仅只有面向市场一线的企业，它还是理论研究和研究生培养的中心和基地。

2011年8月29日，广东工业设计研究生联合培养基地建设小组第一次工作会议的召开为人才问题的破冰打开了新思路。

会议在广东工业设计城召开，省教育厅厅长罗伟其，佛山市委常委、顺德区委书记梁维东以及来自中山大学、华南理工大学等高校的领导齐聚一堂，就新形势下高端人才的培养问题畅所欲言，提出了不少真知灼见。大家普遍认为，大学虽具有丰富的教育资源，但在实际操作、市场敏感度等方面，却不及站在产业一线的企业。让研究生们深入企业，在实践中提升，将是可供探索的重要思路。

本次会议确立了校企联合的办学新思路，并计划从广东省，乃至国内著名高校引进一批研究生，让他们充分利用学校和企业资源，迅速提升自身水平。

会议召开后，随后的配套工作也紧锣密鼓展开。首批计划入驻的研究生约40人，主要来自中山大学、华南理工大学等广东省著名高校，北京、武汉等地的高校也积极伸出橄榄枝，表达了输入研究生参与学习的意向。通常，每位研究生都对应一位企业导师，开展

“一对一”或者“一对二”的针对性教学。此外，有关部门还为研究生提供了生活补助和奖学金。

业内人士认为，校企联合培养计划的开展，相当于为广东工业设计建立了一个“高端人才库”，对产业的发展，具有非常重要的意义。

海信顺德工业设计中心主任徐贤辉是基地的企业导师之一，对于校企联合项目的开展，他表示：“这是一种新的培养思路，使得学生不局限于书本做学问，将实践结合进来的理论才是有用的；未来希望可以深度开展项目，将培养的效果和效率再提高一些。”

在实际培养过程中，徐贤辉为学生提供了最实际的项目，先从小部件的设计开始，慢慢加大设计任务，既让他们学到了东西，也为企业带来了一个干活的好帮手。

在实际教学过程中，徐贤辉让学生担任工业设计师职位，同时负责设计的分析和报告的写作。“目前来看，学生基本适应。遇到了不适应的情况，我们也会尽量多沟通，促进问题最终解决。”

对于参与培养的研究生，徐贤辉表示，“有悟性，非常想引

产学研一体化机构纷纷在设计城建立

进。”他表示，参加过培训课程的研究生，肯定是他们引进高端人才时首先会考虑的对象。将来，他们也许会出台一些相关政策，在待遇和个人机会上，给予尽量多的倾斜。

张添棋是华南理工大学工业设计专业研究生，也是首批入驻基地的学生之一。他已经在基地学习了整整3个月，学习的重要内容之一，就是帮项目经理处理实际遇到的设计问题。

“这次学习，让我对设计有了更深刻的认识，而不再只停留在理论阶段。”谈到学习的感想，张添棋这样说道。

提前从学校跨入企业，也让张添棋率先进入工作状态。对于是否学到了真材实料，他表示：“提高很快，有实效。”对于是否会到顺德工作，他表示：“正在密切关注中。办公室的工作氛围和谐自由，同事很友好，但以后的发展也要考虑到城市的因素，如果未来顺德的城市建设能取得良好的进步，我会着重考虑的。”

如何为人才交流、形成思维碰撞火花提供方便，提供制度层面的安排？“设计沙龙”品牌活动的开展，就是一个有益尝试。

截至2013年10月16日，北滘设计沙龙已举办了近50期，设计沙龙，成为设计专家与设计师互动交流的场所。行业趋势的研讨、发布，与设计有关各类话题的交流，让北滘的业务研讨氛围瞬间活跃起来。

设计沙龙上交流的话题，并不局限于设计本身。因为，设计产业的发展，本身就是一个综合方向的问题，需要涉及经济、社会领域的方方面面。品牌如何打造，如何在信息化时代提高信息管理效率，加快设计和技术的融合，在设计沙龙上，大量课题被摆上台面，供设计者们思考，交流。

砸钱做广告，是否就能带来品牌价值的提升？在小企业看来，如何针对自身实际，提升品牌，促进企业保持长期稳健的发展，是必须面对的问题。为此，在第30期设计沙龙上，著名品牌策划专家董少杰对此问题进行了分享。

如果销售跟不上，企业会在现金匮乏的情况下“失血”而死；如果产品质量管控不得力，又会在公众舆论的质疑声中被“唾沫”淹死。

那么，小企业是否应该投入广告经费呢？董少杰表示，要投，但是要精明地投。一个小小的创意，可能就为企业节省下几百万费用。

2003年，房地产市场低迷，株洲一家商用物业公司找到董少杰，希望以800万元广告费，用15个月时间，将物业销售掉80%。但事实上，凭借着创意投入，在广告费不超过120万元的情况下，所有物业在9个月内被销售一空。而董少杰，就是这个项目的操盘手。

“当时，我坐着计程车，在株洲大街小巷溜达，调研市场。”董少杰发现，株洲虽为小城市，但却存在“三多”现象：茶楼、洗脚城、KTV特别多，这些透露出这座城市生活安逸、爱享受的气质。茶楼为什么特别多呢？市民们三五成群，要一壶茶，然后凑在一起斗地主、打麻将，往往“激战到天明”。

董少杰一拍脑袋：“办法有了，广告费用不着800万。”

他立即联系到温州一家扑克牌生产商，以每副2毛多的成本，连夜印刷出3万多副。然后紧急铺货，每家茶楼派200副，要求他们：

“不得有偿出售，要免费赠予玩牌的顾客。率先派完的，再送200副扑克牌，并发放奖金300元。”这些扑克牌上，印刷着该物业的实景照片、户型图、地址等信息。

由于当时是夏季，天热、雨水密集，他又紧急赶制出几千把扇子和雨伞，上面印有该物业的详细信息。一到雨天，大街小巷都是印着该物业Logo的雨伞，成为当地一景。

这些创意的实施，总花费不到120万元。却在9个月之内，将所有物业售罄，帮企业省下了85%的销售经费。

“当时，市场上还没有利用扑克牌来做广告的先例，但如今，已遍地开花。”董少杰介绍说，几个月后，武汉某楼盘在开盘销售时，就照搬了他的这一思路。

俗话说，“交换一个苹果，各得一个苹果；交换一种思想，各得两种思想。”设计沙龙品牌活动的开展，为设计师们打开思路做了制度层面的安排，也为设计城产业气氛的营造注入了恒久活力。

“问渠哪得清如许，为有源头活水来。”产学研一体化的逐步实现，设计沙龙等品牌活动的打造，都是产业发展的重要举措。

○平台的影响力

顺德区依托设计城产业资源，成功举办了四届工业设计博览会（下文简称为“工博会”）。随着展会影响力和辐射力的不断提升，顺德也因之成为工业设计的产业高地。

虽然历届工博会均取得了不俗成绩，但往届展会偏重于以展览为主的会展模式，并不能使会展真正融入产业中。其作用，更倾向为设计产业的发展摇旗造势。

一位连续参加了三届展会的设计公司负责人表示，设计产业的发展日新月异，他们急切需要倾听专家、行业领军人物的最新观点。并渴望有一个平台，寻找商务机会，加强区域协作及产业合作。

显然，偏重于展览功能的展会已不能满足需要。据活动主办方介绍，在以前四届工业设计博览会的基础上，2012年的展会有了跨越式的提升，并更名为2012设计·产业年会。产业年会将向会务、商务的方向转变，展览将成为辅助。本届年会将成为业内专家论剑的场所，为业内人士带来丰盛的思想盛宴。简而言之，年会正朝着工业设计“达沃斯”论坛的方向发展。

中国工业设计协会理事长朱焘：我国工业设计的发展，要进入实质性的推进阶段，也就是说要有更好更多的设计新产品走向市场。广东省的工业设计不但发展得早，而且一直走在全国的前列，在政策上、方法上，对全国都有重大的影响。图为朱焘在设计城参观第四届工博会

顺德区委副书记、区长黄喜忠：顺德已建及在建的设计创业园区建筑总面积超过20万平方米，全区启动的工业设计中心超过100个，各级工业示范企业40多家，工业设计产业推动着顺德经济社会全面发展。图为黄喜忠与有关领导及港台嘉宾一道启动2012设计产业年会

产业年会上，中外青年设计师在交流、演示设计案例

设计·产业年会立足行业纵深，为粤、港、台乃至中外之间的设计合作提供载体和机会。其主体活动为五场高峰论坛或产业对接会，一场突出实战演练的现场交流会，以及延续举行的工业设计展。概括来说，就是“六会一展”。

“六会”包括：设计·两岸三地主题论坛，广东设计联盟年会之中、英、德“中国厨房”国际设计工作坊，清华大学国际艺术·设计学术月北滘论坛，全球材料设计应用（中国）研讨会，亚太工业产品外观设计会议及广东企业设计知识产权战略峰会。“一展”是指第五届顺德国际工业设计展。

设计·产业年会的打造，不仅是以新形象的出现，而且其内容和内涵也有全新的提升。这为北滘、顺德成为工业设计产业高地提供了一条更为可行的路径。

发展　设计大道核心

在全省设计创新促进产业转型升级现场会上，佛山市委常委、顺德区委书记梁维东确立了“顺德设计大道”的蓝图规划。

梁维东介绍说：“要把设计创新摆在顺德‘城市升级引领转型发展’的更突出位置，形成设计与制造交相辉映，产业与城市协调发展的总体布局。在广东工业设计城基础上，以105国道为轴线，把沿线伦教珠宝首饰设计、大良软件动漫、容桂工业创意等园区有机串接，形成一条贯穿整个顺德制造基地的‘顺德设计大道’，使之成为推动顺德转型发展的重要驱动器。”

顺德设计大道，不只是一个概念，而是产业集群的形象概括，是顺德新名片——工业设计打造的具体实践。而广东工业设计城，将是这“黄金大道”上的一颗明珠。

对于设计产业集群将要发挥的作用，梁维东这样概括：设计创新是“顺德制造”向“顺德创造”转变的重要推手，要促进多维度协同创新，要注重发挥设计创新的整合功能，与总部经济、南方智谷、品牌强区等有机融合，使“设计、研发、制造和品牌”四位一体，成为“顺德创造”的DNA，努力走出一条传统制造区域升级的新路子。

贯穿顺德南北的设计大道，将如何演绎顺德的工业设计梦想？刚开始，广东工业设计城从“北滘工业设计园”的较低起点起步，并陆续经历了顺德工业设计园、广东工业设计城的“牌子”变更。

广东工业设计城开拓自身更大成长舞台的一个关键是，从“省区共建”，朝“部省共建”（国家工信部和广东省人民政府）坚实跨步。

2009年，广东工业设计城由广东省经信委与顺德区政府联合共建，为何在“省区共建”的基础上，谋求“部省共建”的更大舞台？设计城运营单位有关负责人表示，这将有效聚合国家和地方两股力量，整合政策资源，全面推动国家工业设计产业基地建设。

事实上，在省区共建的基础上，广东工业设计城已取得一系列成就。

四年磨砺，广东工业设计城，现已成为广东省乃至全国的设计行业标杆。

广东工业设计城的核心园区现有和在建的建筑面积已达10万平方米，是当前国内最大的工业设计主题园区。其中，2012年在建项目“设计广场”建筑面积3.5万平方米，已于2013年7月全面建成，5年内核心园区将扩展到20万平方米。其重点项目顺德工业设计园、粤港设计创新中心、国际设计中心、展览馆、设计广场等已先后投入使用。

省教育厅和顺德区政府联合共建的“广东工业设计研究生联合培养基地”也在有序推进。目前设计城已入驻中外优秀设计企业100多家（另有100多家企业已申请并等候进驻），聚集包括国际设计大师在内的中外设计师近千名，年提供设计服务超过4000项，撬动工业产值超过100亿元。搭建了市场交易、金融担保、人才培训、知识产权保护等六大公共服务平台和设计信息知识库、虚拟现实数据信息服务等九大技术服务体系，形成了一定的产业集聚规模和市场影响力。

同时，广东工业设计城规划范围内的“美的创业园”由企业直接投资建设，首期1.2万平方米已投入使用，总规划面积达40万平方米，专项孵化高新技术和设计创意类项目。

通过广东工业设计城的辐射，对珠三角西岸地区制造业转型升级的带动作用已逐步显明。设计城通过持续向中山、江门、佛山等传统制造产业密集地区投送优质设计服务，形成了珠三角地区以工业设计为导向的产业协作链条，有力地加速了制造集群区域的产业设计化。

从另一个维度，广东工业设计城直接推动了北滘的产业和城市升级，“腾笼换鸟”效应初显。主要通过对老工业厂区实施改造，建设包含创业孵化、教育培训、服务平台、设计师生活配套设施等一体的复合型创意社区。随着旧工厂陆续迁出，新兴产业项巨竟相入驻。广东工业设计城，已然成为设计大道上的璀璨明珠。

GIDC
SDID
广美
古今
明天
天纳
心雷
科凡
青橙
日美
青鸟
永爱
潜龙
和壹
知专
六维
托迪

棋势与棋路　工业设计发展的大格局

○最轻的设计师　支撑起最重的工业

2012年10月25日，中共中央政治局委员、时任广东省委书记汪洋，省委副书记、省长朱小丹一行人到访广东工业设计城，站在一件被外界戏称为“扯蛋”的主题雕塑前，驻足沉思。

200根纤细致密的钢线，以极轻之身，支撑起一块巨大、沉重，似乎摇摇欲坠的岩石。

在场的顺德区经济和科技促进局副局长蔡炜斌解释说：“这个球，代表的是我们的制造业集群，旁边的这些线，表示的是设计对制造产业的提升。

汪洋退后一步，仔细端详起来，过了一会说：“看起来，好像还有点悬呀！”

该雕塑的设计者——中世纵横设计有限公司总裁张建民介绍说，每一个设计师的力量都微薄脆弱，但如果集合起来，就是引领广东工业设计转型升级的核心引擎。这就像水一样，单凭一滴水是掀不起风浪的，但水流汇入江河，就成了惊涛骇浪，可以滋养良田，夺人心魄。

极轻的设计师，支撑起极重的工业，表面上看，摇摇欲坠，随时倾覆。但事实上，非常稳定，就像无形的万有引力，将地球悬于宇宙间一样稳定。这不仅是视觉冲击力的表达，更是力量平衡的艺术化表述。

○工业设计的棋路

经过“扯蛋”雕塑，汪洋一行人看到巨大建筑外立面上，镶着一个巨大的棋盘。设计城内的设计企业——“镇园之宝”，化身为一个个“棋子”，布局着广东工业设计产业的发展与未来。

广东工业设计城所在地的前身，是一片破旧的纺织厂。当年，张建民担负起三旧改造的重任，走进这片旧厂房时，顾虑重重。这样一片传统工业的废弃地，能成为设计师灵感的“后花园”吗？将最陈旧的破厂房，改造成一流的设计天堂，难度何其之大、挑战又何其之多！

这其中，又尤以一栋建筑的外立面最为丑陋。由于是后期新建建筑，其风格与园区形成反差，格格不入。

汪洋站在这盘棋局前，笑着说：“这局棋，也许只有小丹能够懂。”他问身边的朱小丹：“这盘棋，你怎么看？”朱小丹从专业视角，从行业宏观，从“兵”和“势”的角度，进行了解读。

汪洋又思考了一会，然后补充说：“得找个内行看看，是不是有什么破绽的地方。”

引起汪洋和朱小丹讨论的这局棋，实际上是唐朝时期，顾师言和日本王子下的一局棋。只是每颗棋子，被替代成设计城内的入园企业。这是中日文化交流的第一局棋，棋下到这里，胜负仍难以预料。“但是下到后来，还是中国赢了。”张建民介绍说，当初在改造之前的思考：鉴于广东工业设计城是广东制造业转型升级的重大战略部署，是民族品牌角力外来品牌的关键博弈，思考之后，选用了最能体现中国传统文化和智慧的围棋作为核心元素。从园区的布局、建筑外观，到园区的雕塑、室内设计、家具、座椅、导向标示等一些公共设施，整体考虑，将设计城打造成一盘大棋局。

围棋由点线面这些最基本的元素构成，却演绎出无穷的可能性，达到了难以企及的设计高度。黑色和白色，分别是最深和最浅的元素，设计城许多建筑的外立面，是由黑白棋子不规则混合调配的抽象图案，体现着设计和制造之间的融合。当不规则的混合逐渐形成默契找到规律后，就形成了建筑侧面的漩涡球形图案，具有强烈的视觉感染力和冲击力，寓意设计与制造的合力的无限潜力。

而设计城的地面，也是由棋盘状的纹路构成，并在相应位置安放着一个个“棋子”，这些“棋子”，被设计成座椅供人休息。此外，园区的导向标志，也充分融入了围棋的元素。

○区域竞争的大格局

“广东工业设计，就是一盘刚刚开局的棋，未来形势如何，考验着政策制定者，行业参与者的决心和智慧。”广东省工业设计协会秘书长胡启志一边思考着这局棋，一边发出内心的感慨。

“广东省设计创新促进产业转型升级现场会召开后第二天，深圳市市长许勤就召集一些设计企业，开了一场促进工业设计产业发展的会议。”据张建民介绍，根据会议的讨论，深圳要朝着高端化、品牌化、国际化的方向发展工业设计产业，每年的财政投入要达到1亿元。据他估计，香港、深圳、广州、顺德、南海等地应该会形成工业设计产业的大集群。这说明，广东的工业设计产业，其实就是一盘棋。但是也应该看到，长三角地区也在工业设计上进行大手笔投入。比如，杭州花5亿元买了包豪斯风格的7000件早期作品，并成立了一个博物馆。这就是政府下定决心提升工业设计产业的信号。而上海、宁波、无锡、温州等地，工业设计的发展也非常快。

“这一轮经济转型，是谁也避免不了的槛儿。提升制造业，工业设计也是绕不开的关口。”张建民认为，珠三角和长三角都在抢占下一轮经济腾飞的“制高点”，这是全国的一盘大棋。

○“中国厨房”产业设计联盟

广东“中国厨房”产业设计联盟是广东省首个以产业为依托的设计联盟，首期成员单位为包括省工业设计协会和设计城在内的政产学研商等领域的13家单位，旨在为中国的厨房产业提供顶层设计。

家电和家具是顺德乃至广东的传统优势产业。“中国厨房”产业设计联盟，就是在这一背景下应运而生。联盟成员来自院校、企业、行业协会等不同领域，性质差异较大。自成立以后，联盟一直致力于吸引实力强、影响力大的机构加盟。

对于联盟的作用，省经信委技改处处长许晓雄这样阐述：“我理解联盟就是拳头，把每根手指握起来，成为有力的拳头。通过联合，解决创新体系建设当中创新投入与风险的问题；达到资源的有效整合与分工合作；实现知识的积累、共享和转移；使成果推广有效性和效益最大化。”

联盟的发展将以行为研究为基础，通过研究未来人们的生活方式，思考未来的中国厨房设计。此外，联盟不仅有志于提升广东的厨房产业，还希望向有华人的地方，输出具有中国元素的中国厨房。习近平总书记在听取联盟工作汇报后，高度认同联盟的发展思路并对其未来发展提出了具体要求。

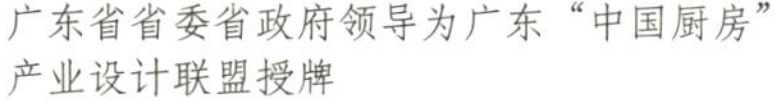
广东省省委省政府领导为广东“中国厨房”产业设计联盟授牌

联盟成员接受聘书

在2012年10月25日广东省设计创新促进产业转型升级现场会上，中共中央政治局委员、时任省委书记汪洋亲自为该联盟授牌。

○面向未来的大设计

《广东工业设计城五年总体发展规划（2012—2017年）》（以下简称《规划》）是在充分梳理广东工业设计城几年来探索实践的基础上，结合国内外工业设计产业和工业设计园区发展的最新形势，制定的指导广东工业设计城今后五年发展的总体性规划。《规划》指出：在国家、省市区产业政策的引导下，尤其在省区共建创新模式的有力支持下，广东工业设计城得以在短时间内在集聚规模、经济效益、专业服务、协同创新、品牌优势等方面取得了一系列重大成绩，成为广东乃至全国工业设计产业园区集聚式发展的典范。但与此同时，广东工业设计城也面临国内工业设计“行业争夺战”日趋白热化，“自我造血”能力不足，产业丰度不足、缺少多样性的产业生态，拓展空间出现掣肘、亟待“提质扩容”等突出问题。

为此，《规划》提出广东工业设计城今后五年的总体发展思路：以产业结构调整与转型升级为主线，紧紧把握我国工业设计产业发展的战略机遇期，以建设辐射带动效应显著、具有国际影响力的工业设计高地为基本目标，加强规划引领，落实项目空间，积极推动一批重大项目开工建设；进一步整合集聚国内外工业设计教育科研资源，强化协同创新能力，全面提升园区综合竞争实力；坚持改革创新，优化完善体制机制，逐步建立“政府引导、市场主导、企业为主”的管理运行模式，实现广东工业设计城的良性可持续发展。

今后五年的发展目标是：到2017年，入驻设计企业及相关机构超过300家，设计服务收入达到10亿元，总产值100亿元，拉动工业产值达10000万亿元；服务外包占总业务的50%，吸引工业设计及其他各类创意人才超过3000人，每年成交工业设计成果数万例；每年举办两次以上的国际国内设计行业论坛，并长期展示国际国内工业设计成果。

在上述目标的指引下，广东工业设计城今后五年拟通过城市更新和空间改造，逐步形成“核心片区”“拓展片区”“知识创新社区”三大功能板块；分阶段稳步推进“设计广场”“顺德工业设计园二期”“设计师公寓”“国际设计师驿站”“广东工业设计研究生学院”“国际养老产品创意研发中心”等一系列项目建设。进一步巩固工业设计龙头地位，培育多业态共同兴旺的产业“航母舰队”；加强协同创新，构筑工业设计人才教育与培养高地；完善体制机制，增强整体实力；扩大品牌影响，积极促进设计城与北滘“魅力小城”有机融合等。

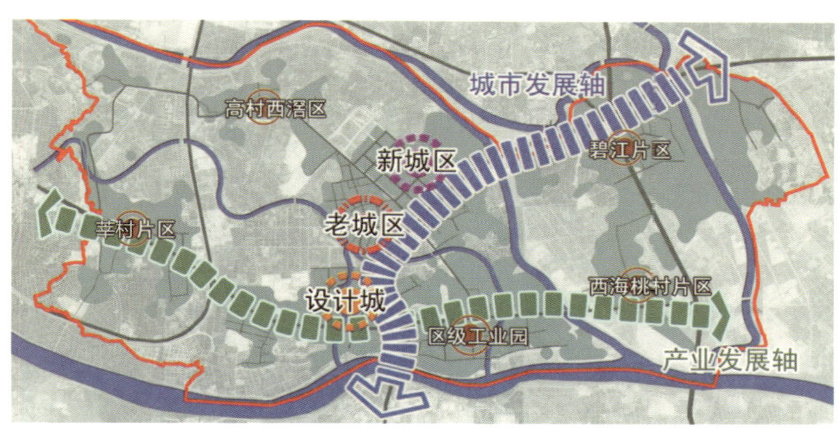

设计城处在产业发展和城市发展轨道的轴心上

梦想　世界级设计基地

如何区分有前途的企业和平庸的企业？梦想的有无和大小，是其中的分水岭。

世界建筑大师安藤忠雄从未受过正规教育，他曾是货车司机、职业拳击手，靠拳击比赛的奖金游历各国。1995年，他获得建筑界最高荣誉普利兹克奖。谈及他的成功时，他说：“我们因理想而生，因平庸而死。”这句话，概括出卓越个人、平庸个人，卓越企业、平庸企业，卓越园区、平庸园区本质上的最大不同之处。

同样，广东工业设计城，也总是追求着自身的不断超越，并希望在更大的舞台上，为产业、为社会做出更大的贡献。

起初，当这个园区破土而出时，秉承的是将北滘零散分布的设计企业集聚起来，发挥协同效应的初衷。但是，因为行业担当、产业梦想的存在，设计城才得以在不同的阶段不断地挑战自己，实现更大平台上的不断进步。

在经济全球化时代，具备区域竞争力，已不能保证永续经营的需要。只有在国际舞台上参与竞争，并找到自身位置，占据一席之地，才能掌握话语权。也就是说，广东工业设计城在成为全省、全国示范点的同时，还具备不断成长的空间，因为与世界级设计基地这个目标相比，其差距仍然不言而喻。

在加强国际合作方面，广东工业设计城做了许多卓有成效的工作，并成为中外工业设计交流合作的重要平台。设计城先后与德国红点奖机构、德国科隆设计学院、英国皇家艺术协会、韩国设计振兴院、香港设计中心、台湾创意设计中心、日本工业设计振兴会等权威设计组织建立了直接合作或友好互动关系，与国内的清华、中央美院、北航、武汉理工等近三十家高校建立了产学研合作关系。园区聚集了包括日本设计大师喜多俊之、瑞典国际知名色彩设计大师维克多、香港设计大师李德志等一批国内外顶尖设计师。近几年，驻园设计师的作品屡获红点、IF、红星等国际设计大奖，在顶级设计展会——英国百分百设计展参展期间，广东工业设计城的表现受到全场瞩目。总体而言，设计城正在成为国内设计走向世界的重要桥梁和窗口。

美国的石油大王洛克菲勒曾经说过，每一级向上的台阶，都不是终点。在简单休息之后，还需要继续赶路。

在全新的平台上，面对全新的环境，需要不断的自我挑战，不断的自我激励，才能离梦想越来越近。

在广东工业设计城的远景规划中，提出了创造200亿元总产值，并撬动一万亿元工业产值的宏伟目标。

一家机构的真正伟大之处，就在于，它能真正让梦想走进现实。

第四章

一肌理一Principle

从人类城市的历史来看，未来最富有魅力的地方，一定是一些地处大都市圈的小城市。

——美国城市史学家乔尔·科特金

“无中生有拓产业，优美环境建小城”，2009年，时任顺德区委书记刘海用这样两句话概括了他对顺德未来产业转型、城市升级的再城市化的发展思路。广东工业设计城在北滘的崛起，正是最真实的发展注脚。

这是一剂灵丹妙药，恰好医治在顺德改革开放30年里城市化滞后、工业化失衡的格局。“无中生有”的工业设计产业正在慢慢渗透到北滘每一个角落。新产业是顺德制造业转型升级的利器，新产业积聚新人群，悄然改变着城市的人口结构，新产业带来新气象，城市面貌日新月异。

创意设计的氛围弥漫整个小城，在广东工业设计城之外，每一个北滘人也成为了“设计师”。中小企业老板逐渐有了设计的意识，本地官员也能讲点设计的理论，就连沿街店铺老板也开始学会“扮靓”，邀请专业人士设计门面，提升店铺门面形象。点滴的创意正在酝酿重构一个新的北滘，一个大家共同的“新家”。

工业设计，已经超然一般意义上的产业集群，融入北滘的城市肌理，托起这座魅力小城未来的城市梦。

工业化到城市化的跳板

2011年，北滘工业产值已达1669亿元，成为顺德当之无愧的第一工业大镇。北滘如何延续已有的辉煌？工业化的下一步是城市化。

就在这一年5月，冼阳福履新北滘镇党委书记。对北滘未来发展，他这样比喻道：北滘过去走的是乡间小道，20世纪90年代以来走的是105国道，接下来转型就要走太澳高速了。如果还停留在走105国道的阶段，沿袭过去的思路，把四车道改成八车道、十车道，路只会越走越窄。正在茁壮成长的工业设计产业，正是冼阳福未直接言明的发展快车道之一。

改革开放以来，北滘在顺德乃至珠三角地区的乡村工业化过程中异常夺目。西方国家工业化经历百年，北滘只用了20多年。但如此迅速的工业化也给北滘带来了诸多的“消化不良”——资源透支、产业结构失衡、城市建设滞后、乡村生态破坏等问题。中国深圳综合开发研究院城市化研究所课题组在为北滘做城市和产业发展战略咨询时，曾直接指出“北滘经济发展存在‘三个畸大’的问题，即工业畸大、家电畸大、美的畸大”。

早在2005年就任职北滘镇镇长的冼阳福也有自己深刻的体会：“产业与土地之间的矛盾，在顺德似乎是突然之间显现出来了。2005年开始土地吃紧，2006年就基本没有了。经济与社会发展最怕沿惯性走路，路不够宽就得拓，三米不够就改五米，三车道不行就五车道，没有想是否还有其他路可以走。”

在传统发展模式难以为继之际，北滘重新审视自己的发展问题，谋求一条营造城市环境、吸引人才、培育新型产业的新路。工业设计走进北滘人的视野，十分契合北滘“产城融合”的发展理念，成为北滘谋求经济社会转型提升、再次前进的起爆点之一。

前任北滘镇党委书记徐国元，作为广东工业设计城的主要推动者之一，也曾借用顺德在20世纪90年代产权制度改革一句口号“靓女先嫁”来形容北滘与工业设计之间的邂逅。在他看来，“靓女先嫁”有个实际的问题，“你太早，还没成人，就叫早恋；如果太晚，又错过最佳的黄金出嫁时期”。在改革开放第二个30年刚刚起步的时候，家电产业重镇北滘与工业设计的联姻似乎恰到好处。北滘的产业将因设计而提升，城市将因设计而展开，人们的生活也将因设计而改变。

从2008年开始，在旧城区工业大道一隅，北滘开始自己的工业设计实践。镇里龙头企业美的集团就是从这里开始起步，迈向千亿产值的辉煌。但由于城市肌理和功能没有与工业化同步发育，这个区域逐渐成为功能失衡、生态失调、后发失力的“半城市化”地带。冼阳福说，旧工业区要采取“老瓶装新酒”的办法发展，以工业设计为主题，打造成为特色和主题鲜明的新兴产业聚集区。

在这一理念引导下，昔日残破不堪的旧厂房摇身一变，成为广东工业设计城。一排排富有艺术气息的楼房，不仅吸引着来自世界各地的数十家设计机构和数百位工业设计师在其中从事创意设计工作，还不时引来专家学者、企业老板、设计同行的参观。而随处可见工业设计创意的元素，也极大地改变了原有旧工业区的城市形象。

企业也开始响应政府的发展理念。历经数月改造之后，北滘工业大道上的美的制冷家用空调事业部国内研发中心办公大楼粉饰一新，摇身一变成为创业创新园区，并定名为中国南方智谷美的创业园区。该园区将规划建设创业园区和产业园区，汇集从研发、设计到生产装备、信息服务等产业链的各个服务环节，可为孵化企业提供全产业链条的服务，这一下子就吸引了9个项目进驻。

有了大家共同的参与，广东工业设计城将从以设计为主向集科技和设计于一体的研发基地转变，真正实现科技与文化的融合，激发北滘形成“制造-设计-科研-新产业-制造”的创新链条，一批设计师、研发人员、创业人群陆续来到该镇集结，成为“新北滘人”。根据这些人群的新需求，北滘正实施一系列项目，推动旧工业区营造融培训、娱乐、交友、学习、运动于一体的综合空间。

在北滘，工业设计已经超然一般意义上的产业集群，成为顺德产业升级的助力器，从工业化到城市化跃升的跳板。这场以工业设计引领“二次城市化”的基层探索，引发广泛关注。2010年，中央电视台《新闻联播》以两分半钟的时间，对北滘广东工业设计城进行了报道。

撬动万亿制造的引擎

○无中生有的产业

2008年10月，时任广东省委书记汪洋视察北滘青鸟工业设计有限公司，为顺德工业设计产业的勃发留下一段史话。其实，故事正本之外还有一个插曲，当汪洋提出视察时，找到这间“青鸟”着实费了一番功夫。公司的规模当时不大，以致许多就在附近上班的人也不知道有这么一家企业。四年之后，入驻广东工业设计城的青鸟已经实现了华丽转身，规模和业务量都翻倍增长。与青鸟一起成长的是顺德整个工业设计产业。

工业设计产业在北滘的萌发、生长，用“无中生有”形容再贴切不过，这与顺德制造业的兴起有异曲同工之妙。改革开放之初，顺德主动承接香港制造业的转移，以乡镇企业拉动本地工业化，挑战计划经济下的产业规划，“无中生有”地创造出一个白色家电的王国，进而以产权改革厘清政府与企业的关系，走上市场经济之路，超前地揭示出改革开放时代中国工业化之路。

北滘这次几乎同样是“白手起家”，且产业发展速度与集聚效应在业内堪称是奇迹。2009年1月，顺德工业设计园开园。2009年9月，由“园”变“城”，省区共建的广东工业设计城挂牌，示范效应呈几何量级放大。

数据显示，2011年广东工业设计城投资已超过2亿元，较之2010年同比增长33%。园区创新设计产品超过3500件，比2010年同比增长50%；专利申请509项，比2010年同比增长29%，其中发明专利6项，实用新型专利12项，外观设计专利491项。此外，在设计企业没有增加的情况下，设计师人数与2010年相比增加了18%，这显示出园区对人才的吸引力正在不断增强。

部分设计企业独辟蹊径的发展道路，也为顺德制造业开辟出一片新“蓝海”。作为顺德本土成长的国际化工业设计公司，六维空间一直专注于家电产品设计的创新与研发。“在家电产品竞争日益白热化时，我们更加注重通过细分市场需求，研发能开辟产业蓝海的新产品。”廖志文说，自进驻广东工业设计城之后，该公司已经成功开发了旋压式洗衣机、女性内衣消毒机等家电新产品。这两款新产品都已获得了制造企业的“青睐”，其中女性内衣消毒机已经进入开模阶段，不久将面市。

广东同天投资管理有限公司则注重对未来产业的战略把握。集收音机及照明功能于一体的智能拐杖、放大与照明同步的便携台灯、可声光同时提醒服药的提醒器……作为广东工业设计城的运营方，同天正在着手整合设计城的创意力量研发设计系列的老年产品。在正在开发建设的“中国南方智谷”里，北京航空航天大学先进技术南方产业基地已启动筹建老年产品研究中心，同时也与清华大学、香港理工大学等高校进行老年产品的产学研合作。一个专门针对老龄人用户群体使用习惯而开发的新产业正在顺德酝酿形成。

○撬动制造业的杠杆

古希腊学者阿基米德曾说："给我一个支点，我就能撬动地球。"对于制造与设计这对"孪生兄弟"，工业设计无疑正好是撬动制造业转型升级的有力杠杆。随着传统制造业的利润越来越微薄，广东工业设计城的崛起，让一股设计创意的风尚和潮流席卷了整个顺德制造业。

依据微笑曲线原理，制造业要想获取更多的利润，必须向两头延伸。从前端来说，主要是通过研发、设计来提升利润。当前，顺德传统制造业技术已经非常成熟，要有革命性的技术发明专利不现实，工业设计将是最有效、最直接的方式。另据美国工业设计协会测算，在工业设计上每投入1美元，就可以带来2500美元的销售量增长，工业设计对产品价值的提升能力可见一斑。

工业设计正在悄然地改变顺德制造，越来越多的顺德企业将设计创新作为与技术创新相提并论的推动转型的重要力量。美的、东菱、格兰仕等新建或优化重组工业设计部门，并加大了对优秀设计的采购引进力度。以美的为例，该公司工业设计人员在短短一年内就猛增到近250人，是2009年的3倍多，而来自韩、日、英、意等国的20余名外籍工业设计专家也为美的带来了国际化的设计方法和设计管理理念。

本地燃气具龙头企业万家乐已率先与喜多俊之签署合作协议，双方将联手设计一系列全新的厨卫产品。万家乐是顺德最早认识到工业设计巨大魅力的家电企业之一。早在2003年，企业就与清华大学、广州美术学院合作，成功开发铂金系列燃气热水器、"黑金刚"系列新型灶具，实现市场"突围"。其中，铂金系列目前的销售已累计超过50万台，而“黑金刚”系列一年也创造了8000万元的销售业绩。据说，这次与喜多俊之的合作，产品尚未问世，万家乐就已经接到了3000万元的销售订单。

设计城喜多俊之工作室一角

北滘设计的雄心不只在于服务顺德制造业。广佛同城以及珠三角一体化的发展趋势，让北滘工业设计产业的服务半径大幅增加，整个珠三角庞大的制造业也一样存在着以工业设计撬动转型升级的发展需求。顺德区委书记梁维东也这样说道，不仅服务于区内企业，还要服务于本市内超过10万家企业，更要面向整个珠三角甚至向东南亚辐射。

可以预见，“顺德设计”正逐渐成为继“顺德制造”之后的又一区域品牌，并迅速崛起于珠三角西岸，将成为推动广东传统制造产业转型升级的“新推手”。

○全国产业领头羊

广东工业设计城的崛起，最初来自基层的大胆探索，后来才升级为省区共建。北滘工业设计产业以出人意料的速度发展壮大，也在不断激励着当地政府的产业雄心。北滘镇党委书记冼阳福说：“开园之初，主要是立足于把企业招过来，后续我们要考虑如何维持园区的可持续发展，把园区做大做强做好。”

广东工业设计城开始谋划更远大的发展目标。一场工业设计内部的“化学反应”，也在园区内的设计企业里发生着。A-ONE设计工作室总设计师、清华大学美术学院石振宇教授提出，应该开展中国人的行为习惯研究，致力于做中国自己的工业设计。

石振宇正致力于设计中国人自己的豆浆机，采用中国传统的研磨方式进行磨制，这与市场上售卖的刀片式豆浆机有着本质的区别。“那是用高转速的刀片将豆子切割成粉，那不是豆浆是豆粉”，他认为，白色家电的标准原本是西方人制定的，可是东西方的生活方式差异实在太大，一直用西方标准生产出来的白色家电，会让我们传统的生活方式和饮食方式被逐渐演化甚至完全抛弃。一位业内人士评价：“这产品一出来，很有可能会改变整个产业”。

广东工业设计城还在不断延伸和完善园区产业链条。工业设计只是生产链的一个重要环节，并不全面，要真正推动产业升级，必须形成从设计到生产流程优化再到营销服务等一体化的综合解决方案。

目前，园区已经形成了集品牌策划（明天策划、粤港设计）、产品原形研发（A-ONE）、共性技术服务（广工、北航、清美、央美）、产品整体设计（嘉兰图、六维、潜龙、脉拓）、电子商务（时代易佳、合源电子）、家居设计（科凡）、营销设计（同天）、知识产权保护（知专）、园区改造与城市设计、导向标识系统设计（中世纵横）、快速成型（威戈）等为一体的综合设计服务系统。广东工业设计城也在从以设计为主向集科技和设计于一体的研发基地转变，真正实现科技与文化的融合，形成“制造—设计—科研—新产业—制造”的创新链条。

北滘弘扬工业设计的决心，也让国际设计机构看好其发展前景，纷纷进驻，从这里抢滩登陆中国市场，开拓中国业务。顺德区

被誉为“设计怪才”的A-ONE工作室总设计师石振宇教授

委书记梁维东至今仍记得，三年前，他与国际工业设计知名机构德国红点商谈建立合作时，对方提出了3000万元的合作费用。但两年之后，广东工业设计城的迅猛发展却让他们大吃一惊。机构主席彼得·扎克曾在2011年里先后四次到北滘考察，并签订了战略合作协议。签约第二年的春节刚过，彼得·扎克甚至“不请自来”，主动到广东工业设计城磋商如何将合作进一步具体化，此前的3000万元合作经费则早已被抛至“九霄云外”，没有再提起。

“可以预见，国际工业设计的中心会逐步转移到中国，北滘应发展成为全国的产业示范样本”，广东工业设计城发展有限公司有关负责人表示，广东工业设计城作为全省工业设计产业的先行者，要担负起这一历史责任，为全国探索出一条可行的产业发展道路，成为中国工业设计产业的标杆。

设计 让城市更美好

○设计改变城市

“城市，让生活更美好”是上海世博会对未来城市的美好憧憬。珠三角小镇北滘探路魅力小城的基层实践，或许可以为其增加一句前缀：设计，让城市更美好。

从工业化到城市化的转型，是人类历史上最为艰巨的挑战，也使珠三角正经历着转型探索。一句拗口的话揭示了这种转型的迫切性和必要性：“人们不想在工作地点附近居住，但愿意在住所附近工作。”也就是说，人们迟早会从“为了工作而生活”，转向“为了生活而工作”。

北滘选择工业设计作为从工业化到再次城市化的跳板。设计改变了产业，也在悄然改变着城市。国内外的设计精英向着广东工业设计城云集，其中还有数十位顶尖的设计大师。他们又组成一根根对外联系的纽带，引领着更高素质的人才和专家学者来到北滘。新产业聚集新人群，对地方城市化春风化雨的深远影响丝毫不逊于撬动制造产业的功绩。

广东工业设计城的崛起，也让北滘看到了另一种城市升级模式的可行性。曾经隐身旧城区的建筑，因为工业设计而焕发新姿，由厂变城。这种设计城市的成功，激发了北滘人以此为蓝本改造旧城的雄心。没有走大拆大建的常规路子，而是按照“减量、增绿、留白、整容”的策略，实施针灸疗法，拆除改造部分政府物业，营造精致的公共空间，解决老城配套不足的问题。数年间，北滘老城旧貌换新颜。

工业设计的出现，也让北滘的城市形象迅速“提档”，与中国各地乃至全世界都建立起了更加紧密的联系。德国红点奖机构主席彼得·扎克、德国著名设计大师克拉尼、日本国宝级设计大师喜多俊之、中国香港理工大学设计学院院长李德志等，这些工业设计界的“大人物”都将工作室搬到了广东工业设计城；清华美院、中央美院、中国美院、广州美院四大美院，联合在设计园里面设立了研发中心，广东工业设计研究生学院正在筹建……北滘一时成为风云际会之地。

细心的人会留意到，小镇内的中小企业老板逐渐有了设计的意识，就连沿街店铺老板也开始学会“扮靓”，邀请专业人士设计门面，提升店铺门面形象。因应形势变化，北滘城管部门特意推出店铺招牌设计大赛，通过设置最佳招牌效果奖和最佳店铺奖等奖项，吸引商铺老板改造提升和更新店铺招牌，提升城市整体形象。

本地官员也多少能讲点设计的理论。当有外地客人在场的时候，干部们还会一改平常说的“德语”（顺德话），尽量说普通话。这种微妙的变化正是城市化的某种显像。毋庸置疑的是，工业设计已潜移默化地改变着这座城市。

工业设计正潜移默化地改变着这座城市的形象、生态和人们的生活方式

○先“引凤” 再“筑巢”

就产业而言，广东工业设计城是行业内的范本。从城市升级角度而言，它的蓝本效应同样可为借鉴后来者。

在设计城的选址上，北滘并没有像很多地方那样先规划建设再招商引资，而是先“引凤”后“筑巢”。“凤”来了，先用工业大道上的旧厂房。北滘没有在新城区建设创意大厦，没有新征建设用地规划工业设计园，而是在原有的工业大道上，选择一组闲置的厂房先启动，使得工业设计园成为原有建成区内整体更新的动力之源，带动原有的工业区、老城区从质量品位上升级，并和新城区形成呼应。这种投资少、效益高、速度快的手法，与国际上最先进的“精明增长”理念不谋而合。

这是北滘在工业设计产业由“园”到“城”的迈进过程中，正在探索的一条逆向思维的“产城融合”之路。传统新城打造模式有一个较大的弊端：在还不清楚“凤”是什么样子的情况下，就先建好了“巢”，最后导致的结果往往是要么长久“空巢”，要么“削足适履”。“凤”和“巢”没有形成合适的匹配，空耗大量的社会资源和财富。北滘的策略很好地规避了这个弊端，先以工业设计产业集聚人才，然后再根据发展特定需求度身“造巢”。

新加坡城市规划专家孟大强认为，这种通过工业设计带动城市更新的做法，在世界范围来看都是非常有特点的。国土资源部总规划师胡存智来到北滘，看到了广东工业设计城也非常高兴，他说：“北滘以工业设计引导城市更新，这条路走得好”。在第四届中国城市化国际峰会上，北滘被评为“2010年中国城市化工业设计典范案例”。

赞誉背后是北滘推进广东工业设计城开发建设的不懈努力。在第五届“省长杯”工业设计大赛举办的前夕，全镇50多位镇村干部还赴省委党校，专门进行了“现代工业设计与区域经济发展”等相关课题的培训学习。

在已经编制完成的广东工业设计城总体规划中，设计城不仅仅涉及工业设计，而且综合了产业、城市、文化等多个模块。北滘将通过绿色、低碳、综合的城市规划与城市设计，实现以新产业聚集新人群，以新需求建设新城市，进而带动整个城镇的产业升级和城市有机更新。

影响力　做到最好才是“大”

○广东工业设计城品牌活动

经过近四年的发展，广东工业设计城已成为中国工业设计园区的典型代表，成为国家工信部和知识产权局的工业设计示范基地。目前，入驻广东工业设计城的企业达到100多家，设计师人数超过1000人，开发面积达到10万多平方米。它还积极吸引国内外工业设计资源，开展产学研合作，承接并举办国家、省、区各级政府工业设计活动，以及品牌建设等方面来扩大设计城影响力，并取得了丰硕的成果，主要体现在如下八个方面：

一、与清华大学合作创办“清华大学国际与艺术设计学术月活动”，自2010年开始合办，每年活动期间，设计城作为该活动的分会场，吸引了近千人的行业内专家、学者的关注。

二、委托清华大学美术学院柳冠中教授及其团队，开展“全国工业设计园区统计与发布机制”项目的研究，自2011年开始，2012年已经开始实施第二期的研究。

三、定期举办“北滘设计沙龙”活动，邀请国内外的知名工业设计大师、专家、学者，相继做客广东工业设计城北滘设计沙龙，为设计师免费提供各方面的知识培训。

四、由省经信委牵头，每年定期举办“工业设计走进产业集群”活动，自2009至2012年，已经与省内数十所行业协会、十个地区举办了对接会议，足迹遍布中山、珠海、江门、东莞、揭阳、潮州等制造业发达的地区。

五、定期举办“设计师之夜”活动，设计城从成立至今，把每年的12月31日定为“广东工业设计城设计师之夜”日，这一天是设计师自己的日子，并举办大型的联欢晚会活动，给设计师营造一个轻松的沟通、展示平台。

六、与顺德区经济和科技促进局合作举办“中国（顺德）设计产业年会”活动，吸引国内外行业人士参展、观展，将设计城进一步推广壮大。

七、与广东省经济与信息化委员会、省工业设计协会联合举办“省长杯”工业设计大赛，打造广东省工业设计亮丽名片。

八、每年设立专项宣传推广资金，从电视、网络、报纸、杂志、户外广告等多渠道宣传设计城；吸引了50多个国家和地区、近5万人次的参观与访问，极大地提升了广东工业设计城的影响力。

清华大学国际与艺术设计学术月

中国工业设计园区数据统计与发布会

北滘设计沙龙

工业设计走进产业集群

设计师之夜

中国（顺德）设计产业年会

广东“省长杯”工业设计大赛

设立专项宣传资金

○不一样的“大”

清华大学第一任校长梅贻琦老先生曾经说过一句非常经典的话：“大学之大，非大楼之大，乃大师之大。”广东工业设计城之大，也不在园区面积之大、建筑数量的多寡、入驻企业数量的多少，它追求的是影响力之大。

这也是顺德工业设计园尚未进入“城时代”时，早已确立的理念之一。时任北滘镇党委书记的徐国元在接受媒体采访时曾打趣道：“如果北滘发展工业设计只是建几栋楼，那么我们一年改造完成了十多栋，已经超额完成任务了。”多与少，大与小，从来都不是广东工业设计城衡量自身发展的指标。

以人才引进及培训为例，有粤港产业创新设计中心开设的工作坊培训班，以交流座谈为主的设计沙龙，以产学研合作方式入驻的A-ONE学研中心，以及正在筹建的专业教育机构——广东工业设计研究生联合培养基地等。对此，广东工业设计城发展有限公司有关负责人考量的标准不是聚集了多少人才，而是培养了多少人才。对工业设计产业的持续发展而言，后者比前者重要得多。

2012年11月，来自中国内地和港台的设计中心人员、企业领导和设计师齐聚一堂，参加在设计城举办的“设计·两岸三地”论坛活动

另一个让人们颇感意外的现象是，设计企业入驻广东工业设计城并不容易，时常被堵在门外，需要排队等候。最新的数据是，有将近130家企业在排队等候。对于国内大多数设计园区，这样火爆的招商场景是何等的令人兴奋，应该来者不拒才对。出现这样的景象，部分是因为广东工业设计城是边运营边建设，开发速度滞后于发展的需求；更重要的是，它还有点挑剔，只有国内外优质的设计机构才可能获得“绿灯通行”。

当前，广东工业设计城国际设计中心尚在建设之中，已收到德国科隆学院、英国谢菲尔德设计学院等多家国际设计机构的入驻申请。“由于中心的用地有限，我们也在谨慎地做选择，让最优秀的机构进来。”设计城有关负责人说道。

除数量的集聚之外，设计城有关负责人更愿意看到的是创意文化气息的沉淀与发散。在他看来，单靠设计城，广东工业设计产业的发展依旧困难重重。如果以此为激活点，唤醒社会各界都来关注工业设计，关注广东经济转型的可持续发展，这才是设计城发展的最大意义所在。

设计城有关负责人还说，设计是一种精神，可以改变生活，也可以改变世界。每年前来广东工业设计城参观考察的人络绎不绝，设计城有关负责人最希望的是大家能够感受到设计的氛围和魅力，人人成为整个设计产业的一分子。

○顺德军团扬威海外

“这盏灯像蝴蝶一样轻盈，是出自哪位设计大师之手？”2012年9月19日下午5时，英国百分百设计展，设计师约翰在一盏仿生灯前徘徊了半小时之久，终于忍不住问道。80后设计师陈浩博回答道：“这是来自中国广东的设计。”“广东设计，简约生动，了不起！”听完介绍后，约翰竖起了大拇指。

英国百分百设计展是引领世界设计风向的顶级盛会，也是世界范围内最具知名度的设计展之一。“顺德设计军团”初次亮相展会，立即引发国际关注。许多国际设计机构纷纷打听：广东工业设计城在什么地方？又该如何进驻？

这也是令负责展区形象设计的陈浩博兴奋不已的，“真想不到，即使在这样高规格的展会上，‘顺德设计军团’也能有惊艳表现。”组委会对参展质量要求极为严格，对参展者的资质“明察暗访”、优胜劣汰。起初，“顺德设计军团”被安排在一个小角落。但经过一番沟通，设计师的作品征服了评委，展台也扩大到80平方米。最重要的是，从原先的小角落，挪到了靠近论坛区和通道的黄金位置。

“顺德设计军团”初次亮相伦敦百分百设计展

事实上，以广东工业设计城为发端，“顺德设计军团”正在工业设计界悄然崛起。2010年11月16日，第五届“省长杯”工业设计大赛总评答辩会结束。随后公布的一连串获奖名单，让顺德设计师们兴奋不已。顺德的设计企业囊括了60个获奖项目中的23个，十强中也占据四席，唯一的一等奖也被收入囊中。而在上一届“省长杯”大赛，虽然是由顺德的家电企业出资赞助，但当时顺德根本没有几家像样的工业设计企业，更鲜谈获奖。

顺德设计师们已经不甘心只在国内拿奖，开始向国际设计大赛发出挑战。德国红点奖被誉为工业设计的“奥斯卡”，含金量极高。2010年，简奥设计的张永昌凭借便携式游泳圈，为广东工业设计城获得首个红点设计概念奖。2011年，顺德设计军团继续发力，又将3项红点设计奖揽入怀中。其中，潜龙设计的铭龙雕刻机入选红点产品设计奖。六维空间设计的老人餐具概念设计方案获得评委青睐。2012年喜讯继续传来，顺德本土设计企业再续辉煌。张永昌设计的一款没有拉环的易拉罐，又一次摘下红点大奖。

“二十多岁就敢于与国际设计大师比高下，即使是失败，也是值得鼓励的。”设计城有关负责人认为，顺德设计展示出的这种自信与实力，比拿到红点奖更令人欣喜。他认为，只有在国际工业设计舞台上有所表现，赢得江湖地位，才标志着顺德设计真正走向国际化。可以相信的是，有这样一群年轻的后起之秀，顺德军团在国际工业设计界的争锋较量中，奠定自己的行业地位指日可待。

小城大魅力
经济大镇的“魅力小城”实践

如果说广东工业设计城只是万里长征迈出的第一步的话，那么“魅力小城”才是北滘人最终的目标和理想。

随着广佛同城化趋势的加快，作为“广州近郊、顺德门户”的北滘面临新一次的抉择。与国内很多富裕起来的产业重镇不同，北滘人没有躺在两位数增长的成绩上停滞不前，也没有因为工业设计城的红红火火而沾沾自喜。他们清楚，“虽然北滘面临很多机遇，也具备一定再次发展的条件，但真正横向比较起来，北滘并非一枝独秀，周边同类型竞争的地区还很多，因此北滘必须有新的定位。”

北滘以“工业设计城”推动“魅力小城”建设的创新之举，恰恰反映出顺德在城市化过程中也需充分根据自身条件，合理定位发展目标。北滘并没有“贪大求洋”，而是选择了与国内很多城市要打造国际大都市不同的目标——建设魅力小城。

“我们周边有广州、深圳等大城市，它们都有各自的主题区域，发展也很迅猛，如果北滘跟它们做同一个类型来推动城市，那这条路可能会越走越窄。”北滘镇党委书记冼阳福早就敏锐地意识到，北滘地理位置优越，北靠佛山中心城区、佛山新城，东接广州，南临顺德中心城区，无法也没必要重复大都市的建设，而是要营造一种与大都市不同的城市休闲特色，做一个精致的小城。

综合开发研究院（中国·深圳）城市化研究所主任研究员李津逵也非常认同这种做法，“如果说广州是一棵大树，那么北滘就是大树底下的碧螺春，北滘难以也没有必要长成一棵大树”。美国多次评选魅力城市，当选的都是大都市圈中的小城，很多世界500强企业也将总部设在这些小城，北滘的各种条件跟这些小城非常相近。

北滘开始从一种科学的城市建设的思维来谋划小城的建设，镇域范围按照新城区、旧城区以及工业设计城三大片区来改造建设。深圳华侨城的设计者、新加坡著名规划师孟大强担任旧城区改造指导。随着工业设计产业不断集聚新人群，未来的生活方式也将随着人口结构而变化，孟大强特别注重营造休闲的城市氛围，提升城市生活的品质。

北滘“魅力小城”已经初显轮廓。广东工业设计城不断扩大改造面积，旧城区步行系统和城市绿化更加完善，美的工业城东区成为特色和主题鲜明的新兴产业聚集区。在一河之隔的新城区，包括美的总部在内的多幢总部大楼，正从一片片绿地中拔地而起，体育中心、文化中心、北滘公园散落其间。

北滘人未来的期待是：放眼北滘，国际大师笔下的新型建筑高低起伏地勾勒出唯美的城市天际线，蜿蜒灵动的水巷还原出岭南水乡的景象，大片的绿地、树林打造出怡人的生态空间，时尚动感的现代建筑散落其中。市民足不出城，就能领略到大都市的气魄，享受大城市的便利，感受小城市的魅力悠闲。

相信这一天的到来，不会太久远。

第五章

范例 Cases

力量在这里融汇
历史在这里发生
让我们记住这些不灭的印记

广东工业设计城是发酵创意的沃土。

在一次次设计企业和制造企业的碰撞中，创意的花火迸发四射；一个个灵感的闪现，让技术和艺术的双人舞跳得热力四射。

在工业设计城里，设计师们既能伏案奋笔，创造出艺术品一般的产品；又能走进制造之源，一探企业之需；更能体察市场风向，扣动消费者的心弦。

每天，这里都演绎着激动人心的故事。红点大奖花落设计城，崭新的商业案例在这里面世，创新的服务平台在这里诞生，新颖产品在这里孕育，设计企业在这里成长，这一切都是故事里面最动人的篇章。

这一章将为你打开一扇窗户，走进设计城，走近设计企业，走进设计师的心灵，阅读这些最动人的篇章。

强强联合

○打造中韩工业设计培训基地

韩国设计振兴院入驻北滘

继喜多俊之工作室落户之后，广东工业设计城国际化进程又开新局。2011年3月11日，省经信委与韩国设计振兴院签署协议，双方将在工业设计领域展开全面合作，并利用广东工业设计城服务平台，共同打造中韩工业设计培训基地。

根据协议，省经信委将与韩国设计振兴院在工业设计领域展开全面合作和交流。双方利用广东工业设计城服务平台，为设计企业和制造企业对接提供高端增值服务，并全力扶持韩国设计企业进入广东工业设计城。韩国设计振兴院还将在广东工业设计城设立相应的办事机构，为韩国设计企业在中国开拓事务提供帮助。

韩国设计振兴院除了推动产业设计化外，还承担着向国民传达设计意识，提升设计品位的职责。借助这一经验，省经信委将利用其在工业设计方面的教育、培训资源，开展设计人员的素质教育和职业培训，并以广东工业设计城为平台，共同打造中韩工业设计培训基地。在广东工业设计城内，双方还将共同打造具有国际水准的工业设计展示平台和设计论坛，进一步提升广东工业设计城的国际影响力。

当日，韩国设计振兴院院长金炫兑一行还参观了广东工业设计城，对广东工业设计产业的发展给予高度评价。他表示，工业设计不是靠一个国家、一个企业就能发展好的。在中国，广东是设计产业最强的地方，对设计有着先进的认识，他对这次合作的前景充满信心。韩国工业设计协会会长金成泉也表示，韩方会用合理的价格、高水准的人才，为中国的企业提供设计服务。

据悉，韩国设计振兴院是韩国产业资源部的直属机构，成立有近40年之久，主要负责韩国设计产业发展的设计培训、设计战略、设计政策、设计推广等。它大力鼓励设计创新，不断加强自主知识产权保护，成为韩国“设计兴国”战略最有力的推动者。如今，韩国已是亚洲以设计取胜的代表性国家之一。

○知识产权保护“护驾”工业设计腾飞

广东工业设计城内企业2011年申请设计专利超450件

“设计企业自身来做专利申报，成功率肯定大打折扣。”刘历泉分析说，一是这些企业不够专业，申报文件的整理、收集难免有缺漏，且十分花费时间、精力；二是国家知识产权局新实行了电子申报系统，除专业的代理机构，设计企业也很难拿到其客户端的授权。而把这些交给专业服务机构代理往往能事半功倍。

刘历泉及其团队为园区设计企业量身定做了一套完整的知识产权服务体系。在设计阶段，他们就会提前介入，进行相关产品的专利检索，指引设计企业规避侵权纠纷；新产品出来后，第一时间开展专利申请，一般5个工作日内就能完成外观设计专利的申报受理；如发生侵权纠纷，还可为设计企业提供维权服务。一年多来，刘历泉为园区八成以上的设计企业申报过专利，而最忙的一个月里，他办理的专利申报量超80件。

多渠道完善知识产权保护平台

引入专业服务机构，仅是广东工业设计城打造知识产权保护平台的举措之一。每年，工业设计城还会开展多次关于专利申报、知识产权保护的培训与讲座。同时还与香港生产力促进局开展合作，建立了设计城企业海外知识产权保护体系，以更好地与国际接轨。

政府政策扶持同样不遗余力。早在2009年实行的《北滘镇关于促进顺德工业设计园发展若干扶持办法》中，就对园区企业的知识产权保护行为实行奖励，每项发明专利奖励1万元，其他专利奖励1000元。2012年1月新修订的扶持政策中，每项发明专利的奖励则提升至12000元，其他专利1200元。如企业获得“广东省知识产权优势企业”，则一次性给予10万元的奖励。

“专利制度是给天才之火添上利益之油。”在刘历泉看来，美国前总统林肯的这句名言是对知识产权保护作用极为精辟的阐释。“专利申请的背后其实是自主创新，设计企业的成果得到了保护，企业自主创新的积极性和可持续性也就得到了保护，核心竞争力自然会不断提升，做大做强。”刘历泉认为，这对尚处于起步阶段的顺德设计而言，意义不言而喻。

廖志文对此也感同身受。2010年，他的六维空间设计成功申报专利18项，其中5项还是发明专利。这些无形资产带来的是社会各界对六维自主创新能力的认可。2011年，六维空间成功申请到近百万元的信用担保资金，全部投入自主研发。订单如雪花般地飞来，这个仅有十多人的设计企业年产值超过400万元，较之上年翻一倍。

左：2012年和2013年，连续两届的“中国厨房”协同创新工作坊在设计城举行。工作坊吸引了来自两岸三地十多所设计院校的师生参与，被广东有关厨房制造企业誉为“面向产业未来的一次设计实践”活动。右：来自厨房企业和研究机构的专家为参与工作坊的两岸三地学生进行辅导并对成果展开评价

○联合培养工业设计高端复合人才

清华大学工程硕士班在北滘开班

2011年7月8日，筹备已久的清华大学工业设计工程硕士班在广东工业设计城内正式开班。这是广东工业设计城引入高端工业设计学历教育项目的首次尝试，也标志着省区共建广东工业设计研究生联合培养基地迈出重要的一步。

现代工业设计教育在中国尚处于起步阶段，人才供需失衡严重制约了工业设计产业的持续发展，尤其是复合型高层次创新人才匮乏尤为突出。广东工业设计城委托清华大学工业设计系，开设工业设计工程硕士研究生班，正是在此背景下的积极探索。

研究生班主要采用设计加管理的培养模式，致力于培养一批既懂设计又能把握整个项目，乃至整个产业链管理的高端人才。因

此，教学安排与产学研紧密结合，由柳冠中、石振宇等业界最著名的教授授课，并增加了管理学院和工业工程系的课程。国内首批高级工业设计师也将现身说法，任教5门企业设计管理实践型课程，同时担任学员论文企业导师。

据了解，整个课程学习时间为期一年，学位论文时间不少于一年半，培养过程最长不超过五年。学员通过GCT考试、修完课程并通过学位论文答辩，即可获得由清华大学学位评定委员会审核批准授予的“工程硕士专业学位”。

在当日的开学典礼上，首期工程硕士班24名学员悉数亮相。其中约有三分之一来自工业设计城内的各个设计企业，也有广州、深圳等地的设计师慕名而来。其余学员则主要来自于美的、海信科龙等顺德大型制造企业。

据悉，这是广东工业设计城首次尝试引入高端工业设计学历教育项目，也标志着省区共建广东工业设计研究生培养基地的筹建迈出了重要的一步。顺德区教育局副局长徐旭雁表示，将以此为起步和开端，稳步推进广东工业设计研究生学院的建设。

清华大学2011年唯一工业设计在职硕士班在广东工业设计城开班

○深度解读

创新性：培养“设计+管理”复合型人才

中国工业设计正处于起步的春天，对工业设计人才急剧的需求，使得高校工业设计院系及各类人才培训班如雨后春笋般冒出来。清华大学在广东工业设计城内开设首期工业设计工程硕士班正当其时。

“我们不是培养只会画图的低层次工业设计师，而是高端的复合型工业设计管理人才”，徐旭雁解释说。他是清华大学科技开发部主任助理，2010年8月起挂任顺德区教育局副局长，负责广东工业设计城教育培训工作。此次工程硕士班在北滘顺利开班，徐旭雁正是主要推动者之一。

徐旭雁所指的复合型人才是，设计师不仅要懂设计，而且要能把握整个项目，乃至整个产业链的管理。“设计+管理”正是这个班的人才培养方向。在课程表中，除了工业设计课程外，还增加了新产品开发管理、品牌战略管理等管理学方面的科目，并专门聘请工业工程系的教授讲授用户研究课程。

突出实践性，与产业走得近，也是这个班的一大特色。“工业设计本身是一个实践性很强的专业，一个工业设计的应届生来到企业工作，起码要3个月到半年时间才能上手，主要原因就是大学教育重理论轻实践。”徐旭雁分析说。

清华大学美术学院工业设计系主任刘振生也坦言，人的培养是在大学，真正的成长空间却是在社会实践。开设硕士工程班的目的就是将高校设计教育与设计产业实践紧密结合在一起，为中国培养高端创新设计人才。

这样的人才培养思路得到了学员们的广泛认可。“无论是高校培养的，还是企业自身通过实践培养的，他们的视野都存在限制性，缺乏广度，这个班的培养模式很好地弥补了这一点。”广东万家乐燃气具有限公司工业设计总监刘诗锋赞许道。这次他也选派了自己的员工报读工程硕士班。

权威性：清华大学2011年唯一工业设计在职硕士班

“这是2011年清华大学在国内开设的唯一一个工业设计在职研究生班。”面对人们对工程硕士班含金量的疑问，清华大学美术学院工业设计系主任刘振生对此一语道破。迄今为止，清华大学在国内仅开设了三个同类型的硕士班，上次开班是在北京工业设计促进中心，这次在广东工业设计城正是第三次。

清华大学这次开设的工程硕士班是国家承认的学位教育，这也是与一般进修班所不同的。假如学员修完全部课程，也就相当于修完了工程硕士学位的所有课程。通过论文答辩后，由清华大学学位评定委员会审核批准授予“工程硕士专业学位”。

在课程设置上，清华大学方面也进行了精心设置，共开设了24门课程，总课时约29周。师资队伍的含金量同样不可小觑。清华大学美术学院的顶级教授悉数前来授课。在课程安排表上，柳冠中、石振宇等国内工业设计大师的名字赫然在列。

此外，六维空间廖志文、青鸟设计陈刚昭等设计企业设计大师，以及来自广汽、深圳飞亚达等企业的高级工业设计师也将参与课程教学，并担任导师，与清华大学选派的校内指导老师共同指导学员在企业内部完成论文工作。

设计城乃至整个城市的可持续发展，人才始终是关键因素

探索性：吹响筹建广东工业设计研究生学院号角

此次清华大学工业设计工程硕士班开班，也是广东工业设计城首次尝试引入高端工业设计学历教育项目。北滘镇党委书记冼阳福表示，这是广东工业设计城开发建设两年来一个新的里程碑，将为园区的发展注入新鲜的元素和活力。

事实上，这只是起步与开端。徐旭雁表示，研究生学院还将向其他方向研究生班扩展，尤其是全日制研究生班。按照省区共建的要求，以此为基础，顺德区人民政府与广东省教育厅将在广东工业设计城建立“广东工业设计研究生联合培养基地”，为广大制造企业培养大批的复合型工业设计人才，更好地为产业转型升级服务。

在现任顺德区教育局局长徐国元看来，这同样是顺德高端教育发展的又一次新突破。他说，当前全国各地尤其是沿海发达地区都在谋划新一轮的发展，尤其是在抢占人才高地方面各出奇谋。顺德也会以这次开班为契机，高度重视高等教育推动区域经济社会发展的作用，利用省赋予顺德教育综合改革试验区的政策，探讨高等教育发展的可行途径。

在徐旭雁心里还有一个更大的期待，就是在北滘筹建广东工业设计研究生学院。目前，启动校区——北滘文化广场已进入装修改造阶段，清华美院、中央美院、中国美院、广州美院、广州大学等已经有部分研究生在广东工业设计城培养。2011年5月，广东工业设计城还与德国科隆设计学院签订了合作协议，后者承诺在广东工业设计城进行中外合作办学项目。

目前广东工业设计研究生学院正在积极申办。随着省区共建研究生联合培养基地的建设，研究生学院的工作会不断取得突破。按照初步发展规划，到2015年，研究生学院的全日制在校生及在职进修人员将常年保持在1000人以上，成为区域内最具影响力的集研究生联合培养、科技研发和产业孵化为一体的人才培育高地。

○打造工业设计研究生培养基地

广东工业设计城与18所国内外高等院校签订了合作协议

日前，顺德区委十一届十三次全会上明确提出了“城市升级引领转型发展”全新发展战略。在“广东工业设计研究生联合培养基地”项目负责人、顺德区教育局副局长徐旭雁眼里，“城市升级”的关键是“人”，而该基地的高端设计、管理和工程人才培养正是顺德提高人才素质、优化人口结构的突破口之一。

据悉，由广东省教育厅和顺德区政府共同建设的“广东工业设计研究生联合培养基地”于2011年7月在广东工业设计城成立。

以人为本的再城市化

“城市的升级，其实就是西方所说的再城市化，即进一步提升城市化的功能和内涵。这个过程中，‘人’始终是最关键因素。”徐旭雁认为，城市、产业的升级需要人才的支撑，产业结构优化需要人口结构的优化带来的需求增加和多元化，而这一切最终的落脚点又是为了让这个城市里面的人生活得更幸福。

抓人才培养，广东工业设计研究生联合培养基地将从高端着手。“我们顺德的在职研究生班并不多，而基地的目标就是补上这一短板。”据介绍，“深圳虚拟大学园”以“学”为先导，吸引国内外53个成员院校进驻，已经建成了集高端人才培训、科技项目孵化、成果转化平台、国家大学科技园产业化平台、深港科技合作平台、重点实验室（工程中心）、博士后工作站于一体的综合平台，形成了“深圳无名校，名校在深圳”的局面。12年来，累计培养研究生3万多人，孵化企业600多家，通过产、研结合，吸收人才、资本、技术，为深圳城市、产业的升级，新兴产业的引进，经济形态的丰富和产业结构的优化，注入了源源不断的动力。

而今，顺德初级工业化基本完成，要再城市化，人才特别是高端人才成为了关键。在建立高端人才培养机制，形成全民学习、终身学习的社会氛围方面，“深圳虚拟大学园”的经验值得顺德借鉴。徐旭雁说:“我们以工业设计为起点，拓展到工程、管理等各个领域的高端人才培养，打造区域在职研究生教育高地，为顺德的城市升级服务。”

建高水平的研究生院

徐旭雁介绍：“高校是教学、科研和社会服务三位一体的，广东工业设计研究生联合培养基地有利于教学经验的积累。我们也在积极推动广东工业设计科技研究院的申办，研究院主要负责科研和社会服务工作。这两个工作互为补充，互相促进，发展得好，将来就是一个高水平的研究生院。”

目前，广东工业设计城与18所国内外高等院校签订了合作协议，教育培训都是重点的内容。目前清华大学工业设计工程硕士班已经开班，德国科隆国际设计学院中外合作设计硕士项目，北京航空航天大学、四川大学、西安交通大学、香港理工大学等高校研究生教育和高端培训等项目正在洽谈当中，近期就会面向社会招生。

据介绍，广东工业设计科技研究院的近期目标是整合广东工业设计城研发资源，具备研究与工业设计密切相关的前沿性课题的科研能力，持续培养能适应市场竞争的复合型中高级设计人才，输出具有自主知识产权、面向市场的设计和设计支撑科技成果，为制造和设计企业提供基础的研究、咨询、培训服务，建立项目孵化机制。而远景目标则是整合国内外工业设计教育和科研资源，成为集研究机构、项目孵化、教育培训的高端平台。

○搭建服务平台　发展更快一步

广东工业设计城知识产权技术服务中心、快速成型技术服务中心揭牌成立

2012年6月4日，广东工业设计城知识产权技术服务中心、快速成型技术服务中心分别揭牌成立。这两大中心是依托佛山市顺德区知专知识产权服务公司和佛山市顺德区威戈模型实业公司建设起来的。两大服务平台的成立将对园区企业在知识产权保护、产品开发周期、研发效率等方面发挥出重大的作用。

据介绍，知识产权和快速成型两个技术服务中心承担着广东工业设计城六大公共技术服务平台的建设。这两个技术服务中心的建设，标志着广东工业设计城知识产权服务体系和快速成型技术服务体系的建设迈出了坚实的一步。

设计城知识产权服务中心的成立，是推进知识产权服务体系建设的重要环节，将使设计企业更好地利用现有科技成果，更好地满足设计企业个性化专利数据需求，帮助企业充分利用专利信息技术，更好地提升企业的核心竞争能力。

快速成型技术服务中心则是依托威戈模型公司建立起来的。快速成型技术广泛运用于各种领域，它能够提高产品质量、缩短模型生产周期、推动产品更新换代、降低开发成本、提高企业竞争力和经济效益。

据了解，按照规划，广东工业设计城接下来还将建设和完善更多的公共技术服务平台，这些服务平台的搭建将会为设计城的发展插上强壮的翅膀，使设计城的资源优势向产业优势和经济优势转化，为当地经济社会的快速发展做出应有的贡献。

知识产权技术服务中心 提供一站式专业服务

2011年，设计城园区企业创新设计产品超过3500件，比2010年同比增长50%；专利申请509项，比2010年同比增长29%，其中发明专利6项，实用新型专利12项，外观设计专利491项。这一系列的数字反映出设计企业对知识产权保护的重视程度。

四年多来，广东工业设计城的知识产权保护平台正在不断完善。依托知专知识产权服务公司建立起来的知识产权技术服务中心，其平台网站已经建设完毕，于2013年8月已上线运行。

知专公司相关负责人介绍，知识产权公共服务平台网站，目前收录了70多种工业产品专利信息。“其中，中国数据库有52万条信息，其他外国数据库有16万条信息。虽然平台刚刚组建完毕，但已经收集了工业设计领域的68万条信息。”

“这个网站将提供更方便、更快捷的知识产权检索服务，并提升专利技术分析的功能。”该负责人表示，中心和网站将通过整合园区设计企业的知识产权资源，建立工业设计城专题数据库，同时加大对已有专利技术的分析，使得知识、技术产生转移并发生流动，使得知识流动更加常态化。

对广东工业设计城内的企业来说，平台的建立，实现了设计城知识产权文献信息资源的共享，发挥了国内专利服务互动体系的作用。“这就可以快速提升相关行业专利申请情报的检索和分析能力，提高设计企业的研发起点和水平，可避免重复研究、多头研究。”知专公司董事长刘历泉这样表示。

对广东工业设计城来说，平台为园区提供专利信息分析和专利战略研究服务，使得园区产生的科技成果更有针对性，全面提升知识产权信息的采集、整理、分析、利用水平。设计城的知识产权工作走在了前列，正在形成工业设计园区的特色，建立一个比较完整的知识产权服务体系，将实现设计城知识产权的跨越式发展。

“在平台里，我们设有广东工业设计城专利数据库，为技术转移活动建立起一个技术库基础，平台还将培养一批可承担工业设计科技项目的专员，以及可从事技术转移的专利分析师。”刘历泉介绍，当初设计城引入知专，就是为了利用他们的专业服务，弥补设计企业在知识产权保护方面的弱势与短板。

据悉，知识产权技术服务中心的建立，将进一步帮助提升园区的知识产权申请量，并开展外观设计创新培训活动，提升外观设计专利申请质量，摸索出一种知识产权服务在科技园区持续开展的模式，延伸知识产权服务的纵深度。

快速成型技术服务中心 满足产品更多需求

威戈模型是2009年9月入驻广东工业设计城的，主营业务是承接小家电、照明灯饰、家居用品、医疗设备等行业的手板设计及制造。威戈模型在快速成型方面比较突出，设计城的快速成型技术服务中心便是依托该公司成立的。

威戈公司董事长杨旭说，威戈模型以设计城的设计企业为主要服务对象，公司立足设计城，平时也对外服务。“我们制作的手板模型得到了很多企业的赞赏，在第五届‘省长杯’工业设计大赛中，威戈还成为了大赛组委会指定的手板制作商。”

据介绍，该中心的相关快速成型设备由设计城购买，威戈模型负责生产、管理、维修等运营工作。“服务中心能够越来越满足设计企业产品个性化、多样化的需求，让快速成型技术在工业设计领域中不断得到更加广泛的应用，从而更好地为园区的设计企业服务。”杨旭表示。

“建立该中心是设计城企业快速发展的需要。因为很多时候也都急需把设计成果做成模型给客户看。中心是一个园区企业共享的平台。如果每个设计企业都做手板厂，会很浪费资源，也不现实。”杨旭觉得，快速成型对工作是一种挑战，也是一种提升。“我们也一直在做这个工作，目前和省经信委有个快速成型的研究项目。”

杨旭告诉记者，以前的制模，更多的是用CNC，需要编程，不同水平的人员，编的不一样。“现在通过快速成型，一次性成型，很多结构的复杂性也可以表现出来。很多设计要求快，时间要求紧的，就可以通过快速成型来实现。”

据了解，快速成型设备和技术以前主要用于科研和教学，因为其设备贵，材料成本高，一台设备动辄就要几百万元，少则也需几十万元。因此很少应用在普通企业，最早在国外也是应用于军事，后来才逐渐民用化。

该中心对园区设计企业有优惠，为它们服务时很多费用都不收取。杨旭表示：“中心平台主要是做服务的，优先服务园区内的企业，也是为了节约企业的成本。在满足园区设计企业需求的情况下，才会考虑选择性地服务一些园区外企业。”

“威戈进驻设计城，得到了一个好的平台。”快速成型是一种新生事物，杨旭希望威戈通过接触不同的设计企业、设计师，在运作的过程中不断积累经验，完善快速成型的做法，进一步提升公司的能力。

○“协创”为媒 校企结缘

北滘协创产学研促进中心成立 设计城又添一公共服务平台

2012年6月13日，广东省首个镇级产学研公共服务平台——北滘镇协创产学研促进中心在广东工业设计城正式成立。这是广东工业继知识产权技术服务中心和快速成型技术服务中心成立后，设计城增添的又一个公共服务平台。不断完善的专业公共服务平台将有助于广东工业设计城营造良性的产业发展环境。

北滘协创产学研促进中心将为企事业单位与高校及科研机构在协同创新、科技成果转化、人才培养等方面，提供中介顾问服务。

协创产学研促进中心主任李嘉琪表示，产学研协同创新的好处就是成本较低，成功率高，借力使力不费力！针对很多企业在和高校合作方面“有想法，没办法”的痛苦，协创产学研促进中心将会扮演“中介”的角色。

作为广东省首个镇级产学研公共服务平台，北滘镇协创产学研促进中心是北滘实现引领产业升级转型，结合镇内优势产业和战略性新兴产业的发展需要，培育和打造新的经济增长点的新举措，也是推动政产学研协同创新、公益性与市场化相结合的新尝试。

在以工业设计企业为主的广东工业设计城内，最近相继成立的几个机构显得有些“另类”。而这些机构对设计城和园区内外的企业来讲可以说是不可或缺的。

就目前而言，中国设计创意产业中，工业设计是最具潜力的领域之一，同时，最迫切需要发展的也是工业设计，发展工业设计是自主创新的一条重要途径。

在如何发展好工业设计的道路上，顺德、北滘区镇两级政府和园区一直在探索中前进。在政府扶持引导方面，对工业设计已有专项的资金投入。设计人才直接关系到工业设计的质量和竞争实力，因此，广东工业设计城开设了清华大学工业设计研究生班，同时计划建设研究生联合培养基地，与其他高等院校和科研机构合作，完善设计教育的配套。

知识产权技术服务中心的成立，是广东工业设计城为了做好工业设计知识产权保护而进行的工作，同时也调动了工业设计师的积极性，令企业注重对自己设计产权的申报和保护。

而快速成型技术服务中心则是顺应企业发展的潮流和趋势设立的，它能够提高产品的质量、缩短产品的开发周期、推动产品的更新换代，满足设计企业产品个性化、多样化的需求。

为了竞争发展的需要，不管是设计企业还是制造企业，通过采取公司与科研院所、院校联合，公司与公司之间相互联系等方式，加强行业之间信息与技术、管理与设计思想方面的交流，可以起到相互促进、共同发展的作用。这些交流和合作，都可以通过新成立的协创产学研促进中心这个公共服务平台来进行。

通过政策扶持、园区集聚等方法，再加上成立的三大平台，广东工业设计城的政策措施和公共技术服务平台建设正在不断完善，努力地为企业营造良性的产业发展环境。

探路先锋

○潜龙：妙购物联网128智能商店　催生自助销售终端新模式

2010年5月以来，一种能够进行实物商品销售、数字商品订购、旅行资讯查询的自助服务销售终端——妙购物联网128智能商店，在广州、福州、上海等城市酒店风靡启动。今后，这些酒店将逐步取消一次性用品提供，而改为消费者自助选购由可降解物质制成的旅行“六小件”。

作为新兴的商业模式，妙购物联网128智能商店是传统经济与互联网经济的融合升华。它的出现，将推动中国酒店行业一种全新的服务模式诞生。而这款具有革命性意义的设计产品，来自广东工业设计城的一家工业设计企业——潜龙。

设计深度造就产品高度

2010年3月，广东省旅游局一纸通知，酒店一次性用品服务将逐步取消。而早在2008年，从事酒店用品生产的南海新西方就敏锐地觉察到这一趋势，他们率先开始研发酒店用的自助购物产品。在与许多广告策划公司合作失败后，一个偶然的机会，潜龙工业设计走进了他们的视野。

“开始的时候，对方的要求很简单，只是要求自助购物。接到案子后，经过对企业发展的诊断以及未来的行业需求分析，我们大胆提出双方合作应该是以产品设计为中心的整体解决方案。”在潜龙策略研究部部长郭公兵看来，设计的深度往往决定产品的高度，这点对处于转型发展期的企业尤为重要。

新设计方案融合了自助购物、广告展示、信息查询等诸多功能，每一个设计细节都反复考虑，力求人性化。“光模具材质就试验了六七种，车间里摆得到处都是；体验吧台每一公分升高或降低，都要与技术人员进行长达数小时的讨论。”郭公兵回忆说。

据悉，整个设计合作持续了1年时间。一款可全天24小时向消费者自助售卖近百种商品的自助服务销售终端成功问世，它还可提供本地旅游咨询、自助购买机票、手机充值等便捷网络服务。2010年，这款产品还荣获中国创新设计红星奖的最佳创意奖。

服务延伸增强合作黏性

妙购物联网128智能商店开创了全新的购物体验及个性化的销售模式，深受酒店行业及消费者的青睐。它进驻福州、上海、广州等地酒店的消息频频见诸媒体。在一项针对2000多位广州市民的随机调查中，近70%的受调查者认为妙购物联网128智能商店应成为酒店的必备设施，超90%的人表示会通过它选购商品。新西方还专门成立了妙购物联网128智能商店的子公司，以连锁网络的形式推动这款产品的市场扩张。

无疑，这是设计企业与制造企业成功对接合作的样板案例。对潜龙而言，却并不意味着“名利双收”。由于产品的设计费用是一次性买断，设计企业并不享有产品市场化的利润分成。“就算设计费用一次支付得很高，也远远低于一个成功产品的市场价值。”郭公兵总结经验后表示，设计企业要在产品研发项目的后续服务上多做文章，通过换代升级服务增强与制造企业之间的合作黏性，实现效益共享。

在与制造企业的合作中，潜龙还在谋求新一轮的转变。“以前主要是设计委托，今后将尝试设计模式的输入。”郭公兵介绍说，潜龙正尝试帮助有意向的企业建立工业设计部门，由设计企业提供机构的架设和运作指导，这样双方的合作黏性将大为增强，空间也会更大。

○东方麦田：年轻人的自由世界

东方麦田有100多位专业的设计师，却是行业公认的管理最不规范的公司。在这个年轻人的世界里，自由就是规则。

走进第一间设计室，抬头就能发现一个特别的现象，天花板上垂下来好几根颜色各异的方形柱子，但均未到地，只是悬在半空中。这是装饰品吗?

“不纯粹是装饰品，因为这些房子的电路比较旧，我们只能从天花板走明线，但那样又不好看，所以只好把电线藏在这样一些装饰品内，要用的时候再通过一些盆景牵到地面，好看又实用。”正在室内与设计师商量设计方案的总经理刘诗锋，停下手中的活为来宾这样介绍道。

在2楼天台，记者见到一名女设计师正托着笔记本电脑，望着河边的渔船和炊烟出神。她叫王欣，来自陕西，“我很喜欢这里的自由氛围，而且这里的环境也常给我带来创意灵感。在这里，所有人都跟家人一样相处得其乐融融，工作效率自然也就事半功倍。”

而在院子内，一阵滑轮声吸引了记者的注意力。一名帅哥正踩着“风火轮”在院内空地上飞速滑行。突然，“蹭”的一下，人不见了。原来，这位设计师是通过这种交通方式前去如厕的！还真是有活力！

天台另一侧，来自湖南的设计师朱创艺正在朝着一块墙壁喷涂，玩起了涂鸦创作。这位身为广州市美术协会会员的画家，设计之余，最大的爱好就是画油画，二楼一间主题设计室内挂满了他的各种油画作品。进行油画创作是他的灵感源泉。

从未见过的“散漫”公司

每周上班5天半，每天7小时，工作地点可以是走廊、操场、泳池边、看风景的天台……

东方麦田公司产品设计部一角

为了保证设计师们的动静结合，每天下午4点到4点半是公司的“法定”游戏时间。在这段时间内，设计师们可以放下手头工作，全身心地投入到各种游戏项目中去，重新回到无忧无虑的“孩童时代”。

总经理刘诗锋对于设计师的管理有着自己的一套理念，“我们大胆地以一种全新自由的管理模式，善待所有的设计师，努力去创造一个自由的氛围。心自由，创意才有空间。”

回归设计本真：用户在想些什么？

厨电在引进国内时多采用的是国外技术，由于中西烹饪方式的差异，很多适合国外烹饪的产品并不能很好地服务于国内用户。为了更好服务国内用户，近些年国内企业也按照用户需求在产品上做了些改变，但由于市场导向的存在，很多企业在产品的开发上过于追求指标及概念，很多产品越卖越贵，但是也越来越不实用。

东方麦田工业设计中心厨房空间设计团队针对国内目前厨电使用状况，进行了为期5个月的厨电产品用户行为调查与研究。调研分网络问卷调查（通过第三方问卷平台发布，通过筛选题目设置，区域样本分配，答题时间控制及IP地址设置等多重条件进行用户选择，提升问卷结果的真实性和准确性）、用户访谈、实景烹饪过程拍摄分析（调研团队参考各地厨房户型标准进行样本选择，走访了广东、浙江、山东、重庆、湖南、陕西、北京等城市的200户家庭用户）然后将三种方式相结合找到了现有厨电产品存的问题以及消费者在烹饪过程中的潜在的需求。

国际化：从顺德到杜塞尔多夫

2013年8月6日，在德国杜塞尔多夫，东方麦田总经理刘诗锋与德国Bresser公司创始人Bresser签署战略协议，由东方麦田为Bresser提供全方位工业设计服务。在布局广州、上海的基础上，东方麦田打算明年底收购一家德国公司，试水国际化，为全球客户提供贴身服务。公司总经理刘诗锋认为，公司新的征程，才刚刚开始。德国是工业设计的起源国家，在工业设计领域强者如林。广东工业设计协会秘书长胡启志认为，德国老牌企业Bresser选择顺德公司做拍档，意义不寻常。

Bresser（宝视德）品牌1957年创立于德国莱茵河畔，专注于光学仪器产品的研发、创新及推广应用，产品领域涵盖天文望远镜、双筒望远镜、显微镜、夜视仪、观鸟镜、激光测距仪、微型投影仪以及户外科普玩具等，在欧洲享有很高的知名度，是目前欧洲该产品线销量最大的品牌，也是全世界该领域的三大供应商之一。

“这是一次全方位的战略合作，刚开始的合作额是几十万欧元，再逐年提高。”刘诗锋介绍说，东方麦田将为Bresser公司全球市场4大品牌的产品提供用户体验研究、外观设计、功能优化等工业设计服务。合作意向达成之前，Bresser公司的总经理专程来东方麦田考察交流，东方麦田以市场研究、用户研究为基础、产品策划为导向的工业设计模式深受Bresser团队的认可，很快就确定了合作意向。

“我们为此专门成立了光学仪器研究和设计服务小组，为便于无缝对接，我们还与德国圣德工业设计公司展开合作，如果一切顺利，该公司明年将被收纳为东方麦田的德国分公司。”刘诗锋表示，未来3年，国际化是东方麦田必须要走的一条路，而与Bresser公司的合作，是东方麦田迈出的很小，但极为重要的一步。

东方麦田与德国Bresser签约

○科凡：高端设计定制销售

短短3年多的时间，全国加盟连锁店超过280多家；产品新颖的设计不断引来同行的争相效仿；定制服务的运营理念树立家居行业新标杆……科凡的成长轨迹，为最终走向以设计为核心价值的整体家居行业勾勒出新的路径，也为工业设计企业如何发展壮大提供了另一种可供借鉴的样板。

东西要好还不能贵

工业设计的定义，不同的人可能会有不同的理解。在科凡家居总经理林涛看来，工业设计就是将创意融入产品，使之在流水生产线上大规模地生产，即“东西要好还不能贵”。而当下，产品设计完成后往往由制造企业投入市场，性价比被严重偏离，普通消费者大多无法接受。科凡独辟蹊径，采用实体店连锁扩张的形式，让设计资源直接服务消费者，引领家居定制潮流。

“最好的方式就是电子商务+实体店的虚实结合方式。”林涛解释说，客户只需在连锁店终端与设计师沟通交流，总部设计团队便可根据客户的心理喜好和家庭结构，虚拟现实设计，为其免费做出360°的全屋设计3D效果图。设计师甚至可以虚拟户型阳光24小时的照射情况及步入式动画漫游效果，为客户勾勒出不同时间、不同方位的居家感受。

领导潮流的创新设计、一站式的个性化家居用品定制服务，成为科凡开拓市场的杀手锏。短短3年多的时间，科凡的连锁加盟店已扩展至280多家，遍布全国各地，呈现星火燎原之势，并以每年50家门店的加盟速度不断扩张。

精益求精的生产工艺、质优价廉的产品是科凡攻城略地的另一把利剑。“方法就是整合”，林涛言简意赅地说道。顺德是中国的家具之都，产业集群高度发达，物流便利，这样的环境给科凡提供了整合发展的契机。目前，科凡已经甄选、整合了各种产品供应商60多家，并将他们纳入自己的销售渠道，为科凡定制家居的竞争优势再添筹码。

先吃骨头再吃肉

“只靠采购企业原有的产品也是行不通的，新颖独特的设计才是科凡成功的第一要素。”林涛话锋一转说道，在家居行业竞争日益

短短三年时间，科凡以设计定制为商业模式，成功在全国发展了280家加盟店

激烈化的今天，全部采用标准配件只会被人牵着走，实现非标件生产才能凸显设计特色。在顺德，科凡已设有3个生产基地，占地面积20000多平方米。

创新是艰难的，而设计的成果却很容易被效仿。对此，林涛毫不介意，打趣地比喻为“我吃骨头人吃肉”。他心里有自己的盘算：“骨头也是菜，也会越吃越大。在这个过程中，企业的渠道在拓宽，品牌效应在增值，而这些都是无法估算的财富，是日后逐鹿市场的利剑。”事实上，科凡的发展已经引起了风投机构的兴趣，曾有风投机构出价5000万元收购科凡60%的份额。但林涛拒绝了，他对自己企业的发展充满信心。

最近，科凡对广东工业设计城的企业总部再次进行装修设计，而这离上次装修仅1年多的时间。其连锁门店也基本上是3年左右“变脸”一次。“科凡不变的是永不停止的创新，要时刻让客户感受到最新的设计潮流。”林涛十分郑重地说道。

○顺领设计：联动生产与营销　胶囊式咖啡机实现多赢

将咖啡胶囊放入机器，轻按按钮，不到10秒钟，一杯热气腾腾的香浓咖啡便泡制而成。 在顺领设计有限公司，这款由其法国设计总监设计完成的胶囊咖啡机，以其时尚的外观、简单便捷的操作让人眼前一亮。

更让人意外的是，这款产品不仅实现了设计与制造对接，更是胶囊咖啡进行市场快速扩张的利剑。设计企业、产品制造商、咖啡生产商被紧密地串连在一起，在设计、生产、营销等领域完成资源整合，实现多方共赢。

绝对原创不模仿

“绝对原创不模仿，即使设计再传统的产品，也要加入自己的创新和构思。”顺领设计常务副总裁赵玉宏开门见山地对企业宗旨进行了阐述。在他看来，胶囊式咖啡机的成功，正是遵循了这一点。

较之传统的磨豆咖啡机，胶囊咖啡机实现了诸多颠覆。没有磨粉、压粉等环节，只需放入预先压制好的咖啡饼（胶囊），根据要冲泡量的大小按动相对应的按钮，蒸汽就会导入胶囊并溶解粉末，完成冲泡过程。胶囊自动跌落至内置的收集盒中，清洁十分容易。

全机只有4个按钮，除电源开关外，均用来调节冲泡量的大小。本产品采用了先进的微电脑控制技术，具有智能记忆功能。第一次冲泡后，下次也可冲泡出同等分量的咖啡。“别看操作很简单，说明书却有20多页。”赵玉宏自豪地表示，人机功能的优化还不止这些。例如，后置水箱可拆卸，前面的托盘可反过来使用，以满足不同大小咖啡杯的需求。

这款咖啡机在知名设计比赛CIDF中荣获创新设计大奖，负责项目的法国设计总监雨果也获评优秀设计师奖。

设计实现多方共赢

胶囊咖啡机在国内尚属新型产品，涉足的企业寥寥，顺领占足先机。目前，顺领已与龙江镇的亿龙电器开展对接合作，由其生产投放欧美市场，国外市场售价在2500元左右。

赵玉宏表示，胶囊咖啡机的市场销售情况良好，应生产商的要求，顺领又对产品进行了设计改进，已扩展至同系列的5款不同产品。“未来一年的销售量有望突破100万台，并且每年以100%速度扩张”，赵玉宏对产品的前景充满信心。

胶囊咖啡是独立包装的，充氮且用铝箔密封保鲜，可以防止咖啡粉吸潮变质。因其保质效果好，最先作为太空食品供宇航员使用，近年来才流行到居民家庭。在咖啡文化浓郁的欧美国家，胶囊咖啡大受欢迎，市场份额扩张迅速。赵玉宏的底气也来自对其市场前景的判断和预测。

据悉，这款咖啡机在国外的单价比国内的要低许多，而这种差距正是海外咖啡胶囊生产商的营销策略。“咖啡机低价与较为昂贵的胶囊捆绑销售，在卖出咖啡机的同时，也扩大了胶囊咖啡的客户群”，赵玉宏分析说。

凭借着独特的创新设计和对市场前沿的把握，通过这款胶囊咖啡机，设计、生产、营销等生产链上各环节实现了整合连接，顺领、亿龙与海外咖啡销售商也达成了三方共赢。

顺领公司的胶囊咖啡机不但设计出色，而且在市场上闯出了一条成功的商业之路

○电商设计制造三方结盟 打通自建品牌“任督二脉”

合源电商总经理李军平走到一块白板前，画下三个圆圈。他解释说：“这3个圈，一个代表设计企业，一个代表制造企业，还有一个代表电商。设计企业负责研发设计，制造企业负责成本、质量管控，电商公司负责渠道运营和品牌建设。三个企业凑一块，就打通了自建品牌的‘任督二脉’。”

合源电商是一家在电子商务高端运营方面颇有建树的电商企业，该公司将办公地点搬到广东工业设计城时间并不长，但已开始开始为未来发展布局。无独有偶，另一家电商企业——时代易家，也将视角转向了设计。该公司通过交叉持股的方式，与心雷设计结成联盟，并为自建品牌提前开始谋划。

在十字路口，当设计、制造和电商相遇，又会擦出怎样的火花？他们的结盟，是否会令“工业巨头”感到威胁？或许再过数年，这个答案就能够揭晓。

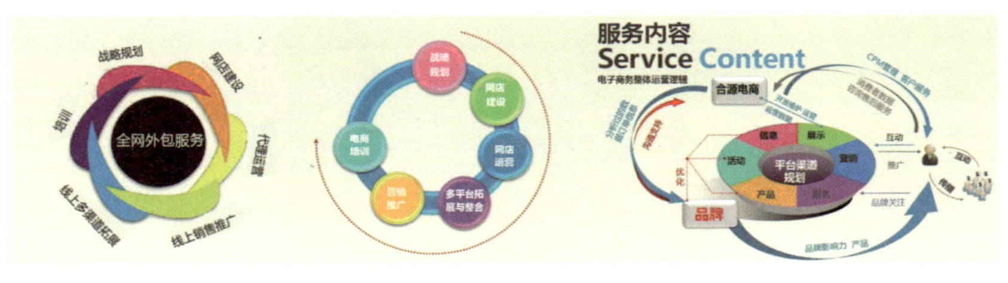

主营业务　　服务内容　　电子商务整体运营逻辑

观察一：“井喷式”增长增强电商底气

当我们走进李军平的办公室时，他所代理的刨冰机正在参加淘宝商城的“聚划算”活动。“看看，从早上10点到现在，短短几个小时，就卖出了1450台，好像听到了数钞票的声音。”李军平介绍说，网络的销售模式，和传统渠道大不一样。传统渠道的销量增长是线性的，比如每年百分之二十，但网络销量的增长是几何量级的，一天的销量，就可能超过以前一年的销量。

“合源电商成长得非常快，每年的销量增长甚至超过100%，而与之相匹配的，是我们专业能力的提高。”李军平介绍说。

事实上，顺德企业依靠电子商务的这种特性，已产生好几个成功案例。在竞争激烈的家电市场，小熊电器正是借着电子商务的东风，才得以快速打开市场。“个性化创意产品+电子商务渠道”，小熊电器通过设计出让人眼前一亮的产品，比如煮蛋器、酸奶机、爆米花机等，再让产品通过电子商务渠道快速渗透进白领市场，从而实现销量几何量级的增长，年销售额已经高达几个亿。

一位业内人士分析说，小熊电器所走的，正是“设计+制造+电商”的自建品牌之路。小熊电器赶上了最好的时机，它开始自建品牌时，网络推广的效果极好，而成本又极低，这相当于节省了几亿元的品牌建设费用。纵观电子商务发展现状，竞争的激烈程度已经超乎想象，但通过电子商务来自建品牌并非没有出路，正所谓“东隅已逝，桑榆非晚”。

观察二：“三脚猫”功夫玩不转电商

“我们最近在和索华厨卫电器谈合作，这个店铺的上线要做很多的前期工作，包括行业数据的分析、品牌定位的研究、渠道规划、推广预算的制定等，大概需要6个月时间。我们的目标是，每一个代理的品牌，都要做到各自领域的前10名。”李军平介绍说。

我们在合源电商参观时发现，该公司已进入精细化管理的阶段。员工在职能上有很明显的分工，各司其职。此外，该公司已经有意识培养自己的核心竞争力，在战略规划、网店运营、营销推广和电商培训等方面，形成了较为系统的工作方法。从该公司贴在墙上的课程表可以看到，两个月期间，该公司共安排了17堂培训课；

而该公司针对各行业建立的数据库，使得其代理品牌可迅速切入，细致了解各行业竞争状况，从而做到有的放矢、顺势而为。

观察三：电商成品牌成长“加速器”

“我们现在代理了8个品牌，比如今年接手了一款威的小家电，半年就做到800多万元，全年应该可以做到1500万元销售额。”李军平介绍说，合源的战略是，每个产品类别只选一个品牌进行合作，力争做到单类别的前10名，为此，在选择合作商时也十分慎重。

做代理运营，实现销量增长有两种途径，一是“做多”，代理的品牌越多越好；二是“做精”，让单个品牌发挥出最大效益。李军平表示，他对代理品牌的增加很警惕，主要通过做精单个品牌，实现内涵式、有质量的增长。

李军平介绍说，合源和制造商一般都签5~10年的长期合同，结成战略同盟。制定销售战略时，制造公司的老板一般都会亲自过来，由此可见制造商对电商渠道的重视程度。

制造品牌通过电商渠道实现“加速”，这在时代易家的经营中也体现出来。时代易家总经理丁祎介绍说，他们代理了意大利、法国、瑞士、香港和深圳的5个钟表品牌，希望每个品牌都能做到500万元以上的月销量，这样就能在钟表的电商渠道站稳脚跟。“这些品牌的定位都不同，因此可以实现差异化营销。”

在早期，“做电商”和“做淘宝”几乎可以画等号，但合源电商和时代易家早已实现全网销售。“我们将立足天猫、京东商城、

1号店等12个平台开展销售，并对每个平台的门槛和特性非常了解，以此构建有针对性的促销策略。”李军平介绍说。据了解，时代易家走的也是全网销售的路线。

一位业内人士分析说，虽然天猫、京东商城等已经在电商领域树立江湖地位，但这个市场仍然存在不确定性，如果将销售渠道单一限定在天猫，就相当于为自己画了一条线，限制了自己的发展。

○和壹设计：抓准设计与企业的“共同利益”

在前几年，制造企业与设计企业的合作还处在较浅层次，往往是制造企业要开发一款产品，让设计公司帮忙“设计外观”，支付一笔数量不大的费用。这种合作，在行业之中再正常不过。但随着设计附加值在产品价值中的体现，顺德许多企业主开始意识到，设计已经成为主导产品成败的关键因素。在早期，制造企业认为设计服务可有可无，不愿意将更多利润让利给设计企业，但随着观念的转变“设计决定成败”的观念深入人心，越来越多的制造企业开始倾向于一种“利益捆绑”的销售模式，让设计公司根据销售额提取“设计款”，这种“设计费”与“设计款”之间微妙的变化，带来的是设计行业新的商业模式的诞生。

“我们近期与华润万家合作设计研发了一款插线板，根据销售额提取设计费。”据和壹设计总经理仇登伟介绍，插线板的设计，一般赚不了多少钱，但通过这种“细水长流”的方式，公司可以赚取比“设计费”多得多的收入。很自然，采用这种合作模式后，设计公司在与企业合作的过程中，话语权不再是企业老总的个人喜好与经验判断，更多的是以市场销售为目标结果导向。据仇登伟介绍，这种“共同利益”的合作模式已经被更多制造企业所接受。比如他们最近与地中海卫浴合作，待实现销售后再开始“提成”。这种模式一旦推开后，就很容易和制造企业实现“战略同盟”，这样，在产品的开发问题上，制造企业与设计企业间可以更平等地对话，合作取代了委托，“设计款”取代了“设计费”。

“款”与“费”的区别，就在于此，设计不再是支出的费用，而是一笔低风险的可观投资，一种开放的合作共赢。找对支点，小小的杠杆一样也可以撬动地球。

关于和壹关于这群年轻人

和壹设计咨询有限公司位于广东工业设计城C座三楼，从事产品创新研发、产品线规划、产品设计、结构设计、手板制作、生产技术支持、商业推广等一站式设计咨询服务。去年的“芯品”发布会上，和壹设计一口气发布了5款专为中国厨房设计的时尚家电，成为广东“中国厨房”联盟成立后首个发布新品的设计公司。

关于这个团队，邓浩景说，“创新”是他们最大的特点。“创享未来！”就是他们的团队口号，希望通过创新的设计让未来的人们享受更好的生活。为了寻求更多的探索未来的发展道路，他们在产品研发的道路上不断创新，协助合作伙伴转型升级、提升产品附加值与竞争力。就是这种对创新不断追求的精神赢得了合作客户的支持和信任，也是公司能够迅速发展的重要原因。这个年轻而充满活力的团队，用他们的专业和热诚，成功地成为“中国工业设计协会团体会员”“广东工业设计协会会员”“顺德工业设计协会团体会员”“北滘青年企业家协会会员”。

近年来，和壹曾多次荣获国际设计大奖，包括德国“红点奖”、美国IDEA工业设计大奖、台湾“光宝奖”等，而捧走那些大奖的正是这群年轻的设计师。

和壹设计团队

○弘历家具设计：结合传统与现代 打造家具新价值

“两家一花”是顺德的优势产业。有资料显示，广东家具的出口量占全国的一半以上，顺德家具出口总额达100亿～200亿美元。

在设计广场开幕之际，我们迎来了另一家家具制造的“老行尊”——弘历家具，作为户外家具制造的传统企业，它将如何整合制造资源与设计资源，把最具“实力”的设计部门独立为面向市场的设计企业？我们邀请弘历家具有限公司总经理李文军先生讲述弘历的过去与未来。

充沛行业经验 造就斐然业绩

弘历家具成立于2006年，公司内部的设计师都是深谙制造环节和设计技巧的“老”师傅，这是弘历最为宝贵的一笔财富。“和其他设计企业不同，我们的设计师的平均年龄都在30岁以上，最大的甚至有58岁，几乎每个人都能独立完成从草图到产品的整个流程。从工厂出身的我们，在结构设计上更为擅长，不仅如此，在材料的使用、成本的控制方面，我们的设计师都有专业的知识储备。”

这些资源此前只属于弘历，“多年来，我们一直专注于户外家具设计与制造，是‘贴着’市场需求来做产品，除了出口，我们也为国内外大型的酒店提供服务，这些经验都是未来发展的重要基础。”

多重业务组合 优化产品结构

和多数家具制造企业一样，弘历制造能力已迈向成熟，但是贴牌生产再出口这种盈利模式随着外围经济波动会越走越困难。基于此前的优势，弘历把最成熟的部分——设计部门独立成为设计企业。2013年6月，弘历家具设计有限公司正式成立，除了为“自家”提供设计服务，还将面向市场，吸收家具“大”市场的各种信息，让设计走在市场的最前端，为客户提供设计服务的同时，让“弘历”作为自主品牌走向市场。

除户外家具，未来弘历将涉足室内家具领域，并将投入专项资金用于研发生产。李文军介绍说，随着中国房屋数量的增多和装修频率的增大，室内家具的市场是相当庞大的。弘历现在有意愿，也有能力去开拓室内家具这片新市场。

目前弘历已经有了初步的设想，并付诸于实践。他们自主研发设计的一款新品床，采用了中国传统技术——“绷床”技术。将普通的棉线通过传统技术处理使之具有刚性，用无数根这样的“线”组成整张床板，床板硬度介于木板和席梦思之间，对身体有很好的保健作用。这款产品在舒适度、实用性和价格、外观方面都很符合目前家庭需求，预计不久将面世。

传统联合现代　焕发民族魅力

“弘历”，是中国古代一位皇帝的名号。李文军说，弘历设计和制造的产品，是在传统文化基础上挖掘更深层次的内涵，然后结合现代工艺传达出来，希望这些产品背后的文化意蕴都能引起消费者的共鸣。

目前，中国的家具领域日新月异，更新换代频繁，却少有经典流传。而尊重历史，善用传统文化，使之结合现代工艺，不失为塑造优秀产品的一条重要途径。弘历家具设计将成为践行此路的先行者，期待他们日后的产品能焕发出中华民族古老的魅力。

○本土制造企业迎来“色彩管家”

色彩运用专家NCS即将入驻顺德，为工业产品施展“色彩魔法”

国际设计中心是广东工业设计城设计广场项目的重要组成部分之一，NCS在中国的顶级合作伙伴——顺德区色则咨询服务有限公司已经在此入驻。该公司市场经理杨佳雯介绍说，NCS是世界上顶尖的色彩运用专家，该公司将充分利用这一资源，为顺德企业提供色彩上的一揽子解决方案，力争当好工业企业的“色彩管家”，为工业产品施展色彩魔法。

NCS的色彩工具非常丰富

看好顺德市场即将入驻

“Natural Colour System（自然色彩系统，简称NCS）是世界上颇负盛名的色彩体系，通过400年对色彩的研究，将人眼可能见到的颜色纳入一个完整体系，让我们重新认识、选择、控制色彩。”据杨佳雯介绍，色彩在企业形象和产品诉求中具有特别的地位，因此，美国惠而浦公司、法国迪卡侬公司、意大利法拉利公司、瑞典宜家公司等国际企业均与NCS有着长年的合作。在国内，目前多家知名电器企业与色则也展开了合作。

据杨佳雯介绍，NCS所能提供的色彩解决方案非常广泛，除了为工业产品提供色彩解决方案，还可以为建筑、室内、陈列、产品色彩、品牌色彩塑造等提供色彩解决之道，甚至包括城市色彩规划。像挪威朗伊尔城色彩改造、俄国莫斯科城市色彩规划，均使用了NCS提供的解决方案。

“色则咨询服务有限公司之所以入驻顺德，主要是看好顺德政府对工业设计的重视和产业升级的支持。顺德是制造业的集群基地，拥有广泛的市场。我们提供的专业色彩解决方案，能帮助企业更好地由制造向智造转变。”杨佳雯表示。

“色彩管家”创造独特价值

那么，该公司究竟有哪些“独门绝技”？

杨佳雯介绍说，有些企业还停留在凭感觉选择色彩的阶段。殊不知，关于颜色的研究已经自成体系，成为一门科学。语言有语法、音乐有音符，色彩也有其独特的结构。NCS符号系统可以定义人眼能看见的1000多万种颜色，为它们都取一个独一无二的名字。

“我们可以成为企业的色彩管家，帮它们寻找色彩在品牌中的定位。我们也可以为企业寻找到自己所需要的颜色，比如法拉利所独有的红色，这种颜色更符合品牌和产品的定位，还能通过工业的方式实现，并受到消费者的欢迎。”杨佳雯认为，色则公司在顺德大有可为，既可以帮助企业在色彩上作分析、选择，在色彩控制、管理流程上提供完整的管家式服务，还可以为工业产品打造出独一无二的潮流色，让消费者刚见到就产生“惊艳”之感，从而更好地促进产品的销售。此外，该公司还能为设计师和研发人员提供色彩方面的专业课程。

用专业知识为企业节省成本

“我们不仅能为企业提高产品品质，还能帮他们节约成本。”杨佳雯介绍说，在相似的颜色中，该公司能根据专业经验，帮企业淘汰掉一些颜色，提高效率、节约成本、减少库存。

“我们的专业经验，在帮企业打开国际市场时也很有用。”杨佳雯表示，NCS已经被国际市场所认可，在和国外公司开展合作时，使用该体系将更加便利。同时她也希望借助NCS的国际经验与资源，为中国更多企业的转型升级贡献力量。

○翼联合：开启企业转型的“大平台模式”

设想一下，如有这样一家“企业医院”，体质羸弱的企业进去后，走出来就拥有强健体质，那该有多好。在广东工业设计城，就有这样一家特殊的“医院”—— 广东翼联合设计策划有限公司。

翼联合的模式，与传统企业有所不同。据该公司董事长董少杰介绍，该公司力争成为一个“平台”，将各类资源整合在一起，为中小企业的转型升级服务。

事实上，在转型升级愿望尤为迫切的当下，已经有一批“企业医生”开始冒头，它们分别从工业设计、咨询策划、市场营销、技术改造等方面切入，为企业包装品牌、研发产品、更新生产线。但这些“医生”在各自环节单打独斗，相互间缺乏衔接，也让其服务效果打了折扣。

中小企业迫切希望，有一个平台将这些“医生”整合成“医院”，从而为他们提供“一站式”服务。我们了解到，翼联合就是该模式的实践者。就像天猫网成为电子商务平台一样，该公司也有望变成服务万千企业的一流平台。

“翼联合商业模式的出台，是中小企业‘星星变月亮’迫切愿望的倒逼。”一位业内专家介绍说，顺德企业经过多年发展，已进入转型升级“关键期”，1.8万余家工业中小企业中，能够称得上优质，并被评为龙腾企业的，仅有300家，呈现出“月亮少、星星多”的状况。优质企业数量不足，也影响到区域发展的后劲。随着区域竞争的加剧，在长三角、环渤海地区、闽三角地区同行的倒逼下，珠三角企业开始求助“外脑”，开始转型升级的艰辛步伐。

企业转型过程中，需要破除的发展瓶颈并非一种，往往需要多个“医生”共同操刀。传统的散兵作战模式，让企业在沟通协调时成本消耗巨大。而翼联合倾力打造的“服务平台”，网罗了一大批专家、企业，从而构建起服务企业的强大“资源库”。可以说，翼联合有点像“大业务员”，为资源库的企业们“拉业务”，但它更是资源的强势整合者，利用自身方法论和独特优势，将各种资源对接在一起，成为客户企业转型升级的有机力量。

翼联合董事总经理朱艳青介绍说，之所以取名“翼联合”，就寓意为中小企业的发展插上腾飞翅膀。在中国经济打造“升级版”的进程中，翼联合将发挥强力引擎的作用。

案例一“打包式”方案助企业突破瓶颈

日前，当记者在设计城采访时，遇到广东廉江的一位家电企业负责人，该老板因企业发展不畅，接连触摸“天花板”，来到广东工业设计城寻找转型“药方”。

最初，为了给企业找“医生”，该老板像陀螺似地忙个不停，但自从接受翼联合的“一站式” 服务后，不仅一身轻松，企业运营也走上正轨，省钱、省时间、效果还很好。该老板笑称，以前为转型急得“满头包”，但现在一身轻了。

“公司创办10多年了，却没有一个成熟的品牌，新产品的开发也乏善可陈。”面对“瓶颈”，该老板找到一家设计公司负责产品设计；再找到一家策划公司，开始公司品牌的打造。紧接着，该老板又马不停蹄奔赴中山、容桂，在中山找到结构工程师、到容桂进行开模……

但这个中间，出现了衔接不畅，重复成本大等问题。模具公司、结构工程师、设计公司、策划公司独立作业，彼此之间没有沟通衔接。无论是策划公司还是设计公司，为该家电企业服务时都需要调研，出现了重复调研现象，而且调研的成果还可能彼此存在矛盾。

“如果能有一个平台来统筹所有工作就好了。”当该老板产生这个念头时，刚好经朋友引荐，认识了董少杰。董少杰认为，产品设计、品牌策划、营销推广其实是一盘棋，应该站在高处统筹规划，并把市场需求当作落脚点，如果这些步骤分开开展，不仅会衔接不畅，甚至会让企业陷入“摸夜路”的窘境。后来，双方企业策划签署战略协议，将品牌塑造、产品设计和营销推广“打包”给该公司。

“以前，我每天操心个不停，但效果不一定好。现在，各个环节都有人打理，效果是看得到的。”据介绍，“打包式”升级方案得到了廉江市政府的认可，并为该公司在开发区安排了3万平方米的新厂房。该公司不仅明确了品牌定位，统一了形象，还确立了“以品牌巩固国内市场，以产品开拓国外市场”的营销方略，并即将打响海外市场的第一炮。

转型绝招——打造升级“资源库”

天猫商城之所以能成为电子商务市场的一流平台，是因为网罗了优质的卖家。董少杰表示，翼联合依托广东工业设计城，网罗了助力企业升级的一流资源。在工业设计领域，有清华大学教授柳冠中、“怪杰”石振宇，以及园区内知名设计公司。品牌策划领域，有中国企业发展规划院、明天策略集团等一批知名机构，在精益生产、产品营销等方面，也有丰富资源可以利用。可以说，翼联合致力于打造服务企业的“专家库”“资源库”。翼联合就相当于“大业务员”“协调专家”，一方面，企业转型需要哪些“医生”的帮助，翼联合会率先“问诊”，做到心里有数。其次，翼联合会将这些资源带到企业的面前，并协调他们共同作战，发挥出最大的协同优势。

董少杰（右）和时任北滘镇镇长麦玉团（中）、北滘镇党委委员韩治帮（左）交流翼联合的服务理念

○心雷：KISS-U迷你手机　总理都赞赏

2010年农历新年刚过，广东同天投资的阿莹不经意间发现，一款小巧时尚的女性饰品手机在广东工业设计城内悄然流行起来，仅在自己公司内，就有10多位同事在使用。然而更让她意想不到的是，早在2010年8月，温家宝总理考察深圳田面设计之都创意产业园时，同样对这款手机赞赏有加。总理还关切地询问："这在全球范围内也是最小的吧？"

这确实是一款全球最小的折叠女性饰品音乐手机，温家宝总理参观的设计企业正是心雷。作为最早一批入驻广东工业设计城的企业，心雷凭借着这款手机成功实现了对产品产业链的完美整合，走出一条创建自主产品品牌的新路。

主打女性市场的Mini Phone U3手机，由心雷公司设计开发

是巧合更是实力

KISS-U手机自主品牌的创立契机是一次不太愉快的合作。当时，心雷接受客户委托完成了这款手机的研发设计，并受到了对方的好评。但是在商谈订单价格时，双方陷入僵局。客户只肯开出12万元的价位，明显低于心雷15万元的预期。那时深圳的手机设计市场竞争极为激烈，一般的外观结构设计订单价位仅在3万元到6万元之间，客户的报价已是市场行情的数倍。

“谈不成我们就决定自己干，创立自己的手机品牌”，顺德心雷工业产品策划有限公司总经理刘海军回忆说。心雷的底气来自对自己设计产品的自信，还有多年浸润手机设计领域的经验积累。酷派、步步高、联想等都曾与心雷开展过合作。在2008年，心雷还曾为一家通信企业进行品牌创建和产品设计。凭借那款手机，该企业成功突破发展瓶颈，年利润近2000万元。

做产品更做品牌形象

有成功案例在前，这次KISS-U的品牌创建和产品设计得心应手，整个过程只花了半年左右时间。刘海军表示，围绕品牌形象做产品，需找市场空白与消费者需求的结合点，这依然是不变的准则。

KISS-U迷你手机的消费人群定位是感性的小资女性。心雷前期进行了大量的调查研究，将使用对象的年龄层、消费习惯和水平等情况都摸得一清二楚。在产品形象的市场推广上也做足功夫，地铁、写字楼等不同场所的广告风格完全不同，各有针对性。产品外观也进行了创新设计，牢牢把握女性消费者的情感诉求，以多配搭首饰作为设计基准，连产品说明书都是仿护照风格。

在功能的设置选定上，也凸显了这一点。机身虽然小巧，但依然具备拍摄、双卡双待、音乐播放、手电筒、FM收音机等诸多功能。“特别是音乐功能，播放效果绝对是同类手机中最好的”。刘海军介绍说，KISS-U还支持音效设置，按键设计也与MP3快捷播放类似。

要设计更要注重整合

2010年底，KISS-U手机在深圳首发，正式进入市场，旋即成为年轻女性的时尚消费热品。不到3个月的时间，在淘宝网店上就卖出了2万台左右，其中单店单天的销售记录曾达到1000台。“推实体门面店后，都开始缺货了”，刘海军估计，最终的销售量应该不低于10万台。自主品牌建立后，刘海军接下来打算推出心雷自己的商务机。

对这次自主品牌的成功创新，刘海军没有简单地归结为工业设计推动。在他看来，更重要的是对整体的把握，围绕整个产业链对工业设计流程进行整合。这点从心雷顺德分公司的取名上也可看出一二。其全称是心雷工业产品策划有限公司，突显的是“策划”，而不是“设计”。

刘海军还表示，心雷会继续坚持自主品牌创新的路子。顺德的家电家具产业基础雄厚，配套完善，今后的方向会是一些有创意的家电、家具产品。

KISS-U Mini折叠手机

○嘉兰图：以设计为本做好分内事

中国第一个荣获全球工业设计界至高奖项——红点“至尊奖”；深圳第一家荣获国家级高新技术企业称号的设计企业；团队规模及影响力业内第一……创业至今的十三年间，拥有多个“冠军”头衔的嘉兰图，其成长轨迹却并不复杂。一心一意以创新服务为本，提升对设计的认知深度，提供高端的设计咨询服务。这些看似是设计企业的“本分”，却正是它一路成功的核心所在。

设计认知不深刻是通病

谈及中国工业设计现状，最常用的一句评判是“尚处于起步阶段”。在顺德嘉兰图设计有限公司原总经理陈健看来，尚处于起步阶段的更是人们对工业设计的认知度。

“制造企业不愿意投入设计费用，设计公司提供的服务也不足以

嘉兰图老年人手机的成功设计，是工业设计应对特殊人群设计战略的一次成功实践

让客户愿意支付费用。”陈健认为，看似悖论的现象背后其实是一个共同原因，那就是大家对工业设计的认识，还停留在产品设计甚至造型设计的初始阶段。即使近两三年来，温家宝总理批示“要高度重视工业设计”，令工业设计“忽如一夜春风来”，步入发展春天，但这种认知上的不足依然普遍存在。

从2000年成立之初只有两个人的公司，到如今的行业翘楚，十三年间对设计认知的前瞻性与深刻理解，成为嘉兰图最大的财富。受益于此，嘉兰图致力于深入合作企业的战略层面，提供更高端、更精细、更全面的设计咨询服务。两获红点“至尊奖”，四获红点产品奖，一个IF金奖及产品奖，这些成为业界及客户对嘉兰图认可的注脚。

设计对接制造是伪命题

制造与设计对接是行业关注热点，但在陈健看来更似一个伪命题。他认为，设计与制造处于生产链的不同阶段，自身就是一种合作关系，存在对接是因为设计服务的供求不对等。“制造业需要的服务，设计企业提供不了；设计企业能提供的服务，制造业又认为价值不大。”

嘉兰图的解决之道是主动提升自我。为此，嘉兰图还成立了专职的基础研究部，不对外承接业务，专门进行基础性设计研究，从人的行为心理需求、宏观经济趋势等入手，挖掘市场潜在需求，以更专业的姿态为客户提供高端长远的设计战略咨询服务。

目前，嘉兰图的研发涉及老年人产品、LED照明、中式厨房生活研究等几大方向。其中，其设计的老年人手机已有四代产品，

CP09和CP10两款手机还曾摘得“2010年度IF产品设计大奖”。

提升设计服务层次才是正途

国内设计企业的发展，基本都是摸着石头过河。目前，业内较为流行的观点是工业设计向制造业延伸，即设计企业整合产业链，自己涉足生产环节。陈健表示，这可能是一条路，但不是正途。

“准确地说，更多是一种被迫行为，国内的知识产权保护力度不够，设计企业只有通过自己控制整个生产流程来保护权益。”陈健话锋一转又指出，生产管理并不是设计企业所长，其核心能力是创新能力，是对市场机会、消费者需求的敏锐感知及把握，没必要舍己之长。

这也有违以设计撬动制造业转型升级的大趋势。“中国最不缺工厂，设计企业没必要倒回去做制造。苹果产品卖得全世界都是，可它并没有自己的工厂。”陈健进一步分析说。

“不断提升设计企业和行业的服务水平及层次，才是未来的出路。”陈健指出，只有这样才能深入企业的战略层面，最大限度地发挥设计的撬动作用，实现行业的健康发展和价值最大化，这才是每一位设计师最愿意看到的。

高端设计服务把脉“诺雅克”

2010年7月，上海诺雅克电气有限公司自主研发的Ex9M系列塑壳断路器在世界顶级工业设计大奖——德国“红点奖”的评比中脱颖而出，一举获得产品设计奖。

而这一切与嘉兰图设计有着密切的关系。凭借着嘉兰图全方位的设计咨询服务，诺雅克跃级而立，进入国际知名品牌的行列，并成为世界低压电器行业首个获此殊荣的企业，填补了我国在高端电气设计领域的空白。

诺雅克（NOARK）隶属于浙江正泰集团，后者是全国最大的低压电器生产商之一。与国内大多数民营企业的发展历程一样，正泰以代工生产起家，靠低价策略抢占市场。完成资本原始积累的正泰，不再甘心“为他人作嫁衣裳”，开始创立自己的品牌。无奈，即使成为了国内行业的佼佼者，正泰也始终无法进入国际市场。

2007年，正泰找到了嘉兰图，策划创立“诺雅克”这个全新高端的子品牌，双方一拍即合，展开合作。“其实正泰挑了好几家设计企业，最终选择嘉兰图，看重的就是我们高端的设计咨询服务能力。”顺德嘉兰图总经理陈健这样说。

嘉兰图立即着手，从产品形象、设计创新度、品牌价值等方面进行了一系列的规划，推出超过百种的产品。上市之后，一款断路器产品一举夺得德国红点产品设计奖。

德国红点奖被誉为工业设计领域的“奥斯卡”，在国外更是产品品质的通行证。打上“红点”的印记后，诺雅克一举冲出国门，站在了国际舞台上，有机会与西门子等国际一线品牌一较高下。

让人意想不到的是，在接触正泰之前，嘉兰图从未涉及低压电器方面的设计业务，但这并不妨碍嘉兰图在这个行业一点即“红”。“对设计企业来讲，经验并不局限于某一个产品品类或单一的行业”，陈健解释说，嘉兰图的成功在于，其提供的设计服务来自多年来对工业设计高度认知的经验积累。

陈健表示，这就要求设计企业在合作时，并不是只单纯地解决眼前产品的问题，而是深入企业的战略层面，提供设计服务和战略咨询。而这也是未来设计企业成长的趋势所在。

值得一提的是，开展过合作的企业都与嘉兰图保持着长期的业务往来，最长的已达11年。尝到甜头的正泰与嘉兰图的合作关系也一直延续至今。

○广东同天：探索“创意产品孵化+市场推广”模式

近段时间，杨光平每天要多做一项工作——阅览一份产品销售的市场报表，而这份报表来自华润万家有限公司。这位大创工业设计有限公司的设计总监，为何会对中国零售连锁企业巨头的市场报表感兴趣，这难免让人心生疑惑。

“新型硅胶类家居系列产品在华润万家400多家卖场上架销售，作为设计方的设计总监怎能不关注？”广东同天投资管理有限公司副总经理李鄂东为大家道出了谜底。广东同天投资管理有限公司是广东工业设计城的运营方。在广东同天的力推下，一个“创意产品孵化+市场推广”的公共交易服务平台正在广东工业设计城内悄然酝酿。得益于这个平台，设计企业与销售巨头直接产生交集，工业设计市场转化困难这道难题正在被一步步解开。

目前，园区内设计企业首批自主创新设计的产品已在华润万家门店上架，销量逐月增长。这标志着这个全新市场交易服务平台的建立，已经成功迈出了第一步。“工业设计成果转化的氛围还没有形成，市场还需要培育，平台的最终建立任重而道远。”李鄂东话锋一转说道:“但大家对前景充满信心。”

受制被动营销 设计企业难以长大

“政府扶持，企业主导，市场化运营，这是北滘发展工业设计产业的一大特色。”在谈及广东工业设计城的飞速发展经验时，熟知情况的业内人士总是喜欢这样说。力促知识产权、共性技术、品牌推广、金融、培训、交易等六大公共服务平台的建立和完善，则是运营商广东同天一直努力的方向。

交易服务平台是关注的焦点之一。园区运营四年来，虽然工业设计成果的市场转化取得了较好的成绩，尤其是在向制造企业推介设计成果方面取得了长足的进步。但由于设计企业很少进入直接消费市场，这在很大程度上影响了他们的创新研发能力。

在杨光平看来，非市场化的市场营销模式，是设计企业“难以长大”的最主要制约因素之一。一些设计企业的业务类型基本属于被动委托设计，订单来源完全靠“回头客”“上门客”“朋友介绍”等守株待兔式非市场化形式。这极易引发业务来源不稳定、资金源不稳定、抵御市场风险能力低等诸多并发症。

设计产品被“贱卖”，设计价值被低估，则是设计处于买方市场的另一表象。设计企业对产品设计创新没有话语权、设计创新的成本不被制造业接受进入产品生产的总成本、制造企业强势单方决定设计费的现象在行业内普遍存在。设计企业的创新设计能力也被严重制约，设计师像流水线上的操作工一样，只需按照制造企业的要求绘制图纸即可。

设计企业在低端竞争领域徘徊不前，这让广东同天意识到，要保持广东工业设计城的健康和可持续的良好势头，使设计企业引得进、留得住、发展得起来，除了为制造企业做好设计服务外，还必须丰富设计公司的营销手段和运营方式。而要实现这一目标，就必须建立好设计成果的市场交易服务平台，推进设计成果市场化。

营销模式繁多　牵住“牛鼻子”是关键

受行业特点限制，设计企业通常是轻资产运营。如果设计公司直接对自己的设计成果进行市场化推广，不仅资金投入较大，而且风险也难以控制，因此，运营商只有建立好公共的交易服务平台，才能有效地推动整个设计园区成果的推广。然而，建立好设计成果的市场交易服务平台何其难也。渠道如何疏通？资金如何筹措？共性技术的问题如何解决？产业链怎样整合？这些都是摆在运营商广东同天面前的难题。

广东同天投资管理有限公司董事长韩风琴明白，交易服务平台的建设关键是牵住“牛鼻子”。广东同天组织了专门团队开展市场调研，参加国内外专业展会，以市场推广带动园区产品创新的发展。

在公司内部，一种“创意产品孵化+市场推广”的营销模式思路开始渐渐清晰起来。即以先进的营销理念为切入点，将设计企业创造的创意产品直接推向消费者，并将创新设计、环保、节能、公益等概念注入其中，激发消费者对创新产品的购买热情。这有效地改变了设计企业单一的接单形式，开辟了新的稳定业务通道，提高了企业抵御市场风险的能力。

那直接销售的渠道何在？广东同天凭借自身在市场营销领域的优势、资源整合能力，积极寻找合作伙伴，连锁零售业的巨头华润万家很快表示了极大兴趣。这些年来，掌握着销售终端市场的华润万家一直在力推自主品牌，广东工业设计城丰富的创新设计资源，以及顺德雄厚的制造业基础，让双方的合作一拍即合。

更难得的是，这是一种良性的互动。创意产品的孵化与市场推广之间互为一体、互相依托、互相促进。创意产品的孵化源于市场的需求，市场推广后的结果又是对所孵化产品的再次检验。而在市场推广中了解的信息又为下一个产品的孵化提供了依据。如此周而复始，设计企业的创意产品可源源不断地推入市场，也就从根本上解决了创意产品的市场转化问题。

大创设计有限公司是最先响应的设计企业之一。“以前我们与市场是隔离的，只是纯粹按客户要求做事。现在我们对市场的把握更敏锐，由被动设计开始转向主动设计。”大创设计总监杨光平深有感触地说道。

市场风险共担　多方实现利益共赢

更让杨光平欣喜的是，新的模式还突破了设计企业在市场营销和管理方面的短板，他们只需将更多的精力专注于产品的设计创新与研发上。产业化环节由广东同天负责，营销渠道则交给华润万家。

2012年春节期间，大创设计的多款硅胶材料家居产品开始在华润万家销售门店上架。六维空间设计的电水壶、和壹设计的插线板陆续进入零售市场，加入华润万家自主品牌产品的序列。

“超市里卖的都是大路货，而设计为日常用品增加了文化特性”，杨光平回忆说，当大创的设计图纸出来后，华润万家的一位市场总监连模具都没看，就表示“这就是我要的东西”。多家设计企业的共同参与，也让产品特色与定位更精准。“设计小家电出色的就专门做小家电，擅长家居的就做家居”，李鄂东说，设计企业设计的都是自己最擅长领域的产品。

消费者也很快对此给予了肯定。华润万家庞大的销售网络让“薄利多销”成为可能，产品的价格也因此被拉低。在他们看来，这类创意产品充满生活情趣，且质高价廉。一款较热销的情侣杯垫，两件的市场售价也才15元。通过这种途径，越来越多的市民可以低价购买工业设计产品，这让杨光平十分高兴，“设计来源于生活，也应该为人们的生活服务”。

目前，广东同天已联合3家设计公司研发投产了19个单品，并已全部上市。华润万家为这些产品提供的销售门店，也从最初的50余家扩大至500多家，遍及全国。目前他们正与8家设计企业合作，着手研发30多个新品。

由于这种新模式实行“利益捆绑、风险共担”的合作方式，华润万家、广东同天、合作的设计企业将依据产品市场销量进行利润分成。从发展趋势来看，设计企业的回报绝对比承接委托订单要可观。每天阅读华润万家反馈过来的销售报表，掌握市场最新动态，成了广东同天业务部门人员与杨光平必做的功课。

新的交易服务平台已经开始发挥积极的功效，李鄂东和他的一班同事依然不敢掉以轻心。“服务平台的公益性较强，收益的周期也长，需要较大的资金投入，运营方面临着资金短缺的压力。市场也还不够成熟，需要给予一定时间的培育期。”虽然预料到前路困难重重，但李鄂东他们对交易服务平台的未来却依旧充满信心。

与清华美院合作开发老年人用品

依托北滘不断积聚的国内外工业设计资源，一个专门针对老年人群体生活习惯而设计研发产品的新产业正在广东工业设计城悄然萌芽。广东同天投资管理有限公司与清华大学美术学院正式启动相关合作，以城市老年人自助交通工具创新设计为切入口，进军老年人用品市场。最新发布的第六次全国人口普查主要数据显示，全国

设计专家们在针对老年群体产品设计开发的研讨中

60岁及以上人口约为1.78亿，占全国总人口数的13.26%。这比2000年人口普查上升2.93个百分点，且正以年均近1000万的增幅“跑步前进”。按联合国相应指标，中国已然进入老龄化社会。

然而，老年产品市场的发展却远远跟不上老龄化的增长速度。市场开发、研究不足，造成产品的供需矛盾突出，尤其是改善老年人生活质量的专业老年产业。2010年，清华大学美术学院到访顺德工业设计园，对老年市场的前景一致看好，让其与广东同天的合作一拍即合。

严扬是清华大学美术学院教授，他及其团队负责这次合作的创新设计及生产化研究，而研究的基础来自对中国老龄化社会的发展评估。严扬预测，未来中国的城市及家庭人口结构将呈倒金字塔形，老年人比重大，年轻人少。在家庭中，很少会有年轻人直接照顾老人的生活起居。更多的老人需要独立生活，甚至继续工作。未来老年人的生活需求，正是他们研究的落脚点。

国内老年市场发展滞后的最大体现是产品单一，只有诸如医疗器械、保健用具等，其中以拐杖、助行器等较为常见。“老年产品的定义很大程度上被概念化了，人们想当然地认为老年人需要的就这么多”，严扬打趣地比喻道，无非是从一种拐杖发展到各种各样款式的拐杖。

现有产品品质低，市场定位仅仅是保证老年人最基本的生活需求，这在严扬看来同样是发展误区。在较早进入老龄化社会的西方国家，老年人用品产业已经成为国民经济各行业中的主导产业之一，老年人可选的商品及服务极其丰富，衣食住行无所不有，如老人汽车、老人家具、老人玩具等。

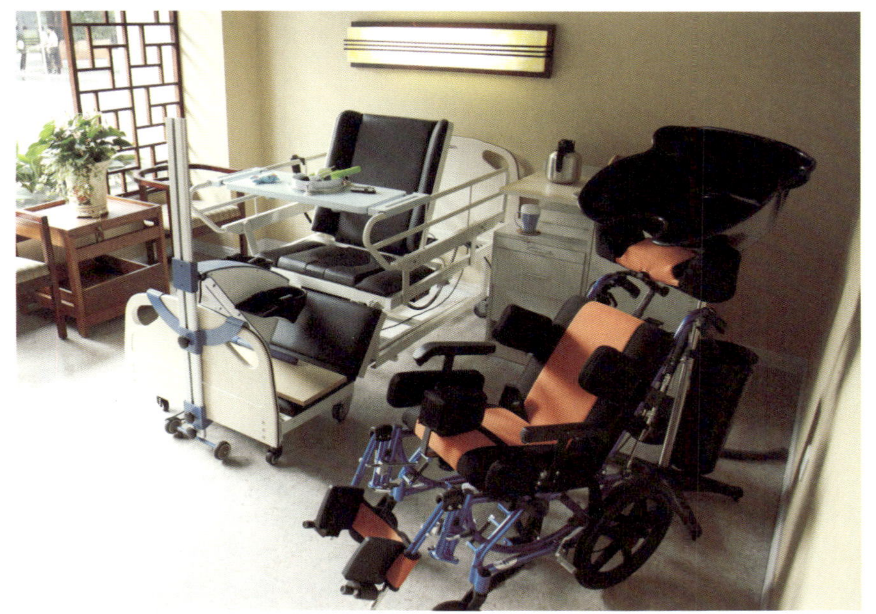

在清华大学美术学院，严扬过去10年主要负责交通工具的造型设计。城市老年人自主交通工具，自然成为这次研究的主要方向。“再过一二十年，老年人的需求不会仅仅满足于拄着拐杖走上500米，会追求更有品质的生活。”严扬说，他更多的是想为解决国家未来的老龄化严重问题做点事。

按他的设想，未来老年人的生活品质与社会参与度将与其他年龄阶段的人一样。“国外反复提及的通用设计，是作为后来者的中国在‘补课’时要注意学习的”，严扬强调说。这就要求产品的研发设计都考虑老年人的需求，即使是iPhone、iPad这些时尚数码产品，其老年人市场潜力同样巨大。在他看来，什么时候人们不需要专门设计老年人用品了，这个市场就真正繁荣了。

“设计的真正难度在于平衡创新价值与市场需求。”严扬坦言，国内市场的消费者对价格要素比较敏感。过多采用新型材料与先进工艺会影响生产成本，让消费者难以接受；缺乏创新设计，做得很安全又没有必要。

顺德雄厚的制造业基础，以及广东工业设计城集聚的工业设计资源，成为把握这种微妙平衡得天独厚的优势。严扬的思路是将创新思考与产业优势、市场需求整合在一起，由简单到复杂一步步地试探市场。所有的产品就地在顺德实现产业化，通过与制造业嫁接合作降低生产成本。

在2012年底，清华美院与广东同天的合作将产生第一阶段的成果，开始陆续发布新产品。双方的合作一直持续至2013年。作为广东工业设计城的运营方，广东同天已组织设计企业开展设计研发。除老年人自助交通工具之外，还将向其他的老年人用品及服务细分领域扩展。

○GO2UNITS：将韩国设计理念导入中国

工业设计被称为“创造之神”“富国之源”，一直被经济发达国家或地区作为核心战略予以普及和推广。在亚洲，韩国更是以设计兴国的代表性国家之一。作为首家入驻广东工业设计城的韩国设计企业GO2UNITS，其代表金德根坦言，在进军中国市场开拓业务的同时，也会将韩国的设计理念与发展经验导入中国。

设计得赋予生命和活力

GO2UNITS入驻北滘的时间不长，但与中国企业的合作却已长达数年之久。中国经济发展的突飞猛进，工业设计市场迅速膨胀，成为GO2UNITS选择布局中国区域的重要考量。其代表金德根将这个阶段形容为“设计意识刚刚觉醒”。在他看来，以前中国制造业成本较低，产品价格低廉，对设计要求不高。而现在已经逐步意识到设计可以左右产品销量，影响消费群体。

“中国工业设计飞快发展速度下是实战经验的缺乏。”金德根也敏锐地看到了面临的挑战所在。大部分中国企业的产品设计时间太过短暂，最常见的就是给出设计效果图，而这在韩国是不可能这样做的。韩国设计师普遍认为，设计是一种哲学，你得赋予它生命，从一个产品发展扩散至另一个产品。从样件到成品完成，韩国设计企业在每一个步骤上都很用心。

设计与制造的关联性极强。金德根也指出，好的产品研发需要两者并肩作战。制造企业如何看待外观设计，直接影响设计企业创造什么样的产品外观。如果你要求一个月内就出新产品，设计企业肯定没有时间创新，只能在原型上简单修改，造成劳动力的重复。金德根表示，当前，中国工业设计处于较好发展时期，大批制造企业吸纳海外设计人才，与国际化设计方向接轨。扭转对设计的认知误差，逐步赋予产品以活力和生命，这样才能创立更多的中国世界性品牌。

政府应重点扶持中小企业

翻开韩国工业史，设计如同韩剧一样深入人心，这与政府的政策支持密不可分。近年来，中国设计产业蓬勃兴起，迎来春天，其背后同样离不开政府力量的推动。

“国家要长远发展，中国应重点扶持中小企业”，依据韩国的设计兴国战略，金德根这样建议说。他认为，大企业自身有能力设立研发中心去开发产品，中小企业却没这样的实力。而许多优秀的技术往往产生于中小企业，三星等企业巨头的成长就在于对中小企业先进技术的吸取。如果国家的扶持政策向他们倾斜，中小企业的技术、想法自然会转化为经济成果，推动国民经济发展。

那么扶持政策由谁去转移承接呢？在金德根看来，在中国经济发达区域率先布局的工业设计园模式，正是在中间承上启下的有效载体，可以较好地实现中小企业与政府之间的联动沟通。这也正是GO2UNITS选择落户省区共建的广东工业设计城的原因之一。

义务担当中韩设计的传播者

他山之石，可以攻玉。在中国工业设计发展道路上，先行者韩国的成功经验有颇多借鉴学习之处。中韩两国间在设计领域的交流合作日趋火热，韩国设计振兴院也与广东工业设计城签署合作协议，拟在北滘打造中韩工业设计培训基地。

“无论是政府层面，还是设计振兴院与工业设计城，两国的交流最终要由设计企业来承担和实现。”在韩国众多设计企业中，GO2UNITS是首家在华设立分公司的。金德根表示，他和他的团队有义务去促进中韩在设计领域的交流合作。

设计贯穿韩国工业发展的始终，积累了大量宝贵的成功经验和案例。这些正是GO2UNITS想要传播给中国的设计企业和制造企业的。金德根还准备与中国企业开展项目合作，成立中韩设计合作中心，以这种方式为更多中小企业提供设计教育等方面的服务。

在这个过程中，金德根也有自己的事业规划。他的设想是，以广东顺德为发源地，将企业的业务范围扩大至全中国，并在多个城市设立分公司。“GO2UNITS在韩国3000多家设计企业中排名第十，在中国几十万家设计企业中，我们也希望能做到这一点，”金德根笑着说。

○德贸纺织：布的价值99%来源于设计

“一块布的好坏99%都是由设计决定的，生产只不过是把各种材料和设计拼组起来而已。好不好，还得看设计。”这是德贸纺织设计总经理曾子顺关于设计对于布匹价值的独特见解。作为广东工业设计城的设计企业之一，德贸也践行着这一理念。

以设计推动高端出口业务拓展

在顺德大力促进工业设计发展的背景下，原来以贸易为主的德贸开始“两条腿”走路。进入广东工业设计城后更是走上了以设计为主、带动贸易之路。

“为什么布的价值主要在于设计？”浸淫行业多年的曾子顺有自己的深刻理解，布好不好，直观来看是花色、纹理等，这不但需要设计师设计图案，而且就工艺的应用、经纬的安排等等，都要全面考虑，这些工作完成了，送到纺织厂就可以直接上机织布。布更有看不见的价值，诸如防火、防霉、耐高温、防辐射、无甲醛，天然的材质则为人们带来健康的生活环境，等等。这一切，都是设计师要考虑的问题。他说：“在这个行业里，设计的作用，一是发现市场需求；二是综合型的设计人才通过外观、材质、工艺等的糅合，创造出适应市场需求的产品。”

而今，德贸公司的出口市场包括中东、欧洲、北美、南美和东南亚等地区。曾子顺说：“我们现在出口的主要是以功能布料为主。客户走的都是高端路线，很多都要求交易完成之后把设计的版毁掉，以保证其独一无二。我们的客户可能小众化一些，因此价格也高些。”

试水品牌连锁开发内销市场

“在内销这方面，我们主要提供软装总体设计，包括从家具面料到台布、地毯、墙布等一整套的家具装饰。而今和家具企业合作，开品牌连锁店，也取得了不错的成绩。”据介绍，德贸公司通过和迅发家具合作，共同建立了“真智客”这个以美式风格为主的家居连锁品牌。

“迅发是五星级酒店家具供应商，一直在寻求设计方面的提升和自有品牌的建设，而我们正好也要找合作方。我们为迅发提供包括市场调研、整体设计、纺织产品外观设计、材料跟进等服务。”曾子顺透露：“双方合作创立的‘真智客’品牌，目前发展势头良好，全国的直营店已经达到30家。”

就“真智客”这个项目而言，合作双方还联合向顺德区经济促进局申报了“伙伴计划”，希望能得到相应的资金扶持和项目引导。曾子顺说：“我们觉得这个项目比较符合相关政策引导的方向，所以就申报了，我们也在努力把它做得更好。”

精彩观点：制造如船　设计如帆

迅发家具可以为五星级酒店制作家具，说明其制造能力很强。设计企业要把设计落地，需要的正是有强大制造能力的制造企业。反过来说，有很强制造能力的企业，如果仅仅为别人贴牌，就不能把自己的制造优势全部发挥出来，他们也需要设计来为他们打开品牌之门。

好的制造企业就像是一条好船，好的设计则如一面风帆，“好制造+好设计”，船才会航行得更稳、更快，这是双赢的合作。

○六维空间：创新是核心竞争优势

2011年10月从新加坡回来后，六维空间设计咨询有限公司前台处的荣誉陈列墙上又增添一份沉甸甸的证书——2011年红点设计大奖。从创新顺德国际工业设计大赛奖、“省长杯奖”、红棉奖、红星奖……再到红点奖，陈列墙上看似毫无规律摆放在一起的众多奖杯，一起勾勒出的却是六维空间设计不断超越自我的成长轨迹。

这其实是一家年轻的设计企业，可掌门人廖志文已浸润工业设计领域20年之久。在他的引领下，六维空间的设计作品往往打破常规，切入市场的空白点；企业发展也不走寻常路，承接的订单设计逐年萎缩，自主设计却不断壮大。持之以恒的创新，正是六维空间的核心竞争优势所在。

打破常规寻找市场空白点

老人餐具概念设计方案的提出，让六维空间与红点奖之间的距离变得更近。虽然在广东工业设计城内，六维空间的办公场所与德国红点工业设计奖的中国办事处只有一墙之隔。

这次的创意灵感来自设计师对市场空白点的敏锐把握。老年人由于身体机能退化或生病，自行用餐往往不便。同时牙齿也不好，咀嚼能力差，导致吃饭时间较长，饭菜变凉。但是，市场上却没有适合他们使用的专门餐具。

六维空间的设计师们深入敬老院观察老人的生活起居，研究解决方案。考虑老人手指无力、不灵活，设计师在碗的外部增加了一个小把手，并依据老年人掌心的弧度曲线设计出碗的外部轮廓线，方便老人抓握。勺子手柄的形状也是经过特殊设计的，进行了适当弯曲，这样能使老人既省力又舒适地进餐。

“保温材料的研究较费劲。”电热缺乏安全性，被廖志文和他的团队首先排除。多次探讨后，利用醋酸钠溶液放热加温成为最终方案。放热到多少摄氏度合适？溶液如何灌装？怎么才能清洁循环使用？这所有的问题都在反复的实验后最终得到圆满解决。内置在餐具中的保温模块可持续放热40分钟，保持饭菜温度在60℃，且易拆卸，或蒸或煮后即可重复使用。

人本设计的理念，让这套餐具成功获得2011年红点设计大奖。但廖志文还有一个更宏大的想法：将其结构与功能延展到其他产品中去，设计出专门适合老年人使用的一系列产品。“已经有企业表达了产业化合作意向，最早2014年2月份可以进入市场”，廖志文如是说。

另辟蹊径 探索自主设计之路

老人餐具的产业化对接虽然是与其他企业合作的，但却不是一次性的设计专利买断。“大家利益捆绑，风险共担。”在与制造业的对接磨合中，廖志文开始逐渐摒弃传统的一次性订单合作方式，探索设计企业新的发展模式。即与合作的制造企业“共同投入”，再共同销售、分享利润；此外，利用广交会等商务渠道，通过设计展示与采购商进行直接洽谈并了解市场资讯，避开被制造企业牵制的中间环节，有效沟通客户。总之，绝不以单纯的、一次性的设计服务作为公司的主要经营模式，而是直面市场，通过真正的设计能力和设计需求与制造企业形成平等性的合作。廖志文坦言，设计企业的发展模式绝不能是仅仅“为制造业作嫁衣裳”。

六维空间的设计部门架构也由此与众不同。第一个组承接制造企业设计订单，以此维持企业运转；第二个组按年度计划完成新产品设计；第三个组则是自由发挥，自主寻找市场空白点，进行自我创新性设计。

这种长、中、短期的结合，在廖志文看来也只是权宜之计。他的想法是，等到第二组和第三组能够自主运转起来，形成设计品牌和设计产品，承接对外服务的第一组将逐步萎缩，直至完全剥离。

廖志文透露说，2013年上半年，六维空间的业务额较之去年同期增长了2~3倍。部分与制造企业通过“利益捆绑”合作的产品也将在年内陆续投入市场，这些产品的利润提成将成为支撑六维空间实现今年销售额突破的重要支柱。

○宏翼设计：从温饱到小康　自主设计是通途

宏翼设计总经理卢刚亮最近有点忙，忙于好几个创意构思的完善设计。与以往不同的是，这些设计项目并不来自制造企业的委托，完全是宏翼设计师们自主设计的。

顺德工业设计产业经过多年的集聚发展，解决温饱早已不是设计企业需要面对的问题。如何奔向小康找到致富途径，成为业内的焦点话题。设计企业“八仙过海，各显神通”，展开不同方向的探索。宏翼设计迈出自主设计这条路，或许正是通途之一。

其实，从宏翼成立之初起，如何将设计企业做大做强一直萦绕在卢刚亮的脑海。如果要将业务额从10万元扩大至100万元，徘徊于“画图纸”低端状态的设计企业，只能简单地增加人手。这显然不是卢刚亮的想法，“要做大做强，必须参与整个产品的利益链分配”。

认真分析了当前的市场形势后，卢刚亮认为，传统产品的利润空间日益萎缩，市场一片红海，制造企业都面临转型升级压力。创新性强、市场空白点的新产品，成为制造企业追逐的对象。对大部分中小企业而言，要创新，必须借助工业设计的智慧。自主设计正是市场上未被挖掘的蓝海。

2012年初，宏翼组织设计力量专门成立一个小组，不参与订单设计项目，主要任务就是进行自主设计。设计来源于生活，生活中遇到的不顺事为设计师们提供了创意的灵感。餐桌保温罩、软体加湿器等不断壮大了宏翼自主设计产品的队伍。

“知识产权完全归自己，有专利保护；利润空间更广阔，传统订单一个2万，这些可能达到5万、10万，甚至更多。”卢刚亮打趣地说，以前制造企业是女孩，设计企业是男孩，男孩只能迁就女孩，现在谁追谁的问题就得重新思量了。这些自主设计的产品，正是宏翼与制造企业合作的新内容。

卢刚亮信心满满，在他看来，九阳豆浆机就是成功的榜样。许多人都喜欢喝豆浆，但没人想到要做豆浆机。九阳老板王旭宁却敏锐地意识到这一点，萌生了研制豆浆机的念头，也成就了九阳今日的传奇。“只要一直坚持下去，说不定宏翼也能做出类似豆浆机这样的产品”，卢刚亮说道。

卢刚亮还发现，许多设计企业都开始在走自主设计这条路了，“这不是巧合，是市场的需求”。较之其他设计企业，宏翼还整合了产品研发过程中设计、模型、模具制造三大环节，大大缩短了产品从概念到投入生产的研发周期，提升了客户交互性，也大大降低了产品研发的成本与风险。目前，宏翼设计的第一个自主设计项目已经进入产业化阶段，预计年内上市。

○盟约·瑞迅：整体设计才是革命性的

2012年，广东工业设计城又迎来一家设计企业进驻，它就是盟约·瑞迅工业设计有限公司。在入驻北滘的工业设计企业或机构中，这是第57家。

与其他设计企业不同的是，盟约·瑞迅秉持的设计理念外延更广泛，设计的领域包括产品的市场定位、品牌建立、研发设计、市场推广等整个环节。其总设计规划师仲甫的QQ个性签名上，也写着“广义工业设计，改善你我环境”。

这既是仲甫为企业定下的差异化发展道路，也是盟约·瑞迅的优势所在。仲甫并不算是一个纯粹的工业设计师，20多年来，他辗转于国企、房地产等众多企业，也做过广告、装修等行业，还办过日用品厂。最后，工业设计专业出身的他还是做起了本行。而早些年丰富的经验和阅历，也让仲甫的工业设计理念变得与众不同。

“设计研发，只是局部解决，并不是革命性的。”盟约·瑞迅可提供的服务并不仅仅是工业产品的研发设计，还涵盖企业形象策划建设、战略规划、品牌建设、市场营销与推广等。企业会展策划执行、企业园区规划以及公共空间布局等也在盟约·瑞迅服务范围之列。

中小企业是仲甫最为看重的合作伙伴。在他看来，许多企业的产品技术都很先进，但却往往处于产业链的最底层，利润低微。“其实就差一步，缺乏产品整合与品牌整合的能力。”仲甫这样感慨地说道。而这些企业也不能达到规模经济效应，转型升级的最好办法之一就是提高产品附加值。

仲甫(左)与广东著名工业设计教育家汤重熹教授(右)

盟约·瑞迅有过这样的成功案例。仲甫的团队曾与南海一家卫浴厂合作过，产品投产后，销售期限超过6年，单品种销量过亿。整个系列产品以及配套策划的市场行为，使该企业在不到两年的时间内从小规模厂跃居行业一线品牌企业。

来到顺德后，这里雄厚的制造业基础以及中小企业转型升级的巨大需求，让仲甫为之一振。当然，更让他兴奋的是工业设计产业发展的良好配套环境。“以前都是散兵游勇般游离在体制之外，感觉创新的精神和劳动力得不到认同”，进驻广东工业设计城让仲甫有一种“找到组织”的感觉。

由于入驻较晚，园区开园前三年免租等优惠政策，盟约·瑞迅享受不了多少。仲甫毫不在意，“政府和园区的扶持已经给了我们一个肩膀”。正逢北滘中小企业活动周举办，政府提供免费的展示平台，盟约·瑞迅得知后第一时间提出了参展申请，与本地制造企业进行接触，展会效果超出预期。

“基本上每天都有企业来了解情况，进行了初步的接触后，已有四五家企业表现出了合作意向，目前正在接洽。”仲甫原本预计需花上几个月或半年才能在北滘打开局面，“没想到一开门就来了”。仲甫笑着说，自己是“给三分颜色就敢开染坊”的人，他对盟约·瑞迅的发展前景充满信心。在北滘中小企业活动周上，入驻还不到两个月的盟约·瑞迅就已经贴出了招聘启示，开始招兵买马扩充实力。

○简奥设计：创意孵化需要资本力量

2010年才入驻广东工业设计城的简奥工业设计，由于其是园区第一家获得红点奖的企业，所以一直备受关注。笔者在采访简奥工业设计董事长张永昌的过程中获悉，该公司不但已经从初创阶段逐渐走向成熟，而且其触觉还延伸到了长三角地区。

研发出艺术品般的壁画抽油烟机

一年多的创业经历让张永昌体会到了创业的快意，一个个创意在自己手中化为现实，一个个项目得到了顺利的推进；但也面临困惑，创业压力重重，成长需要平台，需要政策，更需要资本的参与。

张永昌手头上正在稳步推进的一个项目正好说明了社会资本在创意孵化过程中的作用。“这是一个壁画式抽油烟机，产品采取了嵌入式设计，机体上半部分嵌入墙内，从外观上看就是一幅精美的壁画，使用时壁画的上半部分打开，抽走油烟；同时，其下排烟式设计，把机体下半部分藏在橱柜之中，节约了空间。这个设计既美观又节省空间，特别适合现代城市小户型家庭使用。”他告诉笔者，这么一个优秀的创意差点就因为没有足够的资金去支持其研发而夭折。

他介绍，这个创意是两个民间创意人的概念作品。原创人申请了专利后，在这一创意的产业化的过程中，用了两年时间花光了几十万元的积蓄，结果徒劳无功。项目在就要夭折之际，幸好得到一

简奥公司张永昌在国际红点奖颁奖典礼上

位煤商的赏识，投资了500万元支持这款产品的研发。张永昌接手这个项目的设计研发工作后，借助自己的专业素养和背后开发团队的力量，仅仅花了一个月就把全套产品的设计开发和实施方案拿了出来。眼下，这个产品马上就要投产并投放市场了。

在摸索中不断总结经验壮大自己

相比壁画式抽油烟机项目，张永昌的红点奖获奖作品并没有这么幸运，至今还停留在概念的阶段。他告诉笔者："别看这个作品只是一个免充气的救生圈，好像很简单。如果实现产业化，还要闯很多的关。例如材料的试验，每试验一种材料就要做一个模具，充气后是否达到救生圈的使用标准也要反复试验，等等，一系列研发过程都会产生开支，这不是一个创业不久的企业能够承受得起的。"他还告诉笔者，2012年的红点奖评比他申报了13个项目，其中10个项目入围，最终没有评上奖项，但公司为此就支出了4万多元；而日常的专利申请、维护处处都要花钱。所以，对于设计产业来说，政府的支持、资本的参与都是十分重要的。幸好得到了顺德政府的大力支持，他的公司才在广东工业设计城站稳了脚跟。

站稳脚跟后，张永昌的公司从接手制造企业的具体项目做起，为未来的发展积蓄力量。他告诉笔者，在接手一个大企业的项目后发现，企业财大气粗，开出的项目价格并不理想，但由于大企业在产品开发上已经形成了一整套完备的体系，他们公司从中学习到了从创意、调研到产品实施等环节的经验，这对他们的成长十分重要。同时，公司也调整了此前直接招聘大批雇员的做法，实行招聘员工和调动周边设计力量相结合的方式，这便减轻了企业负担。正是在他和他的团队一步一步的摸索之下，企业逐渐走上了正轨，其间很多的经验对于创业者，特别是工业设计企业的创业者来说，是很有借鉴价值的。

近段时间，张永昌在忙于其在常州武进工业设计园分公司的开业事宜。一个创业只有一年多的企业，步伐怎么迈得这么大呢？面对这个问题，张永昌笑着说："去常州考察时，我们和喜多俊之坐同一部车，他也问了我这个问题。我是这样思考的，珠三角和长三角是当今中国产业转型两大重点区域，而今我已经在珠三角开设了公司，但要着眼未来更大的发展，必须进入长三角，那里的转型也同样需要工业设计。布局这两个重点区域，看重的是未来。"

○喜多俊之工业设计工作室：依托设计城平台助推工作室发展

2010年8月18日，喜多俊之工业设计工作室在广东工业设计城国际设计中心正式启用。日前，喜多俊之再次来到设计城的工作室，笔者对其进行了专访，喜多俊之先生就过去的工作进行了总结，并透露了新一年的一些工作计划。

谈过去　入驻数月成果显著

“现在已是年末了，我这次过来就是为了总结一下工作室的情况，并为下一年的工作做些准备，把一些计划和工作部署好。”喜多先生告诉笔者。喜多先生最近一次来广东工业设计城是在2011年11月，第四届中国（顺德）国际工业设计创意博览会期间。时隔近两个月才来一次，会不会影响顺德这边工作室的工作开展？喜多先生表示，他的所有工作室都安装了视频聊天系统和电话，因此不管他是在日本、欧洲还是在中国，通过先进的通讯技术手段，都可以

喜多俊之(二排左三)和他的中方团队

感觉到他就在身边。“现在这边工作室的工作已进入正轨，以后来顺德的次数会更加频繁，和当地的企业会有更多的沟通交流。”

喜多先生介绍，2010年8月，工作室正式启用之后，他和顺德的一些企业进行了沟通合作，并且招了一批设计师助手。“一共招了9名设计师助手，他们在工作室启用后很快就正式投入了工作。在与企业合作方面也取得了很好的进展，目前已经和万家乐以及另外两家家具公司正式签约，还有一些正在商谈中。我们和万家乐的合作，将为他们设计一些新产品，配合企业走向国际化。”

谈入驻　种种疑虑烟消云散

谈起对广东工业设计城的一些看法和感受，喜多先生表示，“很好”。设计城里面的企业多，有一种很好的氛围；感觉到顺德和北滘政府、人民很友好，很支持工业设计的发展。

喜多先生坦言，开始时，虽然觉得顺德是有很雄厚的产业基础，但还是有点担心顺德这个地方招不到设计师，或者说没有设计师。但是没想到一切都进展得比较顺利，依托广东工业设计城的平台优势，吸引人才，工作室的设计团队很快就建立起来了，发展得也很快。他原本估计工作室正式启用后，至少要花一年甚至更长的时间去培养设计师以及与企业沟通合作。“但正式入驻4个多月，我们的设计师队伍就建立起来了，也和万家乐等企业进行了签约，这完全打消了我之前的担忧。现在我们就是要尽快做出一些成功的案例，对设计企业来说，不做出成功的案例，有再多的想法都是没有意义的。”

谈计划 加强交流合作

2012年，喜多俊之计划深入地和顺德的家电、家具企业交流合作。“企业必须设计生产独特的产品，不然没有市场竞争力。顺德乃至中国需要强大的企业，做好设计很重要。希望通过合作，把中国的产品和企业带向国际市场，走向国际化。今后我们还计划和一些日用品公司合作，扩展合作范围。”他已多次前往顺德企业实地考察，开展前期的交流沟通，发现这里的企业都有一种向上的精神，对设计的需求十分迫切，这正是双方开展合作的良好基础。喜多先生非常看好老年人医疗产品设计，希望和顺德的企业加强合作。

喜多先生透露，之前就有个计划：在工作室的会议室，开一些交流会，从日本、欧洲邀请一些设计师过来，让设计师朋友们互动交流、开阔视野。“预计3月份就会在工作室开交流会，到时带日本工业设计协会的设计师过来，让他们认识顺德，和设计城的设计师们交流经验，也可以让日本的设计师谈谈与他们成功相关的一些话题。再下一次则计划邀请意大利设计界我的朋友们过来和大家交流。”

喜多先生表示，2012年是很好的一年，他的工作室将拿出好成果，和合作企业共同前进。“广东工业设计城提供了这么好的平台，我将为工业设计城的发展尽最大的努力，也为和大家的合作尽最大的努力，尽快做出好成果！”

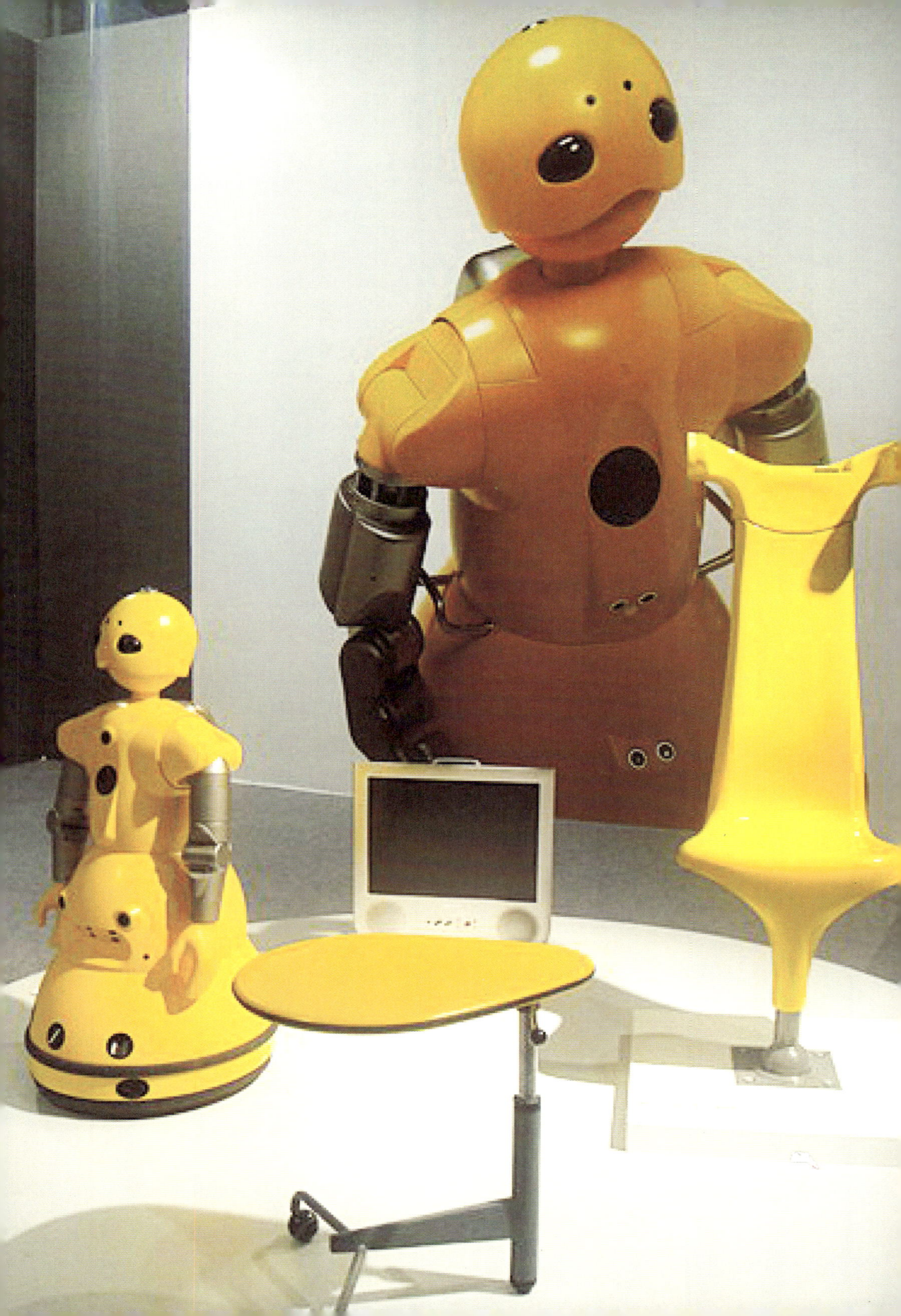

喜多俊之的顺德缘

在2010年第三届中国（顺德）国际工业设计创意博览会上，喜多俊之的设计作品给人们留下了深刻印象。在第三届工博会期间，喜多俊之与顺德结缘，并见证了广东工业设计城迅速成为中国新兴的工业设计高地。

2010年7月，喜多俊之拒绝多方邀请，与广东工业设计城签订项目合作战略框架协议，并决定在顺德设立他在华的首个工业设计机构。他希望将日本最前沿的工业设计思想带到中国，生产具有中国特色的产品，引导中国企业更好地实现国际化、品牌化。

考察工业设计情况

2011年2月底，国际著名工业设计大师喜多俊之一行到访万家乐，在万家乐公司负责人的陪同下，先后参观了万家乐技术馆、总装车间和工业设计中心，并就相关问题进行了沟通和交流。此次到访万家乐，是有针对性地考察顺德企业的工业设计发展情况。他表示，要设计出让消费者满意的工业产品，必须与本国的工业发展实际相结合，并根据各类人群的消费习惯及消费观念才能实现。

考察龙江家具

2011年6月20日，日本国宝级设计大师喜多俊之走进龙江，对龙江家具制造企业进行考察。喜多俊之参观了一些家具企业的产品展厅，细致地参观了产品，还和一些家具设计师进行了深入的交流，并对龙江的家具制造业进行了细致的了解。龙江家具制造业拥有众多企业和完善的产业链，令喜多俊之产生了极大的兴趣。他表示，这次走访也是为了寻找能进一步开发原创品牌的制造企业，让制造和设计对接。

工作室正式启用

2010年8月18日，筹建已久的喜多俊之工作室在顺德北滘正式启用。工作室由旧建筑改造而成，面积超1700平方米。喜多俊之将在这里进行在顺德以及中国地区的业务拓展，并开展中日设计人才的培训交流。喜多俊之工作室的落成启用，也预示着广东工业设计城搭建国际设计资源共享平台的进程又迈进了一大步，并为跨地域人才的培养与引进提供了一种新的模式。

和万家乐签约

2011年10月，万家乐与国际著名工业设计大师喜多俊之签署合作协议，双方将就万家乐在厨卫产品上的工业设计展开深度合作。在本次签约之前，喜多俊之先生曾两度到访万家乐，正式签约之后，万家乐将与喜多俊之联手打造一系列全新的、在国内工业设计领域具有划时代意义的厨卫产品，全面提升中国厨卫电器行业的工业设计水平。

产品亮相工博会成焦点

2011年11月，第四届中国（顺德）国际工业设计创意博览会召开，此次展会专门设置了一个老年产品设计展，各种符合老年人需求和使用习惯的产品设计吸引了相当数量的观众。在展出的产品中，由日本著名工业设计师喜多俊之设计的按摩椅成为观众争相体验的焦点。

○脉拓：立足设计城　深耕大市场

2011年3月7日，台湾脉拓公司陈瑞士先生和品牌规划总监一行到访设计城，探讨两岸工业设计界的交流合作。3月31日，脉拓设计整合有限公司已在广东工业设计城正式开业，这是进驻设计城的首家台湾设计企业。脉拓设计目前具有工业设计、品牌策略、视觉传达多方面的专业设计团队，设计作品遍布亚、欧、北美三大洲。

拥有丰富的设计经验和资源

据脉拓设计总监黄士庭介绍，其实脉拓设计工作室早在2001年就在台湾成立了，总部在台南市。脉拓的设计涉及家电、医疗、礼品、光学、茶具、音响数码、烧烤器材等领域。黄士庭觉得，设计做得好不好，有兴趣在里面。脉拓讲求人本的和谐与平衡，希望以高质量的设计与专业化的服务来打造脉拓的风格。

“脉拓有个主业为皮鞋面料加工的客户，但因市场转变毛利微薄，通过分析研究客户优势与强项状况后，我们对市场进行深刻的探讨，并拟定市场切入点与操作策略，开始规划品牌特性与文化氛围。” 黄士庭说起一件公司案例时，很是自豪。“我们在事前提出悖论来进行思想冲击，明确整体架构并设计相对应产品与视觉包装，最终规划设计的品牌与产品在米兰设计展上获得成功，不仅打入欧洲市场，还获得星巴克的合约，成功为合作伙伴渡过转型的危机，且创造出不可预估的品牌价值。”

黄士庭表示，脉拓的核心设计师都已在设计界鏖战多年，设计作品流通世界，所接触客户要求广泛、情况繁多，因此累积了很多国际上不同国情的设计资源。设计师具有国际观，思路也更活跃，具备良好的沟通能力和解决问题的能力。“希望脉拓丰富的研发经验对众多面临转型的中国企业有帮助，未来企业将不仅代工别人的设计，而且也需要开发甚至创造出自己的新产品，脉拓具备的各方面资源也将成为无形的资产。”

看中设计城的集聚效应

20世纪70年代，台湾的设计人员纷纷赴美欧日等地深造，很多从国外留学回来的设计人才在学校任教，进一步影响岛内设计界。行业和公司平时都会组织外出交流，政府也有补助，比如说去中国香港、日本、新加坡、欧美等地交流。这也造就了台湾设计思维的多姿多彩，但由于受到市场狭小的局限，台湾设计必须要往外走。黄士庭告诉记者，选择进入中国大陆，是因为大陆是巨大的市场，且目前正在大力推动企业转型升级，工业设计大有发展前景。

“走过这么多地方，广东工业设计城是最吸引我们的，设计城已经形成一种设计企业和设计人才的集聚，整个园区的设计氛围都很好。”黄士庭介绍，脉拓设计公司参加中国（顺德）国际工业设计创意博览会是从第二届开始的。2011年参加了在广东工业设计城举办的第四届工博会，看到设计城环境很不错，就萌生了进驻的念头，通过和设计城接触沟通，最后决定进驻。而顺德和北滘政府对

第五届广东工业设计活动周中美设计产业经济对话

工业设计的大力支持以及提供的平台则更坚定了脉拓进驻设计城的信心。

目前，大陆和台湾的很多设计都是追随国外的，黄士庭直言，感觉蛮可惜的。“不是说国外的不好，但是中国的设计特色在哪里？”他希望有中国特色的东西，以后能够形成中国自己的设计特色和体系。这些目标，需要两岸设计界共同努力才能尽快实现，脉拓进驻设计城为两岸业界的交流和合作提供了更多的途径和模式。

黄士庭说：“考虑到这边的人才、组织架构还不够健全，接下来我们除了从台湾和广州派遣设计人才过来外，还会大力在顺德招聘和培训设计人才，尽快建立、健全人才体系和组织架构。既然进驻顺德这边的广东工业设计城了，就要深耕。”他透露，设在广东工业设计城的公司将作为脉拓在大陆的总部来建设，未来再向全国拓展。“我们将以长远经营的心态耕耘两岸市场，往后将带来更多台湾与国外设计精英为大陆企业服务，大陆公司的设计人才也有可能到台湾公司去交流，建立设计资源库，提升效率，惠及合作伙伴。我们也将担负起企业应尽的社会责任。”

○千城设计：走差异化之路　瞄准电子商务商品

简介

佛山千城产品设计有限公司是一家致力于电子商务小产品设计、研发、制造与销售的综合性服务公司。公司位于国家工业设计与创意产业基地——广东工业设计城内，拥有产品设计、生产所需的得天独厚的区域环境。千城拥有经验丰富的设计及研发团队，骨干成员均具有10多年的产品设计工作经验，一直专注于创新性产品设计与研发，具有强大的设计和研发能力。

风采

佛山千城产品设计有限公司刚刚进驻广东工业设计城时，由于办公场地不够，当时在设计城只能租赁不到60平米的地方。虽然进驻设计城不久，但是该公司已经有研发出来的产品了，商务小礼品已经开始生产。

“我们的团队成员都是从家电企业出来的，大多数设计人员都在大企业呆过。目前团队只有七八个人，由于办公场地相对小了些，还在等待设计城新的办公场所，所以我只带几个骨干在这里办公。”千城公司总经理符井然告诉记者。

据介绍，千城公司从工业设计、产品研发、模具制造，再到工艺、品质管理等方面都有专业的人才。符井然表示，可以说是从图纸到产品，他们都可以做到。

“以前，我们这帮人在不同公司里，每天都面对着产品，但是都没有比较好的方式对产品实现创新。”符井然说，“很多时候要么是因为公司的生产习惯，要么是因为老板的命令，导致自己的创新能力不能体现。我们想发挥自己的能力和爱好，所以一群志同道合的好友走到了一起，开设了千城公司。”

据介绍，很多制造企业的老板一脸茫然，不知道做什么才好，千城想做一些尝试性的创新。千城现在做的是自己研发、自己投资、自己销售产品。

符井然觉得，一方面是工厂，另一方面是工业设计公司，对设计都有一些困惑。“设计公司也陷入了一个怪圈，很多时候设计出来的东西只能叫新款，不能叫创新。而新款式是不能提升产品的结构和品质的，慢慢地也会变成生产流水线。”

“公司的定位不单是工业设计，更多的应该是产品研发技术中心，产品则定位在电子商务这一块。”符井然分析，现在电子商务普遍被看好，但目前很多企业都在做电子商务的渠道。“我们通过研究发现，并不是所有的产品都可以作为电子商务产品的。我们决定研发生产衣食住行方面的小产品，一些给人感觉比较温馨的东西。千城之所以这样做，是形势所迫，也是为了和园区其他企业区别，走差异化路线。”

符井然表示：“我喜欢自由，设计城园区也有这种氛围，还有浓厚的学术氛围，大家心里就觉得在园区有发展前途。”他觉得，现在很多人都说经济危机有很多机会，可以闯一闯，但前提是必须了解危机在哪里，只有这样，才能有机会。“只看到机会，而没能看清背后的危险，渡不过目前的危机，那又何来机会啊？”

据悉，千城公司采取的合作模式有很多种，除了主要靠自己投资研发，让制造企业生产，最后自己销售产品外，对于外面一些较大的项目，也会根据团队的实力，适当地接一些其他企业的项目来做。

○古今设计：关注设计“软服务”

“省长杯”设计方案提交时间就要截止了，设计企业又准备得怎么样了呢？“我们做了七八个方案准备提交，还是以家电为主，我们也在探讨什么是‘新广货’，现在整个市场格局都在改变，我觉得‘新广货’的命题值得思考。”古今工业设计有限公司总经理老柏强在接受采访时表示，设计企业要关注这个命题。

近年来，各地的制造业都在崛起。“随着部分广东制造企业的外迁，在这种情况下，即制造业外迁后，广东还能留下什么？”老柏强提出思考，古今公司在积极参与“省长杯”的同时，也在思考这个问题。“广货是否还是以硬产品（实体产品）的形式出现呢？

我认为一些软件、软服务的产品也可以作为广货的内容和形象。"

"在一些地方，某区域内的所有东西可能都会被推倒重来，也许思路是对的，因为在白纸上画图更容易。但问题是留下的空白该放些、画些什么东西来填补，这才是问题的关键。"老柏强说，这就是他思考"新广货"该赋予什么新内涵的原因。

目前的经济形势下，制造企业面临很大的问题，就是营销格局的改变。传统市场和电子商务在发生着巨大的改变。"以后家电应该是重设计、重营销的，以前重生产、重规模的路子越来越难走了，设计和电商是家电行业突围的重要途径之一"。

"从制造企业面临的问题，回到设计企业。现在的环境是，有的设计公司的订单多到做不完，不愿意接了，有的则是无米下锅。设计公司面临两难，从生存的角度来说，单兵作战，受产业环境影响很大。"老柏强分析，大家的出路就是通过开发新产品，无奈设计公司虽有一定的知识架构，但没有掌握足够的资源；制造企业掌握资源，但是对设计不感兴趣。

老柏强提出，现在很多制造企业产能过剩，不少生产设备都闲置，设计公司要是能充分利用这种资源，应该能够激发出更大的活力。"设计公司要向上游发展，如目前制造企业、设计企业最缺乏的策划，需要综合型的人才。设计企业应该考虑提供更高层次的服务。"

前段时间，古今设计公司的设计人员跟随设计城组织的考察团去了福建晋江，发现那里的企业非常注重品牌的建设。"不仅仅是展厅，品牌的故事、内涵等到处都有体现出来，这么强的品牌意识，自然而然就把品牌延伸到了产品上。”

“广东的企业家看中的是实体，投资进去了，就要看到实实在在的东西，他们舍不得将钱投在品牌等软实力方面的建设。”

古今设计公司

○A-ONE：突出新颖和原创　致力打造产学研平台

简介

佛山市顺德区艾万创新设计学研中心（以下简称A-ONE学研中心），是由清华大学美术学院、中央美术学院设计学院、中国美术学院设计学院、广州美术学院设计学院四所中国最有影响力的工业设计教育院校合力打造的产学研基地。该中心旨在为四所院校产品设计专业方向的教授、导师、硕博研究生提供一个整合研究课题、共享研究经验、深度原理型研发，使设计产品化、孵化原创型产品的平台。

A-ONE学研中心工作室

风采

A-ONE学研中心于2009年进驻广东工业设计城。该中心办公室主任邵继华介绍："A-ONE研究方向区别于园区内的其他设计企业，更突出创新、原创。致力于设计实践研究，探索真正源自中国文化的具有自主知识产权的原创性产品设计研发思想与方法。"目的是将基于"设计研究"而孵化出的科研项目成果转化为社会与经济价值，推进设计产品化，逐步推广"A-ONE"设计品牌，与企业合作坚持原创、长期、研究型的合作模式。

入驻设计城三年多来，A-ONE学研中心已有很多的研发成果。在第五届"省长杯"工业设计大赛上荣获一等奖的健康办公椅就是其中之一。这款健康办公椅的设计结合热力学、压力学、材料学、机械学等应用技术，并融入了医学知识、生理知识、人文知识。人就坐后，会使得脊柱尽量接近于正常的自然状态，保持躯干后倾与座椅水平面大约成115°，以减少腰椎和腰背部肌肉的负荷。

"国内并没建立办公椅的相关标准，人们往往忽略了办公椅的健康性要求，只是简单地追求舒适。而不合理的座椅设计，往往造成一些病痛的发生。"邵继华告诉笔者，A-ONE学研中心研发的健康办公椅就是针对这种情况设计的，让人坐得最舒适，还能防病痛。"目前，我们和中山的一家家具生产企业合作，这款办公椅已经进行量产。"

A-ONE学研中心的另一备受关注的产品——现代明式椅，也将进入量产，正式推向市场。邵继华透露："目前已经有多家家具厂商和我们洽谈合作，中心正在审慎选择最合适的合作厂家。"

据悉，目前市面上的很多豆浆机制出来的豆浆蛋白质含量只有百分之十几。A-ONE学研中心研究的一款豆浆机研磨出来的豆浆蛋白质含量高达26%，还可自动实现浆渣分离，无需过滤，而传统的豆浆机很麻烦，需要通过设备过滤掉豆渣。“浆渣分离豆浆机是根据研磨原理开发出来的，之前我们和东菱集团合作，利用该原理生产了榨汁机，销往海外市场。该款豆浆机主要针对国内市场，早前，中国家电研究院把我们中心最新研究的豆浆机拿去测试研究，作为制定此类豆浆机生产标准的参考。”

目前，A-ONE学研中心正在进行着厨房、橱柜的研究。邵继华表示，原来的橱柜大部分都是欧式风格的，不符合中国人的厨房工作方式和习惯，如餐具的不同，对橱柜的要求也不同。A-ONE通过研究中国人的习惯，致力研发符合中国人家庭的厨房设施和橱柜。“每分钟抽油烟机排掉多少油烟、厨房大小等因素我们在研究时都要考虑，尽可能给国人一个舒适的厨房环境。”

邵继华介绍，中国人的厨房南北方也有很大的不同，A-ONE学研中心希望找不同的家庭主妇在同一个厨房做饭、洗菜、切菜、炒菜、清洗，通过大量的试验，观察她们需要多大的空间，考虑灶台、洗碗池等如何设计才能节省主妇的工作时间。A-ONE学研中心接下来还要研究无障碍厨房，也准备进军卫浴产品。

创意分享

燃气热水器（东方麦田）

针对电子商务的燃气热水器设计，补充万家乐线上产品的缺失，以80后90后的消费人群为销售重点，产品设计以“简约·细节”的设计风格，进行深化设计。

1.简洁形态，以文字、色彩、丝印为设计元素，体现产品的素雅。（设计风格）

2.外观设计围绕“简约·细节”的思路，通过不等距圆角的变化，使产品整体更有亲和力，饱满而不笨俗，在材质的表现上更为突显。（外观造型）

3.面板材料采用新型珍珠白覆膜板，区别于拉丝覆膜板，整体效果家居化，同时符合风格定位。面板上的珍珠粉使材料更有质

燃气热水器

感。（面板材料）

4.Simple·life：简单生活。丝印细节装饰，简单而丰富，体现设计主题“简约·细节”。（丝印内涵）

5.产品的动态显示到静态原生化显示效果的转变，显示效果更加简洁。（显示控制）

KINGDOM 系列豆浆机（宏翼设计）

豆浆机的本质是用于食物的研磨与蒸煮。设计师通过抽象外观文化设计赋予产品灵魂和内涵，使得食物的加工不再是枯燥的家务劳动，而是一种品质感的宣泄。

该系列产品共有5款。“将军”型号从头盔中抽象而出，从硬朗而有力度的线条可感受到将军征战的霸气与神勇；“国王”顶部造型取自中国古代帝王配戴的发簪元素，皇族的高贵与王者气质以围贯的装饰线条淋漓呈现；“皇后”则采用端庄的造型，融入飘逸的

KINGDOM 系列豆浆机

装饰线条，塑造了产品雍容华贵的高雅品质；“公主”是通过柔美的线条描绘出灵动而活泼的性格，整体造型秀丽而典雅，又传递出贵族特有的气质；“小王子”采用饱满而流畅的线条诠释，以表现清秀俊朗、聪颖伶俐的特征。由于提供同类产品所没有的尊贵与典雅感，赋予了豆浆机功能之外的特质，该系列产品在市场上的热销已经验证了设计理念的独到之处。

老年手机（嘉兰图）

随着全球逐渐步入老龄化社会，约有90%的老年人对现有的老年消费品感到不满意。从老年手机的推出中，就可看到老年消费品市场暗藏的商机，也可看出设计师带有人文关怀的设计理念。

嘉兰图设计的老年手机已有三代产品。小巧的手机看起来样子有些特别，柔和的橙色屏幕灯、一触即泛红的按键灯、超大的屏幕、超大字体、超大音量、一键助听、一键求助、一键拨通亲情号、远程定位功能等每一处设计细节都是人文关怀的具体体现，饱含了设计师的情感，很好地诠释了“这是一个有生命的伴侣，而不是一个冷冰冰的通讯工具”的设计理念。CP09和CP10两款老人手机都曾摘得“2010年度IF产品设计大奖”。

健康办公椅（A-ONE）

在日常工作生活中，办公椅的应用极其广泛，很多人几乎天天都和它打交道。由于国内并没建立办公椅的相关标准，人们往往忽略了办公椅的健康性要求，只是简单地追求舒适。而不合理的座椅设计，往往容易造成腰椎间盘突出、颈椎病等病痛的发生。

A-ONE学研中心设计的这款健康办公椅，很好地体现了设计师对人的细致关怀。座椅的设计结合热力学、压力学、材料学、机械学等应用技术，并融入了医学知识、生理知识、人文知识。玻璃纤维的材质弹性系数比较稳定，耐候性好，没有热胀冷缩，且能抗疲劳。在人就坐前，玻纤弹片已经赋予一定的压力，这样就不会使人就座时感到猛烈下沉。整个办公椅的研发历时两年零九个月，在第五届“省长杯”工业设计大赛上荣获一等奖。

健康办公椅

旋压式洗衣机 （六维空间）

这款洗衣机专为广东农村用户而研发设计。由于农民朋友的衣物中常常带有泥土、沙子等固体污物，而常规的波轮或滚筒洗衣机清除泥沙和排除泥沙的能力很弱。这也是众多农村家庭不愿购买洗衣机的重要原因之一。旋压式洗衣机就成功解决了这一难题，其清洗原理完全仿照农村传统的棒打、手搓等洗衣方式。事实证明，这两种方式可以高效地清除衣物表面的泥沙和生活污渍。

在内部结构设计上，旋压式洗衣机的活塞表面有突起的“筋”，这样和内筒相对旋转时，会对衣物产生手搓效果。内缸、外缸的下部立面则设计成斜面，有利于衣物翻动和排除泥沙。底部截面设计成漏斗型，方便在重力和水流冲洗作用下顺利排除泥沙。在功能设置上，设计者还减少了农村用户使用不上的洗涤功能，整个面板设计显得十分简洁，方便农民朋友实现“傻瓜式”的自动化操作。

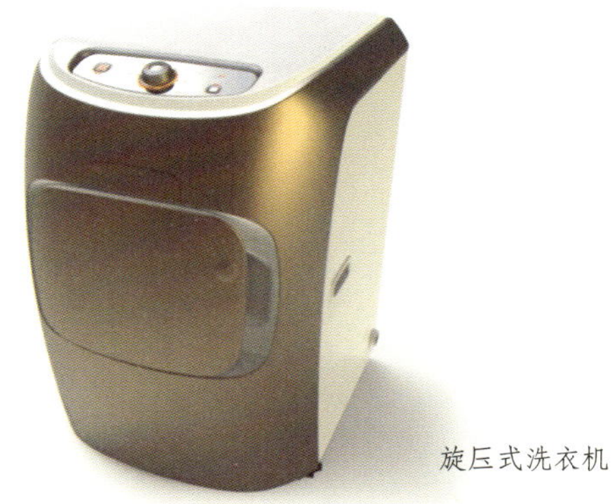

旋压式洗衣机

甘蔗果蔬榨汁机 （宏翼设计）

甘蔗汁多味甜，营养丰富，素有“秋日甘蔗赛过参”之说。对于喜欢它的人来说，吃甘蔗却是个辛苦活。甘蔗皮坚硬粗糙，十分容易刺破口腔，引发溃疡。甘蔗榨汁机的诞生，可以彻底帮你免除这一烦恼。

不同于传统甘蔗榨汁机的粗大笨重， 宏翼的这款产品设计十分时尚小巧，适合家用，产品荣获8项专利，是果蔬多用的榨汁机。在设计上采用独特的刀盘设计，可确保榨出每一滴甘蔗汁。更令人称奇的是，这款榨汁机榨甘蔗时无需削皮，榨出来的汁水同样干净卫生。

甘蔗果蔬榨汁机

旋转咖啡机（顺领设计）

旋转咖啡机的设计，无论从外观上还是功能上都有新的突破。使用时，首先顶部玻璃水箱的水会加热并保持在93℃。当达到这个温度的时候，电子阀门就会自动打开，使热水流到滤网上。这时电动机开始启动，带动滤网开始做间歇性旋转。热水通过间歇性离心力，全力与咖啡粉接触，吸引其中的精华，之后咖啡就会流到底部的玻璃咖啡杯里面。在保温盘的作用下，冲泡好的咖啡会时刻保持在88℃，以保证美味可口。

在短短的3分钟内，旋转咖啡机一次可泡制出8杯香浓咖啡。滤网的离心式旋转设计，也将最大限度地溶解咖啡粉末，减少残留，使用后的清洗十分容易。

旋转咖啡机

家用小型榨油机（潜龙设计）

在日常生活中，煎、炒、烹、炸样样都离不开食用油。而频频曝光的地沟油、劣质油事件，又让人们对食用油的安全心生担忧。

潜龙设计的这款小型榨油机，是在商用榨油机的结构上进行了改良优化，使之更轻便、小巧，可满足家庭消费的需求。

榨油机在运转时，处理好的花生等油料会从料斗进入榨膛，由榨螺旋转使料胚不断向里推进，进行压榨，榨出的油会从圆排缝隙和条排缝隙中流出，油渣由出渣口排出。虽然内部结构较为复杂，但用户操作界面却十分简洁，一目了然。

100 克的花生料预计出油率在40%左右，十分符合当前家庭少用油、用好油的健康饮食理念。

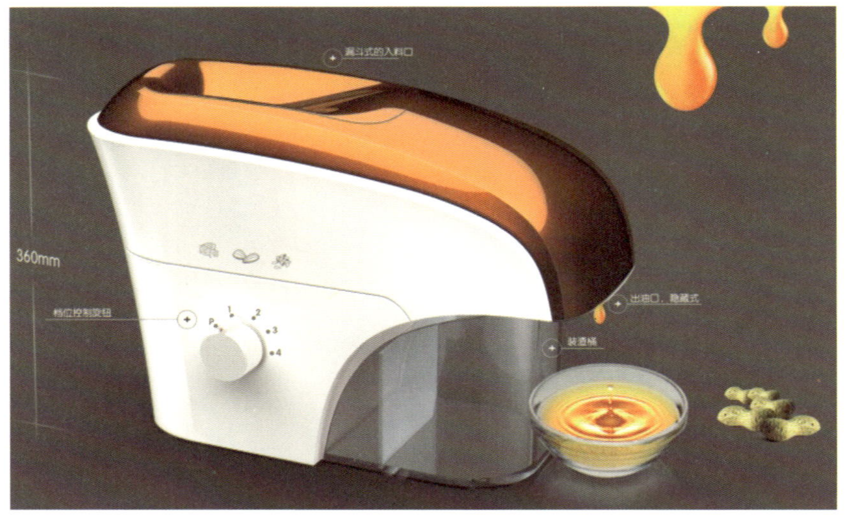

家用小型榨油机

室内气氛灯 （中世纵横设计）

赠送礼物较失败的一个体现是，接受馈赠的宾客在使用礼物时再也想不起是谁送的了。这款礼品灯采用“滘”字造型设计，地域文化特征明显，很好地强调了唯一性。产品融入LED技术和声控技术，通过周边环境声音的变化来控制灯光的颜色，会依次显现7种不同颜色，增添室内生活情趣。

室内气氛灯

自动售饭机 （古今设计）

自动售饭机是快餐文化的衍生物，也是这个快节奏社会未来发展的一个趋势。它为展会、写字楼、公园、车站、机场、地铁等吃饭不便的地方提供快速方便的解决办法。

自动售饭机提供健康饮食，内置冷藏、微波炉加热，在确保食物安全的同时又能快速加热食物。所售的饭均通过专门的营养搭配，吃得营养健康。

自动售饭机外观以简约、方中带圆的设计为主；打破传统自动售卖机平直化设计。出饭口位置以吧台式设计，方便人们取饭。橘黄色的色彩搭配具有视觉的吸引，又传达出健康活力的信息。触摸式操作界面、语音提示功能提供一种更简单、快速的操作方式。

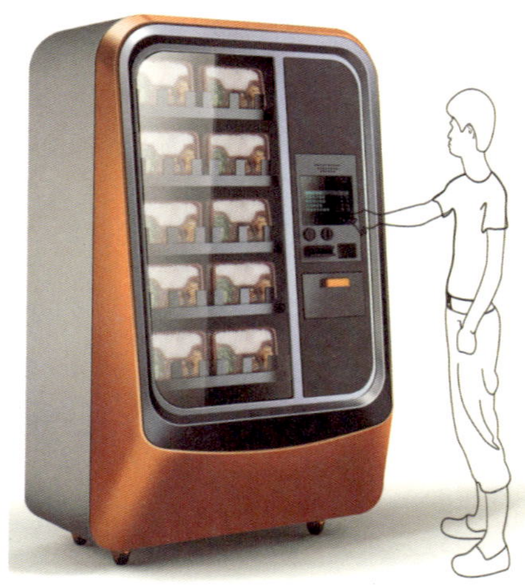

自动售饭机

没有拉环的易拉罐（简奥设计）

一款没有拉环的易拉罐，获得了被誉为工业设计“奥斯卡”的红点大奖。评委在点评该设计时指出，其人性化设计可能颠覆现今的易拉罐产业。设计极尽简约，有极好的工业化应用前景。

据悉，获得该大奖的是顺德的一家工业设计公司，就位于广东工业设计城内。设计的主创者接触过易拉罐使用的几单案例，有人拉动拉环时不慎割破了手指，有人因罐口被老鼠爬过而中毒。再者，打开拉环后，易拉罐内的液体不易储存、容易溅洒。此外，传统易拉罐的回收流程非常复杂。

据简奥工业设计董事长张永昌介绍，这些案例，激发了设计师要设计一款更为科学、更为实用的易拉罐的想法。经过反复的推敲，才形成了最终的概念设计。该设计的最大特点是没有拉环。

一位业内人士评价说，该设计技术含量不高，却精准地切入了市场，可谓是“尖刀设计”。那么，这种新式易拉罐到底有怎样的

没有拉环的易拉罐

产业前景呢?

张永昌分析说，2011年，加多宝公司易拉罐凉茶的销售收入接近200亿元，据此估算，销量应该超过50亿罐。此外，珠江啤酒、健力宝等公司也是易拉罐的消费大户。如果该产品能向全国推广，应用前景更是难以估算。

张永昌还介绍说，红点奖的评委是出了名的苛刻，正因为在设计时预设了工业化生产的前提条件，才得以进入评委的“法眼”。产品设计出来，就是为了有益于生活，如有企业愿意与他合作，他将持一种开放式的态度。

简奥工业设计成立不久，就将顺德首个红点大奖收入囊中。本次的易拉罐设计，已经是该公司的二度折桂。

健康速热水壶（六维空间）

在使用普通饮水机和电热水壶时，你是否有过这样的感受？一是热水等候时间过长，每次需要4~10分钟；二是整壶的开水一次没用完的话就十分浪费，只能下次继续反复加热。

六维空间提出的这款健康速热水壶概念设计，很好地解决了这些难题。水壶采用水箱与加热室的分离设计，使得水与发热盘接触面积最大，从而提高电的加热效能，每次烧水的时间仅为20~40秒，很好地适应了越来越快的生活节奏需求。同时，用户可以通过水量控制键调整烧水量，实现要喝多少就烧多少的产品功能，既不浪费电能和水，又规避了反复加热，确保每次都能喝到新鲜健康的开水。

水壶的面板还内置了绚丽灯光。根据烧水的程度，灯光会逐渐照亮整个面板，不仅美观大方，而且使人直观地了解烧水工作情况，让烧开水这种平淡无奇的家务事变成一种赏心悦目的体验。

健康速热水壶

第六章

群像 Group

他们是谁?
他们洞识规律
勇于探索未来
并且推动发展

风云际会，群贤毕至。

广东工业设计城就像一块巨大的磁铁，不管是身居高位的领导、政要，还是远在海外的设计大师；不管是成名成家的业界大腕，还是初生牛犊不怕虎的青年后生，都纷纷聚集到这里来。

他们或高谈阔论。中国设计界的泰斗柳冠中发出了这样的疑问：“中国工业设计的春天还远吗？”日本“国宝级”设计大师喜多俊之告诉年轻设计师“灵感枯竭了，不妨睡几天懒觉。”在这里，他们为设计产业的发展指点方向、建言献策。

他们或默默耕耘。第七届中国设计业十大杰出青年尹晓丽在这里用“笔头”思考；创业者李快水、唐宇前用汗水浇灌理想，要把自己的公司发展成为世界范围内广受尊敬的设计公司。

设计城里，不同的设计人，各自演绎着自己不同的设计之梦。

声音

○胡启志：设计是产业与城市的空气

产业、文化、城市化都离不开设计

正如梁维东书记所说，今天的顺德比以往任何时候都更需要设计。设计是产业与城市的空气，离开了设计，顺德将难以呼吸。因为顺德进入了工业化的中后期，客观上需要设计作为先导性行业去引领顺德产业的转型升级，同时，建设“品质生活之城”更需要设计，通过设计将历史与现代、文化与自然和谐交融，创造出顺德独特的城市魅力。设计就像是无孔不入的空气一样。渗进了顺德人的生活；它塑造了顺德的城市面貌，影响了顺德企业的命运、改变了顺德产业的结构。顺德“打造现代产业之都、建设品质生活之城”，设计应该成为一种战略选择。

设计是顺德打造现代产业之都的重要引擎。德国制造、日本制造等世界级制造的发展历程和经验告诉我们，提升制造业的价值创造能力主要途径有三个：一是科技的进步；二是工业设计水平的提高；三是产业文化塑造。参照西方发达国家的经验，结合自身的实际，顺德可以通过推进“产业设计化”，充分运用工业设计的知识和方法，提高制造业价值创造能力。

设计是顺德实施“文化强区”战略的重要支撑。设计是一种文化，顺德建设岭南文化名城、实施文化强区战略，不仅要发展文化产业，更需要重塑顺德的“产业文化”，使之满足顺德产业转型升级的需要。顺德制造经过30年的发展之后，其产业规模所形成的“硬实力”，客观上需要类似于欧洲文艺复兴运动的‘文化强区”战略，通过设计来完成顺德制造“软实力”的崛起，使顺德制造脱胎换骨，成为“世界级制造”，真正培育出世界级的知名品牌。

设计还是顺德建设“品质生活之城”的重要推手。以前设计是在企业进行的，企业发展设计可以得到客户的认同，使企业更加具有竞争力。如果把设计运用到区域层面上， 那可以用来关怀市民，进行城市的认同和城市身份的识别，改善城市的生活方式。设计一旦成为区政府的一个议题，通过设计可以提高市民的幸福指数，体现出一个区域发展的竞争力。广东工业设计城的建设就是这样的一种实践。北滘的实践对建设“幸福顺德”，乃至建设“幸福广东”都将产生深远的影响。

2011年，顺德将规划建设“一河两岸”。坐落于德胜河岸的顺德糖厂旧址就是一个很好的文化载体，通过设计将其改造成一个主题公园，赋予它新的生命，使之成为老一代的记忆、新一代的认知和艺术家朝圣的地方。这种用设计将顺德近代工业文明定格下来，赋予新的时代精神，将成为顺德这座城市的骄傲！

“省长杯”凸显工业设计重要地位

省委省政府高度重视工业设计，从时任省委书记汪洋2009年第一次到顺德调研，去的第一站是北滘一家名不经传的工业设计公司，而不是去区委区政府，也不是去像美的这样的大企业就可见一斑。

汪洋书记重视工业设计还体现在这几年对工业设计的批示达20多次。2009年以前，我国工业设计师没有职称这种名分，汪洋书记亲自到北京人力资源和社会保障部提出以广东作为全国开展工业设计师职称评定工作试点。最终，在他的关心下，广东省在全国率先构建起工业设计师职业资格评价体系。

省政府每两年召开一次广东经济发展国际咨询会，每一次会议都有超过10个国家、20多位洋顾问参加。他们都从全球的视野和专业的视角对广东的可持续发展提出了许多很有价值的观点和建设性很强的建议，其中涉及工业设计的都得到了省政府的采纳。例如，2009年欧特克公司总裁提出了建立“广东设计中心”，统筹广东工业设计发展的建议，被省政府采纳。

早在2003年，ABB总裁等顾问提出了“推进广东企业经营转向最具竞争优势的环节”，那么，哪些环节是最具竞争优势呢？是研发？是营销？还是品牌？在2005年，诺基亚总裁提出“设计是最具增值的环节”，建议广东省从“广东制造”转向“广东设计制造”。省政府采纳了这条建议并制订工作方案，确立了“设计强省”的发展战略，我省就开始发力工业设计。

工业设计上升为省委省政府战略层面的工作，也体现在省委十届八次全会上，时任省长黄华华在部署2011年全省工作时，把工业设计提升到前所未有的高度而成为一大亮点。他说，“要突出发展工业设计，打造粤港设计走廊，促进专业镇的产业转型升级”。省委省政府已出台《广东省工业设计“十二五”发展规划》和《推动广东工业设计发展的意见》，并设立广东设计中心来给力广东工业设计。

工业设计在顺德先行一步

这几年，工业设计在顺德先行一步，发展处于全省、全国的前列。回顾过去几年，顺德在工业设计方面的重大活动都能够看到区委书记、区长的身影。正是由于顺德区委区政府的重视，顺德单独设立工业设计政府部门，成为全省首创。还出台多项设计扶持政策，在设计职业教育上，顺德职业技术学院的设计专业也办得有声有色。

同时，顺德在设计产业化方面进步也很大，集聚设计资源使设计变成一个产业，广东工业设计城就是这种模式而且发展得很好。在产业设计化方面，企业运用设计提升附加值的能力和水平也在不断提高，涌现出美的、东菱、万家乐等一批以工业设计为核心优势的广东省工业设计示范企业。

不仅如此，以工业设计带动城市化效应也越来越明显，北滘的广东工业设计城就是将设计与城市化发展相结合，走出了一条“魅力小镇”的独特的新型工业化、城市化发展实践道路。

以国际化战略眼光发展设计

2009年，汪洋书记第一次来顺德调研的第一站是一家只有10多人的青鸟设计公司，他认为设计对于顺德产业、城市化发展的推动作用相当重要。顺德提出来发展工业设计的路子走对了，但还要继续解放思想，并以国际视野来规划工业设计。现在有一些人还存在一些思想认识上的误区：一提构建现代产业体系，必提战略新兴产业，其实传统优势产业的升级也有很大的空间。如何提升，就是靠设计手段。二是很多企业对工业设计的理解仅仅停留于外观设计这种肤浅的层面：一个工业设计，除了外观设计（外观专利），还包含功能设计（实用新型）、原理创新（发明专利）、商业模式设计（商业模式的保护），并可以更进一步挖掘文化的价值，形成产品的核心竞争力。

另外，举办工博会，建设广东工业设计城，对于顺德产业发展来说，这不是财政负担，而是对未来产业的投资。设计占GDP的比重可以忽略不计，但是它对产业的撬动作用是巨大的。美国工业设计协会测算，1美元的工业设计投入，就带来50美元的回报。公司1美元的设计投入会产生2500美元的销售增长。

顺德还要以国际化的战略眼光来发展工业设计。以韩国首尔为例，首尔市政府把设计选择作为首尔发展的道路，首尔从一片废墟变成世界级城市只花了40年。首尔将设计提高到政府管理层面，设立首尔设计中心和首尔设计基金会，其将设计融入产业、文化、城市化发展的道路值得顺德借鉴。

顺德未来构建现代产业体系中，如何充分发挥工业设计的作用，还需要有一个有作为的政府给予强有力的推动。这具体可以从战略、机制、环境三方面着手。要推进“设计产业化、产业设计化、设计城市化”三化战略，形成“科技创新、设计创新、品牌建设”三大机制，将政策、产业、教育、资本、文化多方面相互融合，通过这些土壤，营造出一个良好的工业设计生态环境。

“设计决定一切，让我们一起来设计顺德吧！”

○李德志：项目带动是粤港合作的最好形式

香港理工大学设计学院院长、设计城粤港创新中心负责人李德志教授

“工业设计产业的粤港合作是大势所趋，但关键还是要拿出案例来。成功案例的示范作用是很强大的，将成为粤港合作的一个推动器。”日前，香港理工大学设计学院院长李德志谈粤港合作时表示，项目带动是粤港合作的最好形式。

粤港合作大势所趋

李德志表示，2010年4月，广东省省长黄华华与香港特别行政区行政长官曾荫权在京签署了《粤港合作框架协议》，这在政府层面、政策层面为粤港合作的加速提供了强大的支撑。同时，国内的市场十分广阔，机遇很大，对于香港的创意设计产业来说十分具有吸引力。“香港既和国际接轨，又和广东文化同源，双方合作既无隔阂又有新元素的碰撞。建立一个合作核心区域，这将既能作为广东工业设计产业远眺国际动态的桥头堡，也能成为国际企业进入国内市场的跳板，并作为激活香港、深圳、东莞、中山、顺德等粤港工业设计走廊各个节点的产业兴奋点。”

只有案例才有说服力

李德志表示：“粤港合作虽然是大势所趋，但必须有案例，案例才有说服力。”他分析，美国产业转移有三拨，首先是OEM的转移，把加工环节外判；接着是服务业的专业性，就如现在美国的律师业，很多关键环节是由美国律师自己操刀，其他程序性的就外判到了法律服务收费低得多的印度；而今产品设计的转移日渐成为趋势。2011年4月，粤港产业创新设计中心与英国一家大型机构就某个合作项目洽谈成功。这个合作项目，正是中心利用直面美国消费需求优势，对接国内制造之源的一次探索。

李德志说：“工业设计合作，不是设计师与设计师的合作，而是设计师与产业的合作，是项实践性很强的课题。所以必须通过项目的带动，从实践中聚合制造资源和设计资源，形成产业氛围，探索合作的模式。同时，发挥合作的示范效应，促动制造业界更加深入、广泛地认识工业设计，让制造业推动工业设计的发展。”

妙语连珠

设计师只是产业的一个组成部分，他是不能独立生存的。最终还是要老板认同，设计师才有饭吃。所以老板懂设计很关键。

很多内地学生的水平不比国际水平差，但他们心里有好的想法却不愿意说出来，不愿意跟人交流，这是一个遗憾的地方。好的东西通过交流才会升华，所以这些学生应该多向西方国家的学生学习，多交流思想。

设计师有很多层次。做OEM的设计师，懂些简单的设计即可；做品牌的设计师，则需要懂得产品的策略设计。好的设计师都是研究市场的高手，设计教育需要补上这一课。

要促进工业设计产业的发展，不但要设计产业形成聚合，而且需要商业、品牌、媒体、金融、培训等的融合。为此，粤港产业创新设计中心包含了科研、培训、合作孵化公司三个部分。

设计单靠科技是不够的，核心是人的需求。必须以人的需求为导向，设计才能获得成功。

○林笑跃：应重视设计署名权

在2011年的4月26日“世界知识产权日”上，国家知识产权局专利局外观设计审查部部长林笑跃在顺德呼吁，发展工业设计要高度重视知识产权的保护，设计企业和设计师要壮大还需重视设计署名权。

要防止看得见的智慧被抄袭

4月26日是“世界知识产权日”，世界知识产权组织把2011年的主题定为“设计未来”，希望唤醒人们对工业设计的重视，用其实现人类未来的理想和愿望。根据这一主题，顺德区经济促进局在广东工业设计城举行工业设计与知识产权保护研讨会，邀请国家知识产权局专利局外观设计审查部部长林笑跃与美的、万家乐等企业就工业设计的知识产权保护进行研讨。

据介绍，这几年，工业品外观专利的国际申请量自2008年国际金融危机以来一直呈上涨趋势，申请量大幅增长30%。这在林笑跃看来，表明了整个世界都开始重视设计专利的知识产权保护。

林笑跃说，工业设计作为看得见的智慧，很容易被抄袭或者复制，企业创新能力首先要转化为知识产权，才能成为企业的软性资产。“如果没有保护很难保证行业健康发展，所以我觉得作为一个企业、一个区，从设计的开始到市场运用都要有一个战略构想。”

设计企业和设计师要重视设计署名权

同时，困惑也普遍存在于企业中。研讨会上，万家乐工业设计管理人员朱瑾认为，企业工业设计知识产权保护的意识亟待加强。

据悉，由于设计企业知识产权保护意识一般比较薄弱，设计师将设计作品卖给大企业使用之后，往往没有署上自己的名字，大企业为表明自己的设计实力，也乐于用自己的名义去申请专利保护。

“这种态势长期发展下去将不利于国内设计大师和设计品牌的培育。”林笑跃表示，根据相关法律，发明的权利是不可转让的，设计企业可以出售使用权，但署名权一定要归自己。他同时以国外一个时尚汽车设计品牌为例，尽管该公司的设计团队没有直接从事生产制造，但每设计出一款新型汽车，都要署上自己团队的名字，逐渐积累就成为了一个知名的设计品牌。

林笑跃建议国内包括顺德设计园区在发展工业设计时也应该高度重视这一细节，进行设计专利的知识产权保护。记者了解到，广

工业设计与知识产权保护研讨会

东工业设计城在过去一年的专利申请量已从原来的200多件上升为450多件，整整翻了一倍。

对此，顺德区经促局副局长郭步强透露，顺德将引入专业的机构服务企业。“我们会引进更好的代理机构，与企业的需求进行一对一的服务，更加从知识产权战略的角度，不仅是简单的维权，也是与企业的研发、发展紧紧结合起来，促进专利申请质量提高。”郭步强说。

○柳冠中：中国工业设计的春天还远吗

柳冠中又一次来到了顺德北滘。毫无疑问，这位清华大学美术学院工业设计系教授此行依旧与中国工业设计的发展密切相关。

日前，在广东工业设计城内，柳冠中教授接受笔者专访。面对全国工业设计园区如雨后春笋般蓬勃发展的大好形势，一直为中国工业设计发展不懈努力的柳冠中对未来前景充满期盼，同时却也保持着学者特有的那份冷静：“中国工业设计的春风有了，春天还远吗?”

政府：培育设计发展的土壤

这次北滘之行，柳冠中是带着学术项目来的。他正在着手建立中国工业设计发展指标体系，而此前国家统计局从未有过关于中国工业设计企业的详细数据发布。广东工业设计城是当前全国工业设计产业园区翘楚，也是他所选的项目试点区域。

柳冠中将这个项目比喻为培育中国工业设计发展的土壤基质。他认为，工业设计的发展不是设计企业的简单集聚，而必须配套交易平台、融资平台、知识产权保护、共性技术研发等公共服务平台的建设，互相影响发酵，形成创新的产业环境，否则只是“涂脂抹粉”“穿衣戴帽”而已，根本没有触及长远发展的实质。

“不注重基础，不培育土壤，不彻底改变发展方式，中国的工业设计永远都会落在别人后面。”在柳冠中看来，这也正是当前国家和政府大力推进工业设计发展所必须做的事。依据韩国、日本等设计兴国的成功经验，工业设计的发展都是政府引导推进的。

柳冠中打了一个比方，企业家相当于子女，政府相当于父母。政府纳税收钱，就应该负责培育孩子成材，为他们提供良好的成长环境，而这往往需要五年、十年甚至更长的时间。企业都是追逐利润的，而设计是有风险的，单靠市场机制肯定不行，还需要政府来进行引导。

柳冠中教授近年致力于呼吁改善工业设计发展的“土壤”，并身体力行在设计城投身于实践

企业：融入创新的机制

国内企业对工业设计的认知误区，同样是横在中国制造与中国设计之间的一条鸿沟。一个普遍现象是，企业的老板去国外买了模具回来第二天就可以赚钱；而让他设计一个新东西，稍微有一点改动就说做不了，顶多是外观或者简单的结构改动。

“三十年改革开放培育的只是一支加工队伍，说我们是制造型国家是夸奖我们，其实只是加工型。”柳冠中对中国企业的发展现状充满担忧，因为大部分企业都是充当外国企业生产车间的角色，毫无创造性可言，一个农民工进城两三天就可以熟悉一份工作。

柳冠中认为问题症结在于，企业太注重市场而忽略了创新，结果反而丢掉了核心竞争力。在一个企业中，销售总监的地位远远高于设计总监，这其实是不正常的。中国企业要突破这种发展瓶颈，必须注重创新设计，在企业理念中融入创新的机制。而这个过程要一步步实践出来，因为设计的下一步有可能是误区，有可能是陷阱，但企业一定要敢于迈出这一步。

人才：在实践过程中磨炼

1984年，柳冠中创立了中国高校的第一个“工业设计系”。近30年来，他见证了工业设计高等教育的蓬勃发展，高校工业设计院系数量呈几何量级倍增，每年都有大批工业设计专业学生输送到社会中。

在繁荣的背后，柳冠中表示了自己的隐忧。那就是人才同质化太严重，且大部分都是搞外观设计的，平面设计、电脑建模等被当成课程主体。围绕毕业生就业指挥棒转，也是这种培养模式形成的原因之一。企业对工业设计人才的需求层次低，强调的是项目落地的短平快，而不是创新型设计。

另一点让柳冠中不能认同的是，国内工业设计人才教育重课堂轻实践。“国外工业设计院校内的建筑除了教学楼，70%以上建筑都是车间，教学都是在实践过程中完成的。估计全世界唯独中国工业设计教育是在教室内完成的”。柳冠中一直担任博士生导师，他的许多项目都会尽量吸纳学生参与，在实践中指导学生成长。

柳冠中表示，国际先进的设计理念也未能很好地在国内传递。“我们都是挑选优秀人才一个一个地选派留学，而其他国家是成批成批地选派。”柳冠中说，这种弊端的体现是，即使那些优秀人才学成回国，可由于他只是个人，很难扭转集体固有的思想，最终只能随波逐流。

日本和韩国在这点上的经验同样值得借鉴。在二十世纪八九十年代，柳冠中多次前往德国奔驰汽车公司参观，见到每个工位上都有黄种人，之前是日本人，接着是韩国人。然后日本现在有了丰田，韩国有了现代。“政府现在开始抓工业设计，这种人才培养模式值得我们思考”，柳冠中这样说道。

○喜多俊之：助力中国原创设计走向世界

2011年8月18日，筹建已久的喜多俊之工业设计工作室终于尘埃落定，在顺德北滘正式启用。一年之前，这位日本国宝级的设计大师拒绝了多方邀请，与广东工业设计城签订了项目合作战略框架协议。正是那份协议促成他在华首个工作室选点顺德。如今，喜多俊之工作室敞开大门，也开启了他与中国、与顺德新的不解之缘。

其实在与顺德结缘之前，喜多俊之早已名扬中国工业设计界。他的设计神话来源于他的设计产品频繁挽救品牌，甚至一个行业。他设计的夏普液晶电视AQUOS让夏普电视机成为消费者追逐的对象；他帮日本一家濒临倒闭的火柴厂设计的生日火柴令这家厂起死回生。在2010年广东工业设计展及第三届中国（顺德）国际工业设计创意博览会上，喜多俊之的设计作品都给人们留下深刻印象。

出现在笔者面前的喜多俊之，却丝毫没有架子。在工作室启用当日，他满场跑地招呼客人，在拍照时也十分配合，随意让媒体同行们“摆弄”。当他向我们讲解设计理念时，眼神里又闪耀着兴奋的光芒。虽然听不懂中文，在翻译人员转述时，他依然笑容满面地看着大家，一脸纯真。

谈及他在中国的发展，喜多俊之有许多憧憬和期望。他看好中国工业设计产业的发展未来，认为5年内中国将从工业大国转向设计大国。他也希望能与顺德以及中国的企业开展广泛合作，用自己40多年的工业设计经验帮助中国的原创设计走向世界。

好的设计要让人产生共鸣

走进喜多俊之工作室，最能吸引眼球的是他摆放在一楼大厅内的各式椅子，简洁大方、美观实用。这些他亲自设计的座椅，一如他的设计风格——设计从人性、生活本质需求出发，让人看过一眼，就心生共鸣。从以下的喜多俊之与《珠江商报》记者的对话中可以看出他的设计理念。

记者：不少人会把工业设计与一般外观设计相混淆，您如何向他们解释这两者的区别?

喜多俊之：“设计”这个词语包含的元素很丰富，比如功能性、价格性、安全性以及对人的关爱等，此外还要将这些元素调和至完美、和谐的状态，在此基础上才有设计产品的外观和颜色。

记者：您认为什么才是真正好的设计?

喜多俊之：一个真正好的设计，不需要太多的语言解释，大家看到了自然就会感受到。我对自己设计的产品就不会做太多解释，从市场反应就能得知这个设计是否成功。在这点上设计与艺术有很大差别，艺术家自身认为好就是好，设计却是要使用者认为它好才是真的好。好的作品肯定会与消费者产生共鸣。

顺德是开拓中国业务的起点

在工作室启用之前，喜多俊之早已与顺德结缘。他已多次前往顺德企业实地考察，开展前期的交流沟通，仅万家乐集团，他就曾在四个月内两度造访。他表示，非常期待与顺德企业的合作，会用自己40多年的工业设计经验帮助中国原创设计走向世界。

记者：您为何拒绝多个国家和地区的邀请，选择将自己的工业设计机构设在顺德?

喜多俊之：资源对于设计的发展十分重要，广东是著名的制造业基地，工业设计的发展也相当迅速，选择北滘极具起点意义。在与顺德政府和企业的接触中，我也觉察到当地对设计的需求十分迫切和强烈，这令我感受深刻。

记者：您目前在顺德有哪些具体的合作项目?

喜多俊之：现在还没有具体的项目定下来，还在与企业进行前期的考察沟通。顺德是我开拓中国业务的起点，我一般会选择较有实力的优秀企业，要求产品性能好、质量可靠。因为一个好的设计必须要与好的品质、好的功能结合在一起，才是完整的产品。

记者：像iPhone等很多热卖的国外产品其实就是珠三角的企业代工的，但这些企业的利润却极为微薄。您对这些企业弥补发展短板有何建议?

喜多俊之：建议企业要拥有自己研发的技术，做出高品质的产品，并配套以好的工业设计和营销战略。我这次来到广东会用自己40多年的工业设计经验，帮助这些企业建立自己的原创设计，通过设计来提高产品附加值，增强品牌影响力。

5年内中国将成为设计大国

在看好中国制造业水平的同时，喜多俊之同样对中国工业设计的未来充满期待。他认为，中国的制造业已经达到了很高的水平，企业已经意识到要从代工转向原创产品，未来五年内工业设计地位会越来越突显。按这样的发展趋势，中国在五年内可从工业大国迈进设计大国。

记者：日本也是一个制造业发达和工业设计很强的国家，中国有哪些可以学习之处?

喜多俊之：其实在二三十年前，日本是世界上最大的仿造品国家，制造出大量的产品，但利润低下。后来企业为了生存，逼迫做出的产品必须比其他国家在设计上更有创意，在品质上更上乘。一点点积累下来，成功转型的企业在今天都有了自己著名的品牌。这种经历对中国制造业是一种很好的启示。

记者：您刚才说今天中国的发展现状与早前的日本十分相似。那您认为中国从工业大国到设计大国还有多长的路要走？

喜多俊之：日本的发展经验告诉我们，企业要在激烈的竞争中生存下去，必须有自己的原创产品。现在中国企业也意识到这一点，因为周边越南等国家都在发展自己的代工产业，他们的劳动力更廉价。中国企业要转向生产原创产品，就需要原创设计，而且政府也十分重视工业设计。照这样的趋势，中国用五年左右时间就可成为一个设计大国。

青年设计师须点滴积累经验

在开拓中国业务之余，喜多俊之工作室也将担负起中日设计人才培训交流的平台和桥梁。在“开业”第一天，喜多俊之就在工作室三楼举行了一场国际工业设计论坛。他透露，已计划将这种交流形式设置为常态，每两个月举办一次，邀请国外设计师与中国设计师和企业经营者开展面对面的交流。

记者：您设计的灵感来自哪里?

喜多俊之：在生活中，在与不同的人的交流中就会自然而然地产生各种想法、理念。

记者：中国要怎么样才能培养出像您这样的设计大师?

喜多俊之：这个可能需要一点一滴地积累经验就像一个人上楼梯一样，一步一步地脚踏实地地积累。

记者：您对青年设计师的成长有何建议?

喜多俊之：设计师要设身处地为使用者考虑，这样才能知道自己要做什么样的设计。此外还要考虑企业的需求，了解企业的产品特色和发展定位，这样产品的形状和颜色自然会有设计的感觉出来。

○喜多俊之：灵感枯竭了　不妨睡几天懒觉

精彩观点：

为设计这款产品，我几个晚上夜不能寐，怀胎十月，才终于把“孩子”生了下来。

设计可以适当超前，但不能过于超前，太超前了，消费者是不会买账的。

喜多俊之与设计城青年设计师交流，他认为世界设计的未来在中国

我们每个人都是自然的一分子，只要停下脚步，用心观察，就一定有所收获。

大师就是大师，出手即不凡。万家乐Q6热水器推出市场之前，提前引来好评如潮。作为本款设计的操刀人，罩在光环中的喜多俊之，到底是怎样的一个人呢？

在采访中，记者发现喜多俊之观察力非常敏锐，眼珠骨碌碌乱转，并不断颔首微笑。回答问题时，他十分专注，态度却十分谦和。看到记者们问得唇干舌燥，他就招呼工作人员端来洋酒，亲手为每人送上一杯。只要有人提出合影请求，他从不拒绝。仅和《珠江商报》记者的握手，就达五次之多。

记者：在中国打响的第一炮，为何选择热水器？手头上还有哪些合作项目？

喜多俊之：这是机缘巧合。上一年这个时候，应邀到广东工业设计城考察，双手一握，就确定了合作意向。为设计这款产品，我几个晚上夜不能寐，怀胎十月，才终于把“孩子”生了下来。

设计和技术是产品的两个轮子，无论缺少哪一个，都是失败的。万家乐公司技术上非常先进，正因为如此，才有这款Q6热水器的诞生。

目前，在家居和家电方面，我们已经和顺德4家企业确定了合作意向，另外还有10个左右的项目正在谈。中国是世界上最大的市场，中国的产品，也一定会引领世界的潮流。接下来几年，希望能继续发挥我的能量，让更多好的产品诞生出来，与大家见面。

记者：您在国外非常成功，许多作品被世界各大博物馆选定为永久收藏品。来到中国，有没有水土不服的现象?

喜多俊之：完全没有。设计无国界，人类在生活上的共性大于差异性。更何况，中日一衣带水，我从小就对中国文化很感兴趣。

中国有博大精深的传统文化，但要把它们移植入产品的设计中，会遇到很多的困难。不过，中国古代的一些设计，对我很有启发。比如古代的酒樽，只有三只脚，却非常美观，固定效果也非常好。

记者：和纯粹的艺术创作相比，工业设计要注意哪些?

喜多俊之：工业设计要把愿景化为现实。因此，必须从生活和消费者的角度出发，必须考虑到企业的成本、环保等问题。另外，设计可以适当超前，但不能过于超前，太超前了，消费者是不会买账的。

记者：您的许多创作，都是从大自然攫取灵感，比如这把凳子，就是以一只鸟为原型。是如何做到的?

喜多俊之：我喜欢在全世界旅行，也喜欢细致地观察生活。我每天从生活中获取大量的灵感，然后大脑中有一个装置，将没用的东西过滤掉，剩下的“宝贝”留下来，应用于设计当中。

其实，我们每个人都是自然的一分子，只要停下脚步，用心观察，就一定有所收获。

记者：设计是复杂的脑力活动，有没有灵感之井枯竭，大脑变成一团糨糊的时候，那时候您会怎么做?

喜多俊之：我会将手头的工作全部停掉，将以前的创意全部忘掉。就这样什么也不想，然后睡几天懒觉，或者在外头玩几天。总有一天，灵感会突然出现的。

记者：您在日本、欧洲和中国都有工作室，从事这样跨国性质的工作，会不会很辛苦?

喜多俊之：确实是这样，我很多时间都花在了飞机上，经常刚睡醒，就到了另外一个国家。比如这次，就是眼睛一睁，就到了中国。但是，既然这么喜欢设计，毫不犹豫地投身进去，也就不觉得辛苦了。

另外，现在通讯方式发展非常快，把世界连成了一个整体。打个电话、上上网，很多问题就得到了处理，不需要经常下工厂。

记者：有些中国设计师说：“设计太辛苦了，我要转行。”您对此有什么建议?

喜多俊之：吃的苦越大，幸福感就越大，不要轻言放弃。

○刘海军：谋求将公司变成合同上的甲方

“在广东工业设计城里还是获益匪浅的，无论是人才上，还是政策上，政府都给予设计企业比较大的支持，企业也得到了很大的发展。我现在全家人都住北滘，最担心的子女入学教育的问题也解决了，现在是定居北滘了。”日前，顺德心雷工业产品策划有限公司总经理刘海军在接受记者采访时如是说。

合作开拓顺德市场

顺德心雷工业产品策划有限公司2009年进驻广东工业设计城，是第一批“吃螃蟹的企业”。刘海军说：“进驻设计城第一年我们

顺德心雷设计公司刘海军总经理

是试探性的，在熟悉行业和市场，是一个求生存的阶段；第二年，我们是求稳定的阶段；稳定下来之后，第三年是谋发展；现在是第四年了，谋求更大的发展。头两年都是投入的阶段，2012年的盈利还是不错的。”

据了解，刘海军之前在大连一家外资家电企业做设计总监、企划，因此他的接触面和覆盖面也比较广。“接触到当时的顺德工业园，是一次很偶然的机会。我和深圳心雷设计公司的老总关系比较好，他们需要家电专业人才，拓展业务。但对于家电他们并不专业，顺德又是个大市场。深圳心雷走出去到顺德发展，急需了解家电方面的人才，双方一拍即合，决定到顺德开拓市场。现在顺德心雷和深圳心雷保持着业务上的联系，公司完全是相互独立的。”

“我之前每年都会来几次顺德，一直在家电行业圈，对顺德有个大概了解。自己也做商品企划，多年来，看到家电行业的一些不足，觉得开个设计公司不错，所以才和深圳心雷一拍即合。”刘海军表示。“顺德对工业设计的支持比较大，金融危机下，这边的政府能够认准机会发展工业设计，值得赞扬。这种机会对设计公司的要求也很高，心雷定位高端，也得以发展。因为危机下，企业对产品设计的要求也高。”

依托本地资源培养设计团队

回忆起刚进驻设计城的情况，刘海军说：“第一年，从经营角度来讲，人才方面、组织架构方面都是从深圳方面照搬过来。但是从顺德来讲，人家就只认为你是一家新公司，照搬过来的组织架构等都不符合顺德市场，发展得很痛苦。顺德人很务实，不管你的公司在深圳有多大影响力，他们还是要看你在顺德拿出的实际能力。”

“顺德心雷在前3个月基本没有业务，处于一个熟悉、开拓客户的阶段。”但刘海军认为，第一年他们基础打得好，公司调整了组织架构。“年底前在管理层上做了调整，精简了管理人员，加大了设计人才的投入。刚来的时候，管理人员和设计师大多都是从深圳过来的，生活等各方面都不适应。第一年培养顺德招收的人才，人才对企业来说是核心力量。我们的重要任务就是培养人才。基于对整个市场、设计的认知来培训。”

随着公司越来越顺德化，当年从深圳来的设计师到现在只剩几个人了，其他的都是来顺德之后才招收的。“2011年，我们公司人才零流失，我们通过系统的激励、规划设施，培养大家对公司的认同感——大家共同创业的文化。我们结合设计师的特点和专长，给他们充分的设计发挥空间。设计师在这个过程里的自身成长、能力提升很重要。”

心雷依托本地资源、培养设计团队，通过做精品设计实现了人才团队、业务模式的稳定，与美的、志高空调等大公司都有合作。

谈及计划，刘海军说：“目前也在做一些攻关项目。针对网络购物、礼品这个渠道的设计，要求要有吸引性、流行性。下一步，做一些大型项目和设计研究。希望自己变成合同上的甲方，更好地掌握主动权。”

○刘诗锋：从“市场”到“用户”

有一种说法，中国的工业设计和欧美差距有多少年，这种差距更多是因为市场需求和用户需求决定的。不发达的市场经济、不成熟的制造业、不国际化的市场竞争怎么可能产生高水平的工业设计？同理，在产品相对稀缺、信息不对称的时期，用户对工业设计的期望也不会高到哪里去。

得益于中国制造业的发展，得益于中国市场日益开放、参与全球竞争，得益于信息社会让用户需求的觉醒，中国的工业设计得到重视，飞速发展，在某些竞争充分的领域，比如冰箱、空调、笔记本电脑等已非常接近全球领先水平。中国工业设计行业不能狭隘地理解为就是中国籍设计师或设计公司，而是指在市场端用户端呈现出来的设计载体——产品的设计水平。

我们东方麦田一直在探索适用中国制造企业发展现状的设计需求、适合中国本土用户设计需求的设计服务，避免照搬西方设计理论而与市场脱节、曲高和寡。

现在的信息社会，充分成熟的竞争，满足用户的需求已归位到设计价值的源点，是回到设计本真的时候了。

不同行业不同品牌的发展极不平衡，需要不同的设计服务。简单来说，发达的企业更需要能创造市场的整体性创新或商业模式创新设计，这要做很多的行业分析和用户研究才能做到；发展中企业更需要设计管理和创新体系的导入，立足于全产品线的整合、对接好制造与市场；初级企业的要求则简单很多。

立足于用户需求，为客户提升“产品力”。我们近几年在为发展中企业服务过程中表现出很好的竞争力，已经有成熟的基于市场竞争的产品线策划整合、设计管理体系导入等服务模式。下一步，我们必须把设计研究的焦点从“市场”转移到“用户”，以适应公司的战略发展计划。

经过了生存阶级，我们终于可以在工作中加入我们设计理想，回归设计本真，也就是通过用户研究，为用户提供各种问题的原创设计解决方案，用设计改变生活。

回到设计本真，犹如朝圣，跋山涉水，七拐八弯，终于，我们来到了大山脚下，已能隐约看到山顶，上山很难，但也唯其难才有高度。

东方麦田工业设计有限公司总经理刘诗锋

○尹晓丽：重塑管理体系　创新孵化平台

潜龙工业设计有限公司成立于2002年，2009年进驻广东工业设计城，公司以服务全球家电企业为主，在近十年的实践中，已形成了一套系统的创新流程。

潜龙董事兼执行总监尹晓丽告诉记者，潜龙对家电的生产工艺、结构、成本等非常了解，可以有效整合生产上下游资源，用战略的设计思维和国际化的视角为企业提供整体解决方案，帮助企业尽快实现转型升级。

潜龙进驻设计城抓住了享受扶持政策的最好时机。尹晓丽认为，扶持政策对设计企业来说是锦上添花，政府对高端人才的引进扶持，对设计企业来说是一个好的指引。“有这方面的扶持政策，人才吸引才更容易，企业也能够放开手脚去吸引人才。”

潜龙设计团队

“设计企业不应该是日复一日地埋头苦干，而应该要有时间来思考未来该怎么走，怎么和国际接轨？”尹晓丽说。“2012年公司成立刚好十年，将继续抓质量。2011年是公司的质量年、蜕变年。”尹晓丽所说的第一个大蜕变就是机构大改革，潜龙之前的管理合作有断层，经过重组后，进行扁平化管理，重塑了管理体系。“我们进行的是树形的管理体系，各种项目组是我们的树干、树叶，管理层则相当于树根，通过知识管理、创新孵化、项目管理平台等主树干，形成一个统一的整体。”这也正是企业探索中的转型升级路径。

第二个蜕变就是潜龙一直在积极探索新商业模式，创新孵化平台。潜龙通过和一些有意创立自己品牌的优质中小企业合作，有针对性地选择客户，公司得到快速发展。“公司刚开始时，大部分的业务都在顺德，大概占到60%，现在只有20%到30%的客户在顺德，其他的都在区外，我们还在宁波开设了分公司。”

2011年，潜龙设计公司自主创新设计的项目在《创业顺德》电视大赛中荣获第一名，得到风投资金730万元的扶持，向资本化运作迈出了可喜一步。

除了家电行业，潜龙涉足最多的就是机械了。潜龙根据各国人的平均身高的不同，把一款为客户设计的木工雕刻机的高度调整了，坦克链也把它设计成内藏式的，还加了个透明防尘罩。客户初时对这个设计还有所顾虑，但投放市场的结果表明，效果很好。

尹晓丽表示：“我们在找设计师时，更看重他的设计思维、设计统筹的能力，有设计背景、管理背景的更好。希望让优秀设计人才来到设计城、来到公司。我们未来的发展会专注于设计和营销渠道，公司基于用户研究的能力，将大力培育孵化平台，推动设计升级，继而推动产业升级。”

○老柏强：打造产业联盟　提升服务价值

古今工业设计有限公司2009年底进驻广东工业设计城。该公司总经理老柏强介绍，进驻设计城后，整体情况比较好，行业的氛围很浓，有了一个更好的环境。“2011年，可能是整个经济大环境都不是很乐观，产业发展减速，但是我觉得阵痛是必然的，不必过于悲观。”

老柏强认为，工业设计在整个产业链过程中只是其中一点。设计公司提供设计服务，要改变单一的接单方式，向产业链的横向发

古今设计团队

展以及进行全方位的服务。否则，设计企业会很被动，制造企业在选择设计企业的时候也转来转去，找不到适合自己的合作伙伴。

“在工业设计这块上，很多公司在做的只不过是产品设计，而真正的工业设计应该包括企业内部系统的整体设计。”老柏强构想打造产业的联盟，打造一个平台，集合各个方面的专家。

老柏强觉得，设计城的平台应该可以吸纳更多不同的公司进驻，这样制造企业到了设计城，设计城就能够给企业解决从市场调研到产品设计、生产等一揽子的问题。“广告、品牌、营销、展示，甚至影视策划等公司都可以引入。当然，可以考虑先从一部分企业做起，突出引领的作用。”

在老柏强看来，现在制造企业对工业设计的需求增加了，企业也会主动提出需求，但是不少制造企业的思维还没有转变过来。最早是生产第一，到后来渠道为王，最近很多企业都在思考，是不是要将设计放在第一位。“从营销为主到提升为主，定位在哪儿？那就是差异化，策略、战略的不同，而这就体现在设计上面。”

“设计公司目前最耗费的地方就是方向不明晰，制造企业让做什么就做什么，设计公司整天围着制造企业做设计方案，其实企业也不知道要做什么，成本的压力就转嫁到设计企业身上了。”老柏强指出目前不少设计企业面临的问题。

很多设计公司自己做设计，但是设计公司往往缺乏第一手的市场资料，不清楚市场需求。老柏强表示：“受国际经济大环境的影响，我们国内很多企业原来做出口的，迫切地想转做内销。但是他们对国内的市场没有全局的认识，虽然产品很好，但是定位不准确。我们通过服务帮助他们解决这些问题，找准了市场定位，设计就容易了。”因此，古今设计会持续加强设计师对市场营销的认识，同时提升服务的价值。

○梁志汉：打造同盟关系　建言设计城

广东真智客投资公司前身是佛山市迅发德盛家具实业公司。日前，该公司董事长梁志汉在接受采访时表示：“北滘政府搭建了很多企业发展平台，如广东工业设计城就是很好的平台，迅发公司和设计城内的德贸纺织设计公司有很好的合作，目前双方已经构成了同盟关系。”

制造设计企业合作　试水品牌连锁

梁志汉介绍，真智客成立三年，以健康理念为主，而如何才能设计生产出健康的产品，这里面很多方面都需要设计企业的帮助和支持。

真智客的家具设计团队

之前，为了学习国外的经验，梁志汉曾赴欧美多国考察。在考察中，梁志汉发现，发达国家对家居健康的要求都非常严格，而且发达国家对家具的检测标准非常严格，都拥有专业的检测机构，凡是不合格的家具产品，都不得进入市场。因此，梁志汉决定让公司的家居产品走健康路线，打健康牌，与科研设计机构合作研发新品。经过数年的合作，真智客实现了家居含甲苯等有害气体含量为零，甲醛含量接近零，获得了多项防细菌、防霉菌以及抗压力、抗拉伸等系列专利技术。

“公司和德贸的合作，成本其实很低。设计为什么而生？为理念而生毫无意义，应是为了市场而生，为满足市场需求而生。设计和制造的结合，我们的合作，最终就是为了市场，做设计如此、做产品也是如此。”梁志汉表示，“真智客注重环保健康，所有原材料均经过严格检测，确保优于国家标准，适合家居使用。真智客与德贸合作研发的家居产品具备了杀菌、抗菌、防霉等功能，很多款式已投产并取得了消费者的认可和信赖。”

据悉，初合作时，德贸只给真智客设计并提供布料产品，慢慢地双方的合作就更深入了，除了布料设计外，双方还携手打造“真智客”之家具连锁品牌。梁志汉说：“制造要和设计相结合，市场成果我们共建共享。设计城的作用，就是要带动北滘、带动顺德的市场，长远来看，肯定是要带动整个广东市场乃至全国市场。”

目前，迅发家具和德贸合作打造的真智客品牌已经在全国七八个省份开设了30多家直营专卖店。“真智客采取直营社区店模式，为顾客提供便利的服务，同时避免了卖场高租金及经销商定价而导致的高昂终端价格，将更有价值的家居产品送进千家万户。另外，企业在经营上也拥有了更多的主动权，可以加快资金回笼。”

梁志汉认为，目前顺德的生产成本日益增加，寻求突破，寻求同盟，整合资源，这将是一种趋势。设计和制造的结合，就是其中一项不错的选择。他表示，在合作的过程中双方发现德贸设计的潜力未完全激发出来，迅发生产的功能亦是如此，合作空间依然很广阔。“公司会继续和德贸合作，打造杀菌、防火等家居产品，甚至连苯、甲醛都要实现完全零排放，布的功能、款式、杀菌等都让德贸设计开发。”

建议设计城加快建设　完善交易平台

据了解，真智客已开通电子商城。“如果广东工业设计城里有这个平台，会更好。”梁志汉还觉得，企业的交易平台有待挖掘，而设计城就是缺少了交易平台，或者说是还不够完善。梁志汉告诉记者，规划方案里，广东工业设计城是要打造工业设计六大服务平台，包括交易服务平台、金融服务平台、成果转化服务平台、人才引进及培训服务平台、共性技术研发平台、品牌推介平台。

在采访中，梁志汉说得最多的词就是“制造和设计的合作”“交易平台的建设”。“最迫切的就是交易平台，我为什么这样看呢？比如说日本的产品，质量、设计都很不错，很受欢迎，除了一些表面的东西外，还有一个就是日本的产品可以找到源头，比如说设计是谁，生产是谁，很明了。而中国的大多数产品都不能做到这一点，也就不可能对产品溯源了，所以说这是很迫切的。”

目前广东工业设计城只是业内人士知道认识，没有让普通公众也认知到。“不做交易平台无人知晓，一般市民和消费者是不知道的。我曾经让设计城开放上千平方米的区域给公司做展厅，但是没有如愿。设计城的地方空间有限，一时满足不了要求，很理解。”梁志汉建议，相关的检测机构也要进驻设计城，这样才能带动顺德制造走出去。设计城里要有东西卖，还可以出检测证明，给买家信心，很直观地做一件事。“我相信，很多制造企业都希望产品能够在设计城展出。要让参观的人告诉外面的世界，设计城这里有交易平台，还有电子商务，可以进行交易。前几天，我看新闻说北滘组织老师参观设计城，我觉得这很好。老师的作用其实是非常大的，信息的传播性大，也会更广。”

“比如说设计城的健康饮水机、无叶风扇，我都想买，但是设计城里没有卖，我也不知道去哪里买，也没有个平台指引。”梁志汉觉得这样浪费了很多的宣传机会和商机。他认为即使一时间拿不出地方做展厅，但是可以搞个电子平台，设计机构、设计师、代表作、产品、制造企业都在那里有介绍，让大家动动手指、摸摸屏幕就能找到自己想要的东西。

设计城是一个整体，设计、营运、制造企业分成，设计师—设计企业—制造企业均可在一个平台上展示。这是梁志汉的一个建议，他认为设计城需要这样。“制造和设计合作分成，知识产权占多少，制造企业占多少，营运方占多少，这应该也是一种趋势吧。希望今后研发、展示、商城一并在设计城里。”

梁志汉以和德贸的合作为例指出，如果能在设计城展示很多设计款式，有德贸设计生产的布料，也有用了德贸布料的真智客家居产品，从设计到产品都摆在那里，还有检测机构检测，买家看起来会很直观，是大家合作共赢的结果。

○将情感元素融入到设计中

美诺电器公司曾推出一个护婴产品系列，取得了成功。通过多年的合作，美诺与尚致设计已形成战略合作伙伴关系。未来，他们合作的产品线将涉足老年人产品。

设计切入到产品生产环节

邓阳勤是美诺电器开发部总工程师，在他看来，注重工业设计，意味着注重消费者需要，而在以前做产品设计时是没有考虑到的。“以前我们做产品开发，只是会考虑怎样让外观满足产品功能的实现。”邓工表示，后来通过与设计公司合作，思维打开了，知道要通过整体规划来打造产品。

七八年前，美诺电器开始与尚致设计公司合作。“初期也只是找他们做简单的外观设计。”美诺电器总经理蒋训政表示，随着与尚致合作的时间渐长，对工业设计的理解也逐渐加深，双方的关系更加深入。“有时他们和我们一起参加国内外的展会，看到很多大公司的产品都是以系列为主，有一个统一的概念，能在产品上看到公司的成长。”

在设计公司的引导下，蒋训政觉得从长远来看，还是需要开发系列产品的。“‘工业设计’的名气越来越大，越来越受关注时，决定先尝试下，看能不能统一风格，做成系列产品。”而在尚致负责人李建平看来，设计公司这时才开始真正地切入到产品的生产环节上。“我们合作开发产品线，才能发挥对产品理解的最大化，更好地深挖产品背后的故事。”

带情感的产品生命力更强

尚致设计负责产品设计开发的冯杰森一直认为，工业设计并不是简单的外观设计，而是包含一个产品的概念、外观、功能等各个方面，其中情感元素非常重要。“每个产品在操作中，也是在和消费者进行对话，因此要深挖产品故事，把情感元素融入到设计中，才能引起消费者的共鸣。”

与美诺合作开发护婴产品的初期，对双方来说，都经过一番折腾。“我们一开始并不了解护婴产品。”冯杰森表示，自己当时还没成为爸爸，公司其他几个设计师也未婚，所以当时相当头痛。但在一次和太太的聊天中，冯杰森受到了启发。“太太说，护婴产品其实也是母亲给孩子的情感关怀。”由此，冯杰森想到，把这个情感融入产品中，也是让产品与消费者进行情感的交流。

经过前期的市场分析、对产品的策划，他们发现当时市场上的电动吸奶器体积都比较大，没有自动调频率的功能。“婴儿吸吮并不是一直保持固定的频率的，因此，我们设计这个吸奶器，它模拟

尚致设计团队

婴儿吸吮的频率，让母亲在使用时更加舒适。”

一个好的创意，是一次灵感的爆发，但真正实现这个功能，美诺和尚致的工作人员，前后花费了两年时间。邓阳勤表示，一开始合作当然是要经历磨合阶段的，有时候照顾到外观、理念设计，但配件很难实现功能，就会和设计师商量改尺寸等。“最深刻的是当时我们一开始找不到适合的配件来满足设计理念的实现，于是无数次地更换配件，最后终于找到了合适的。”

谈到双方合作初期的“折腾”，冯杰森搔搔头发，不好意思地笑了。“其实邓工说得很含蓄，磨合期时其实我也挺折腾他们的。”冯杰森说，自己对产品理念比较固执，对产品的各方面都比较执著。“幸好大家有一个共识，才能一直坚持走下去。”邓阳勤对此也非常认同：“双方要有高度的认同，才能很好地交流合作。”

从刚开始的单一外观设计，到后来双方建立战略合作伙伴关系，设计企业切入到生产链中，李建平觉得这是符合工业设计发展趋势的。“我们通过整体合作，使产品有系列性、系统性，亦更具故事性。”而在蒋训政看来，目前市场上这类产品大部分都缺乏这一理念，只有最简单基本的功能，没有考虑到使用者的感受。“我们是铁了心要走这条路，希望通过自己的努力，也带动这种理念的传播。”

冯杰森透露，两家公司未来几年会合作研发新的老年人产品，“老人与婴儿都是最需要关怀的群体”，“希望未来从工业设计城走出去的产品，都带着丰富的情感，这样的话，产品的生命力会非常强。”

○董少杰：品牌策划是一门独特的生意

2010年，佛山市明天品牌策划有限公司正式进驻广东工业设计城。进驻设计城以来，明天已经服务了十多家企业。而该公司总经理董少杰的办公室里，经常会有园区内外的一些企业老板跑来喝茶聊天，请董少杰出谋划策，大家共同探讨企业战略规划的问题。

结合设计　提升企业品牌形象

明天策划不涉及工业设计，如何和工业设计结合，成为了明天公司考虑的问题。董少杰说："当时进驻的时候也有一些疑虑，广东工业设计城是以工业设计为主的，作为品牌策划公司，进来后会不会不合适？现在证明了担忧是多余的。"

董少杰将品牌咨询策划与工业设计视为互补关系。"设计为企业提供自主创新的技术支撑，我们为企业提供全面的整合规划，涉及发展战略、文化构建、组织结构、运行模式、整合上市等方方面面。"

其实园区有整个完善和成熟的服务链条，但是外界可能并不了解，这也是明天策划觉得需要大力宣传的地方。明天策划的服务对象并不仅局限于园区的设计企业，而是面向珠三角雄厚的制造产业。

在交谈中，董少杰不时流露出对中国品牌的担忧，"中国的经济总量已是连续两年排世界第二，超越了日本，但是中国的品牌又有多少？我们是给别人做嫁衣。企业品牌，这是一个企业的核心竞争力，我们很缺乏。”

“经过调研，我们发现很多企业都认为，做品牌找死，不做品牌等死。”董少杰介绍，不少企业认为品牌就是商标，这是一个很大的误区，品牌需要认识、了解和管理。“产品、消费者和企业三者关系的良好融合才是品牌。”

并不是每个企业都可以做品牌的。明天会挑选客户，也会仔细考虑企业有没有品牌成长的空间。董少杰表示，有三种情形的企业，明天是不会给其做品牌策划的：一是急功近利型的企业，他们只追求一时的利润，生产、管理和品质体系都不足；二是没有高素质团队的企业；三是资金链不健康的企业。“明天服务过的客户，我们三年内不会做与该客户同行业的第二家，而且为客户提供三年免费跟踪服务。”

整合资源　服务十多家企业

进驻设计城以来，明天已经和十多家企业有过合作，客户遍及省内外，最远的是山东。因为品牌策划需要的是长时间的调研，因此耗时也比较长，服务过十多家企业可以说是相当不错的成绩。

“每服务一个企业，可以说，我们往往是把整个行业吃透了，才开始进行策划。”董少杰举例，明天策划和江门的一家电子厂合作，花了四十多天的时间，才得出一个全国的初步报告。“我们调动和利用了整个体系的资源，策划其实就是整合资源。我们是从市场往回走，而不是拿着产品找市场。”

其实，现在很多企业都面临下一代接班的问题，已接班的一代更想把产品做成品牌。前段时间就有北滘一家居企业的老板找到了明天。“他问了我两个问题，一是请代言人该请哪个明星好；二是在哪条高速公路上打广告好。”董少杰否定了来访者的想法，认为这样做法和其他同行的无异且效果不突出。随后通过明天的调研策划，该家居公司产品的市场和品牌穿透力等各方面都得到了增强。“企业要调整思维，做品牌不是在烧钱，做品牌是少花钱办大事。”

北滘很多青年企业家其想法都带有前瞻性，但真正要摆脱以前的依赖，做自己的品牌，还需要决心。董少杰觉得，“一些企业对品牌有畏惧心理，因为品牌是逐步成长、积累起来的，需要的支撑是很多的，所以做品牌要耐得住寂寞。毕竟品牌策划是一门独特的生意。”

○高玲：做强做大家电设计

2009年，顺德嘉兰图设计公司进驻广东工业设计城，经过三年的发展，嘉兰图在顺德已经取得了良好的经营成果。日前，记者采访了顺德嘉兰图公司总经理高玲，她表示，未来嘉兰图要把家电设计这块做强做大，“行业第一”是嘉兰图的目标。

新建研究部门　增强设计能力

据介绍，嘉兰图总部在深圳，在全国开设有多家公司。嘉兰图在通讯、医疗、安防、机械重工、消费电子等多个产品设计领域都做得非常出色。近年公司在LED和家电设计行业也发展迅速，行业知名度不断提升。

“我们之前在深圳，在家电方面，相对来说还是做得比较弱，毕竟对这个行业了解不深。”高玲表示，随着公司的发展壮大，慢慢地涉及更多的行业。顺德的家电是很有名的，产业基础雄厚。“要进军家电设计，就必须贴近产业并了解市场，因此希望通过在顺德设立公司，增强家电设计这方面的能力。2011年，家电设计市场做了500多万元，未来还要把家电设计做强做大。我们希望做到家电行业第一。”

除了家电设计方面，顺德嘉兰图和某知名照明品牌合作的照明台灯也已经投产。“在LED行业，我们也做得比较好，和美的等本土企业一直有合作。”高玲还透露，顺德嘉兰图马上就要建立新的设计研究部门，加强客户端的研究，以便让公司对市场有更深入的理解和了解。届时将会有更多的设计人员进驻广东工业设计城。

走高端路线　站稳市场

受经济大环境的影响，企业对设计新品的需求有所下降，不少设计公司也感受到压力。高玲解释，制造型大企业能够认识到工业设计的重要性，尤其是在大环境不好的情况下，会增强工业设计的投入。但是中小企业往往认识不足，所以导致部分设计企业也受到影响。“不过我相信，随着产品的竞争激烈、市场发展的相对饱和，中小企业也会逐渐重视工业设计。这是企业杀出重围的关键途径。”

“嘉兰图也感受到压力，其他小公司的压力相信也会不小。”高玲表示，嘉兰图通过提升服务等措施，应对大环境的影响。“我们的市场开拓方式也不一样，从一开始，我们就是结构、设计等整个团队和客户交谈，能够给客户比较好的建议和意见，客户信任，效率也更高。”

当初进驻广东工业设计城，嘉兰图涉足相对陌生的家电行业，能够站稳脚跟，也是有自己的策略的。“没有在一开始就和其他同行竞争，嘉兰图更多的是站在战略的角度，为企业提供多方位的服务。在了解产品、企业的整体规划等方面后，再从中谋划，给企业提出合理的设计意见。”

嘉兰图是将公司的工业设计理念灌输到制造企业高层，从而宣传工业设计，而不是一味听从制造企业的想法和安排。高玲强调，“我们是为企业找火源点，而不是简单地灭火，根据企业的特点，我们拟出来的计划书也是不一样的。”

嘉兰图设计团队，被誉为全国最大的工业设计团队

制造企业设计意识需要引导

谈起自己对工业设计师、设计企业的看法时，高玲认为，从设计公司来讲，当前的企业生存得比较困难。制造企业的设计师则相对从容些，因为他们多是听从上面的要求来做设计的。但是设计公司要真正解决产品和用户之间的关系，要从引导方面来做工作，所以更艰难。

“设计公司的设计师是有一种使命感的。为什么做工业设计难？关键在于设计公司的产品（理念）能否被制造企业认可。也许制造企业暂时没有想到通过工业设计来升级产品的意愿，还没有感觉到迫切需求。这时，就需要引导。”高玲感慨。另外一个就是，设计公司和制造企业双方怎么建立起一种信任，感觉到自己需要对方，对方也需要自己。“很多制造企业在设计成果最终没有生产的情况下，就认为是设计企业的问题，这是因自身的问题而否认工业设计。”

○陈浩博：顺德设计绽放于世界舞台

在新闻发布会上，2012设计·产业（顺德）年会形象标志刚发布，就引来一片叫好声。其简约、直观、有张力的创意表达方式，深得专家赞赏。

据了解，该形象标志的“操刀手”陈浩博，是一位年轻的80后设计师，目前还在伦敦艺术大学进一步深造。今天，恰逢英国百分百设计展举行，陈浩博还担当着向世界推介顺德工业设计的重任。

设计师最熟悉的中国元素

记者：据我所知，不管是设计产业年会，还是英国百分百设计展顺德展区的形象发布方案，都是以七巧板为创作原型，这是怎么考虑的？有哪些优势与劣势？

陈浩博：七巧板游戏起源于唐朝，并于同期传往西方。通过对7块几何拼板的不同组合，创建出5000种以上的不同图形。向国外设计师和企业客户宣传中国，最好采用他们所熟悉的中国元素，七巧板是全球设计师都非常熟悉的、兴趣也最大的中国元素之一。

在英国百分百设计展上，我们宣传的主题是“参与·创造”，参与（Join）突出合作理念，创造（Create）突出原创性。实际上，七巧板拆分与组合的过程，就是参与和创造的过程。

我在小学时就玩过七巧板，深知不同组合方式所带来的众多可能性。设计的过程，也是将不同的素材以不同的方式进行组合，这是一脉相通的。七巧板的劣势在于线条较硬，拼出的图案可能形似神不似。具体创作中，可以采用加多拼板的数量，考虑更合理的组合方式，采用更优秀的配色方案来规避。

“七巧板”和设计两个概念，有很好的统一性。我希望这套VI方案不仅能用于顺德设计，也能用于广东设计的对外推广上。但是有一点，不能什么主题都一律套用这套方案，这是有违设计原则的。

80后青年设计师陈浩博

记者：七巧板创意是灵光一闪，从头脑中冒出来的想法吗？

陈浩博：当然离不开灵感，但选择七巧板为创作原型，不是心血来潮，而是经过了数十个方案的对比。比如，刚开始考虑过鲁班锁的设计方案，但后来得知，2010年世博会山东馆已经采用过这一创意，因此就打消了这个念头。

作为一名设计师，我总是同时考虑过多个方案后，才选出自己最满意的一种。可以说，七巧板方案是我所知道的、最能贴切宣传顺德设计的方案。

记者：能介绍一下英国百分百设计展吗？你打算怎样在展会上

宣传顺德设计?

陈浩博：英国百分百设计展是英国最大、最受全球瞩目的商业型设计展会。所有参展商必须由专家陪审团选出，因此，能进入展会，就表明了顶级专家对我们的认可。也正因为此，百分百设计展才成为引领世界设计风向的顶级盛会之一。

我们已经以七巧板为基础，准备了一整套的推广方案，包括展台的布置、参展设计作品的选择、VI设计的发布、宣传片和宣传手册的制作，等等。从反馈的情况看，这些都得到了评审团专家的认可，相信会有不错的表现。

国内创意产业还需细心呵护

记者：听说你目前在英国读艺术设计研究生，毕业之后，会选择回国发展吗?

陈浩博：肯定会。欧洲国家经济发展已现颓势，但国内的机会还非常多。国内有很大的市场，对设计的重视程度也在逐步提高。此外，拿英国为例，那里的人工非常贵，办事时有非常多的条条框框限制。比如印刷一本宣传小册子，要考虑这个标准那个规定，没有一个星期拿不下来。但国内就不同，老板今天下达任务，后天就能印刷出来。从这些角度来讲，国内的办事效率更高，发展机会也更大。

记者：在国外，很少有专门的创意产业园区，但广东省却出现100多家，如何看待这种现象?

陈浩博：发达国家与中国的设计产业，分处于两个不同的阶段。在国外，创意产业刚起步时，是粗犷式发展的，没有形成明显的产业集群。比如英国，就零散分布于各个街区。目前，英国设计产业已长成参天大树，政府只需浇浇水即可，无需特别照顾。

但中国的情况完全不同，中国设计企业在与国外同行的竞争中，完全占据下风。可以说，中国的设计公司还是一棵棵小树苗，需要通过政策的引导与扶持，让它们发展壮大。有专门的园区，辅之以廉价的租金、各种配套帮扶政策以及合作交流的便利渠道，是很有必要的。此外，外国设计公司进入中国时，也不用像无头苍蝇一样乱窜，选择一个产业园区即可。

宅在办公室做不出好作品

记者：国外的公司，是否更看重工业设计？

陈浩博：是的，发达国家非常尊重与认可设计的价值。比如要开发一个杯子，光设计费就要投入10万元或20万元。或者说，设计费按照销售额的百分比来提取，比如销售额的0.5%，但国内的情况并非如此。当然，这种情况在逐渐改善。

记者：与发达国家设计师相比，国内设计师存在哪些差距？

陈浩博：我接触过国内的一些设计师，他们很有热情，也创作出非常了不起的设计作品，拿到了很多国际大奖。即使在同一个竞技台上，中国的设计师也不占劣势。此外，他们比外国人更熟悉本土文化。

在英国，设计只是一个普通的行业，设计师与普通人并没有什么两样。至于国内的设计师，经常理一个夸张的发型、随身带一把扇子或其他道具，或者穿一些奇装异服，我觉得这只是为了引起别人的注意，应该不会是潮流。

另外，我还观察到一个现象，国内的设计有时过分强调品位，但优秀的设计往往都是很亲民的，不显山、不露水，在使用时才感受到其独特魅力，以及设计师所注入的心血。

记者：对国内的设计师有何建议?

陈浩博：说一个自己的感悟吧，那就是一定要走出去，扩大自己的视野，宅在办公室里，是设计不出一流的作品的。

跨界设计师张建民

人物

○张建民走出与众不同的设计之路

跨界融合成就城市公共设计经典

在顺德这片土地上，越来越多的城市标志性建筑开始与同一个名字建立联系。顺德工业设计园改造、美的总部大楼室内外导向标识设计，这些都是张建民及其团队的杰作。而这时，他入驻顺德只有两年的时间。

如果跳出顺德，你还会有更大的发现，张建民的设计烙印在更多的城市随处可见。

国家体育场(鸟巢)系统深化设计、晋江国际工业设计园等，都可找寻到他的设计风格。凭借在工业设计领域二十余年的坚持，张建民独到地将平面设计和工业设计融入城市公共领域设计，使得他的设计之路散发出与众不同的迷人光彩。

工业设计融合平面设计

华人平面设计百杰、广东省十大青年设计师、国家体育馆及上海世博会标识系统设计者……中世纵横总裁张建民的头上顶着一连串的荣誉光环。谁又能想到，他的工业设计创业之路也曾一波三折。

大学毕业后，科班出身的张建民四处追寻实现工业设计梦想的沃土，足迹遍及东南沿海城市。1994年，张建民在深圳创办了自己的工业设计公司，开始走上工业设计创业之路。

而彼时中国的工业设计市场尚不成熟，工业设计企业自身的发展也不够完善。十年间，张建民迫于生存压力，两次转型进入平面设计，以积累资金，再度重回工业设计行业。

转行平面设计实属权宜之计，张建民却做出了不菲的成绩。他在1998年被评为“华人平面设计百杰”。张建民介绍心得时表示，“我是在用工业设计的思路来做平面设计”。

在张建民看来，工业设计强调经得起理性推敲，平面设计强调整体效果，两者可以很好地融合，产品的独到性与差异性就突显出来了。在他以后的项目设计中，很大程度上都运用了两者相结合的元素。

希望的曙光出现在2003年。那一年，张建民迎来自己追寻工业设计发展之梦的转折点——为深圳地铁标识系统做设计方案。多年来的孜孜以求和对工业设计的切身感悟，让张建民在这个设计方案的具体运作中，找到了突破口。

深圳地铁标识系统采用开创性的设计，不同站点采用不同设计风格。以地铁站点座椅为例，科学馆站采用的是电脑键盘的造型元素，大剧院站则是将黑白相间的座椅做成钢琴琴键。这些一站一景的设计特色，曾让外国游客在深圳本地论坛上热议了好一阵子。

首次将工业设计思想导入地铁市政项目就大获成功，使张建民在导向标识设计领域异军突起。早于深圳开通的广州地铁也前来取经。随后几年间，张建民连续中标成都、武汉、无锡、东莞等城市地铁项目的导向标识系统设计。

香港亚洲博览馆、北京2008年奥运主场馆鸟巢的标识系统项目、天津奥体中心、北京南站、上海世博会等大型项目先后向他伸出了橄榄枝。在2008年北京奥运会上，在鸟巢标识系统的指引下，9万多观众5分钟内入座。张建民开启了自己的工业设计黄金时代。

公共设计彰显文化特色

同为城市地铁标识系统，深圳与广州体现出的却是两种完全不同的设计风格。前者展现的是年轻、有活力的个性，后者体现的则是厚重的历史感。张建民曾坦言：“任何城市沉淀下来的东西都是唯一的，我们要做的就是怎样提炼元素、概括地域文化和特色，把这种唯一性体现出来。”

南海狮山镇的城市形象Logo同样也是中世纵横的作品。“狮山并没有山，它是山岗丘陵地带，引申出来的就是青山绿水。”张建民说，整个Logo图案用色也以此为主，色泽清新，寓意是山与水的结合、山水汇错的地方。

这种突显文化特质的理念，同样被运用在对创意产业园的改造设计上。深圳设计之都创意产业园的成功改造，成为以非建筑手法改造产业园的样板。在张建民看来，设计之都是人力智慧的体现，可以体现这一点的便是大师的图像。张建民在建筑物墙壁上排列了数万片不锈钢金属片，人与其保持一定距离后观看，达·芬奇、爱因斯坦、爱迪生和贝聿铭头像的层次和效果就可清晰地显现出来。

“当时也考虑过用建筑手法进行改造，但成本非常高，也不是我们所擅长的。就在视觉上融入平面设计理念，加入能表达创意园属性的东西”，张建民回忆说。令人意想不到的是，这种非专业的设计思想，却有效摆脱了建筑行业原有条条框框的约束，成功地将一片旧厂区化腐朽为神奇，而且相比建筑手法改造，所用的成本更低。

这种奇迹同样在北滘上演，广东工业设计城启动区的改造设计也是出自张建民之手。这次他选用的是围棋元素，以园区地面为盘，建筑为子，通过黑与白的自由组合，实现“从无序到有序”的创意智慧汇聚。

顺德区陈村镇主干道、江门蓬江区创新创意产业发展中心等项目改造招标也被张建民的团队—— 夺得。

值得一提的是，张建民的设计将与顺德这片土地建立起更多的联系。大良、陈村等地的城市形象Logo由中世纵横倡议并参与设计。

○潜龙设计尹晓丽获评第七届中国设计业十大杰出青年

2012年5月10日，光华龙腾奖·第七届中国设计业一大杰出青年颁奖典礼在宁波举行。其中，来自顺德区潜龙工业设计公司的设计总监尹晓丽获得此殊荣。全国人大常委会副委员长路甬祥出席颁奖典礼并亲自为“十杰”颁奖。

至此，设计城的企业已经获得过红点奖、德国IF、红星奖、“省长杯”等众多顶级奖项，在创造巨大经济效益的同时，也包揽了这个行业的诸多荣耀。

光华龙腾奖花落设计城

据悉，光华龙腾奖·第七届中国设计业十大杰出青年评选活动经过初评和网络公示，产生了30位提名人，涉及工业设计、服装设计、品牌设计、多媒体设计等领域。

“能获得这样的奖项，感觉很开心，毕竟是对自己的一种肯定。”尹晓丽表示，进入工业设计行业10年，角色也在不断转变，从最初单纯的设计者，到管理者，再到经营者、推动者，自己在一步步成长起来。

据悉，潜龙通过系统研究，精准设计，让不少企业成功进军“国际市场”。如和东莞瑞科8年的合作，主攻国外市场，让其迅速崛起，让其从2004年初合作时的1000万元销售额提升到现在的10个亿。潜龙为瑞科设计的一款汽车用品还问鼎2008年、2009年英国的销量冠军。尹晓丽介绍：“和瑞科的合作在模式上进行了创新，我们拿的是销售提成，双方是深度的战略合作。”潜龙和天际的合作，也让天际成为隔水炖行业领军品牌。现在潜龙正在尝试越来越多的战略合作，探索合作的新模式。

持续的“创造力”是设计企业发展的命脉。近年来，尹晓丽和潜龙公司积极建设知识管理平台、创新孵化平台、项目运营平台。如何让“设计的价值”被社会认知，这也是近年来尹晓丽和潜龙公司一直在思考和积极推动的事情。“我们牵头组织了10家设计企业集体参加了2008年第一届工业设计博览会。”尹晓丽说，顺德成立

第七届中国设计业十大杰出青年获得者、潜龙设计总监尹晓丽

工业设计协会，她也是发起人和筹备组成员之一，她还经常受邀到相关高校演讲，在学生中播撒设计的种子。《2012工业设计企业成长趋势报告》《高端人才引进的政策建议》《工业设计扶持政策建议》《城市改造工程建议》……尹晓丽不遗余力地向社会各界宣传着设计的价值。

频频获奖因有强大产业支持

作为全国新兴的工业设计高地，广东工业设计城对国内外顶级设计大奖早已不再陌生，红点奖、德国IF、红星奖、‘省长杯”等奖项，都有企业和设计师获得过。

不说别的奖项，单是红点奖，早在2010年，入驻北滘尚不足半年的简奥工业设计公司，就以便携式游泳圈赢得红点设计概念奖，为广东工业设计城捧回首个国际大奖。2011年，潜龙设计的铭龙雕刻机和六维空间设计咨询公司的老人餐具概念设计方案获得红点设计奖。此次，潜龙的尹晓丽获评“光华龙腾奖·第七届中国设计业十大杰出青年”，更是丰富了园区内企业和设计师获得的荣誉和奖项。

为何广东工业设计城内的企业和设计师能够屡屡斩获国内外顶级大奖？这离不开设计城这个良好的大平台。据不完全统计，设计城开园以来，已有上百位国际设计大师先后来到北滘访问、讲学、交流。德国红点机构中国办事处、喜多俊之在华的工业设计工作室均已落户北滘。韩国振兴设计院也与广东工业设计城展开了多项合作。

这些都为顺德设计企业和设计师的成长提供了广阔的视野和国

际化的平台。在设计城，设计师还可以参加更多的各类培训和交流活动，享受各种扶持政策。

政府对工业设计的大力支持，也促进工业设计企业的快速发展和设计人才的成长。据了解，2008—2011年期间，北滘镇共向81家（次）工业设计企业发放扶持资金783万元。

之前北滘出台的《促进工业设计产业发展暂行办法》到期后，2012年北滘马上又推出了《北滘镇促进工业设计产业发展扶持办法（试行）》，该镇每年将在镇财政预算中安排500万元，作为该扶持办法的专项资金。新旧办法都明确，设计企业如获得办法指定的国内外顶级大奖都有资金奖励。

政府、设计城都鼓励设计企业积极和制造企业对接，经常组织设计企业参加对接交流活动，加大了促进设计企业走向市场的力度。如带领设计企业走进产业集聚地区东莞、阳江等地，让设计企业拓宽视野、寻找市场机遇。

广东工业设计城还和清华大学合作，于2011年开设了（广东工业设计城）清华大学工业设计工程硕士班。广东工业设计研究生联合培养基地一期建设也于2012年7月动工，基地将通过整合省内外高等教育和产业、科研资源，建设成为以省内专业学位研究生为主，以工业设计及相关专业为特色的高层次人才培养基地，为教育资源和产业资源搭建交流合作平台。而这些，都是为了及时满足设计师们继续深造的需求、提升自我的愿望。

成长之路 用“笔头”思考

在评选会上，尹晓丽向评委讲述了自己在工业设计领域的成长历程。2002—2005年，尹晓丽更多的是考虑如何才能设计出“畅销”的产品。“那时候我是用‘笔头’思考，同时体验‘美学’经济，那时候没有想太多，眼界思维相对比较窄一些。”尹晓丽说，“接下来的两年，我开始以管理者的身份在做设计，如何打造让世界尊重的中国品牌，成为了我们思考和要解决的课题。”尹晓丽认为，顺德、广东乃至全国有很多企业都是在做为国外贴牌生产，设计企业要帮助他们树立起自己的品牌。

在尹晓丽的带领下，潜龙工业设计公司正在阔步前进。2004年潜龙宁波分公司成立；2007年潜龙被认定为高新企业；2008年潜龙获评广东十佳设计机构；2009年潜龙获得“省长杯”；2010年潜龙被选为龙腾企业，同时获得红星奖；2011年潜龙获得创业顺德冠军和德国红点奖；2012年潜龙被列为工业设计重点企业。

光华龙腾奖

“光华龙腾奖”是由北京光华设计发展基金会创立和发展起来的。自2005年举办首届评选活动以来，光华龙腾奖致力于“奖励在设计领域做出突出业绩和重大贡献的优秀人才”，以‘中国设计业十大杰出青年”为核心奖项，通过持续、深入、广泛的工作，始终坚持公益、公开、公正原则，截至2012年已成功举办六届。以往六届评选出的60位中国设计业十大杰出青年正日益成长为中国设计产业发展的中流砥柱。

2011年，“光华龙腾奖”获得国家科学技术奖励办公室批准登记，成为中国首个设计领域国家级奖项。该奖由中国设计贡献奖、中国设计业十大杰出青年奖、龙腾之星三个子奖项组成，在业内被誉为中国设计界的“奥斯卡”。

○用汗水浇灌理想

采访对象：李快水、唐宇前

创业“梦计划”：成为世界范围内广受尊敬的设计公司

一家起步小的公司，究竟能承载多大的梦想?

在广东工业设计城的一间办公室，艾迪工业设计有限公司的李快水和唐宇前快步走了进来，应该是刚办完事、风尘仆仆刚归来。

唐宇前，28岁，艾迪市场部经理。李快水，30岁，艾迪高级设计顾问。他们的名片上没有用董事长、总经理之类的头衔。

落座、寒暄，气氛还算不错。李快水刚坐下，整个身体就松弛在椅子上，一抹谦和的笑容，在脸上绽放开来。唐宇前则不同，他表情严肃，腰也直直挺立。一种少见的激情，让他的脸上带有光芒。接下来就让我们听听他们创业的故事吧。

花光积蓄　买下一家毛坯公司

此前，他们是同事，一起在某台资企业工作，并肩作战，收入不菲。手机模件、下水道探测仪……一件件产品相继诞生，业内认可，老板器重，但舒适安稳的生活里，似乎带有某种缺憾。后来听说，有一家顺德的设计公司正寻求转让，几个昼夜的思考后，他们花光存折里的最后一分钱，买下了这家公司。

再没有定期落袋的工资，企业的前途命运，与他们紧紧捆绑在一起。创业前期，千辛万苦，才拉回几个“蚂蚁订单’。“通宵达旦，把前途赌在每一件作品上”，是他们当时的工作状态。这其中，既是为了做出令人尊敬的作品，更多的，也是生存需要。

有一家名叫小熊电器的公司，当时也刚刚起步。两家公司一拍即合，如摆家家酒一般，结成所谓的战略合作伙伴。两家公司的创始人时常纠合一处，为一个个创意兴奋不已。酸奶机、煮蛋器和面包机……一件件奇思妙想，相继从图纸变为现实。小熊电器成功了，小家电年销量突破400万台，年复合增长率超过100%。伴随着小熊的成功，艾迪也解决了温饱问题。

赌上荣誉　为自己而战

设计师变多了，从仅有的两个创始人，增加到如今的几十人。他们有很多自己的创意想法，但是，想法不管有多妙，也只能被搁置在一边。因为，想法毕竟是想法，客户的订单，才能带来真金白银的收入。

照样是没有选择余地。客户的单子，不管有多难，不管条件多苛刻，先应承下来再说。至于技术细节的攻破，只有靠埋头啃书、发挥创意了。

“那么，哪款产品是你们最满意的？”记者问。

他们陷入了沉思。豆浆机、风扇、干衣机、消毒锅、切菜机，甚至包括数控机床和扫地车，他们都干过。创业之初的生存需要，让他们接单时来者不拒，奋力完成。设计的产品如此之多，如何评选其中的“明星”，反倒成了难题。

“我在每一次铺开图纸，进行设计时，都争取把它做成最满意的产品。”李快水笑笑，说了一个不算答案的答案。

年轻的设计公司，面对巨无霸的制造企业，几乎没有议价权。往往是一个单子接过来，收几千或者几万块的设计费了事。“我们不喜欢这种方式，我们更愿意和企业的命运捆绑在一起，产品面世前一分钱不收，打进市场了，再根据销售额收取提成。”唐宇前说，他更喜欢这种赌上荣誉、为自己而战的盈利模式。

专注　向世界级企业出发

他们清楚，把摊子铺得太开，短期来看可以多接单、增加盈利，但实际上是自掘坟墓。作为一个设计公司，必须适时收缩，找到自己擅长的领域。

又一家有梦想的公司出现在视野之中——广东汕头的星河电器。该公司创业之初，就致力于成为中国母婴市场的领军品牌。星河电器开发出一个过目难忘的品牌——“好妈妈”。

创意灵感接二连三地冒出来。电动吸奶器，将妈妈的乳汁吸取出来，加热恒温。这样，等妈妈上班了，宝宝依然可以吃到健康的母乳。调奶器、暖奶器、奶瓶消毒器……星河的几乎所有产品，都交由艾迪一手包办。这些产品既饱含创意，又更准确切合了80后、90后“新母亲市场”的需求。

再一次——星河也成功了，好妈妈品牌赢得了消费者的喜爱和认可，销量连奏凯歌。

这一战，使艾迪成为母婴市场的设计专家。所有的设计师必须深入市场，与用户直接对话，绝不闭门造车。用户体验被纳入最重要的考核指标，比如母亲们用手接触的地方，必须用软胶。因为，坐完月子的母亲，身体往往虚弱。

厨房电器和灯具，成为艾迪关注的另外两个领域。“厨房杂乱无章的时代即将过去，旧的秩序将消亡，新的秩序将产生。灯具将不再只起到照明作用，好的灯饰，将是增强家居品位的艺术品。就像手表不只是用来看时间，还可用来彰显身份一样。”

可以说，这两个成熟行业，遇上了“第二春”。一大批小企业，将在行业浪潮中冲浪而生，“艾迪，愿意伴随着它们一起成长。”此外，佛山和中山，是厨房家电和灯饰的产业集聚地，急切需要对口设计师。这里市场巨大，把事情做好了，绝不会没钱赚。

梦想　用汗水浇灌

“你们的公司，有梦想吗？”采访临近结束，笔者问。这似乎是一个可有可无的问题，但他们并没有简单忽略，而是思考过后，认真予以作答。

“我们希望设计出一系列令人尊敬的作品，让员工成为受人尊敬的设计师，过上都市白领的生活。然后，我们希望成为一家世界范围内广受尊敬的设计公司。”沉默过后，唐宇前重新直起身子，激动地说。话刚出口，他又想收回去，“说得太过，太夸张了。”

起身告别，这两个年轻人的身影，渐行渐远。

在现在看来，艾迪还只能算一家小不点公司。但是，哪家受人尊敬的企业，不是从一家小公司起步的呢？谁又能百分之百笃定，一家小不点公司，就不能承载创始人的伟大梦想？

他们还这么年轻，谁知道，他们的舞台会有多大。

○没有退路的选择

采访对象：张永昌

创业“梦计划”：成为家居领域的创意项目运营者

办公室里，几块隔板的应用，让狭小的空间舒展开来。风扇打开，伴着呼呼的风声，张永昌开始讲述创业的故事。

张永昌大学毕业刚一年，就怀揣几千元存款，孤身闯顺德，追求创业梦想。公司刚开张，就出现亏损；第二年，巨亏23万元。但是，在短短两年多时间，这家小公司却接连夺得2次红点大奖，在设计领域树立了声誉。

对张永昌来说，顺德这片土地，不仅仅是一个工作、生活的地方。

孤身创业

简奥设计创始人张永昌，颇有点“生不逢时”。2005年参加高考时，几十万美术考生共挤独木桥，竞争之剧，堪称历史之最。张永昌削尖脑袋，才挤进了湖南大学工业设计系。2009年毕业找工作，金融危机余波未了，班上许多同学，毕业即失业。张永昌把心一横，跟着导师办起了公司，担任副总。

从朋友处得知，顺德北滘正大力发展创意产业，许多有激情的设计师，都过去查看虚实。“北滘在哪里？”他问。“美的电器的总部旁边”，朋友回答。他打消了疑虑，带上简单行李，跳上了湖南开往广东的火车。

下了火车，直奔广东省汽车客运站。上一辆大巴，杀到北滘交通中心，又换乘一辆“黑摩的”，将他带到了广东工业设计城。

一个初出茅庐的大学生，以这样的方式寻找创业机会，颇为称奇。更为称奇的是，广东工业设计城的领导不以资历论英雄，一番恳谈后，就为他划出了办公场地。

独自坚守

刚到顺德，举目无亲，张永昌和女朋友一起，草草安置下来，办起了这家公司。当时，他和长沙一家企业有业务合作，每当收到了钱，就留下一点生活费，其他的全部投进公司的运营。

来了一批员工，起初也充满激情，要跟着简奥共成长，帮助简奥做大做强。第一年亏损，第二年巨亏，23万元全部打了水漂。这批年轻人熬不住了，一哄而散，只剩张永昌默默地坚守。

什么是职业经理人，什么是老板？阿里巴巴创始人马云说：“有一个人上山打野猪，一枪打出去，野猪没死，冲了过来。那人把枪一扔，往山上跑的，就是职业经理人。那人如果连续向冲过来的野猪开枪，子弹打完了，把抢一扔，从腰上拔出柴刀跟野猪拼命的，他准是老板。”

巨大的生存压力，令张永昌身心俱疲、彷徨无助。“以前睡大学宿舍，晚上11点熄灯，11点过5分准能睡着”，但创业之后，他开始接二连三地失眠。

“顺德需要创意产业，只要坚守下去，就一定能够克服困难，迎来转机。”数个不眠之夜的思考，令张永昌坚定了信念：“面对困境，必须正面迎击，绝不逃避。”

迎来转机

公司要盈利，必须要有明确的商业模式。先利用自身特长，帮企业申报国家、省级和区级的项目。申领到政府补助的资金后，这些企业会拿出一部分，由简奥做配套的VI设计。

目前寻找的还是小企业，但发展前景良好的战略合作伙伴，简奥就做它们的研发和设计中心。通过市场调研，研发出一系列有销路的产品，与合作伙伴同进退、共成长。

切入一个个家居领域的项目。比如一款颇有应用前景的封口夹项目；比如刚获得红点设计奖，没有拉环的易拉罐项目。简奥可以做品牌，也可以找投资商来一起做，或者，也可以将这些项目卖给有实力的厂商。

“三步棋”的策略初见成效。帮企业申报享受财政补贴的重点项目，2011年只做了一家，2012年已做了接近10家。同进退的战略合作伙伴，已有一家展开全面合作。而市场前景看好的家居类创意项目，已经储备了好几个。

可以肯定的是，公司2012年将扭亏为盈。2013年，更为乐观。

没有退路

每个充满希望的新行业起步时，都会诞生一批勇敢逐梦的人。

IT业成长时，比尔·盖茨、乔布斯、戴尔逐浪而生。互联网迎来“泡沫期”时，腾讯的马化腾、百度的李彦宏、盛大的陈天桥迅速发家。电子商务蓬勃发展时，阿里巴巴的马云、京东的刘强东构筑起梦想的大厦。2010年之前的房地产业，万达的王健林、SOHO中国的潘石屹夫妇积累了巨大财富。这一次，当创意产业开始蓬勃发展的时候，能出现几个代表人物呢？

越是有朝气的行业，越是充满暗流和漩涡。舆论只关注崛起的新星，倒在黎明前夕的“失败者”，是很少有人记住的。这种新兴产业，老道投资家如巴菲特、彼得·林奇等人，也不敢贸然投资。

“万一失败了怎么办？”我们没有问这个问题。

因为，采访中我们知道，张永昌已将最美好的青春留在这里，将欢笑和泪水留在了这里，即使面对冲过来的“野猪”，他也没有为自己预留退路。

没有退路的人，是最容易成功的。

不成功，没有理由！

顺德创意产业的发展，是否遭遇了瓶颈？行业内的创业者，是否仍有乐观的理由？日前，广东工业设计协会秘书长胡启志接受专访时表示，“顺德有一个大市场，有一批激情四射的创业者，创意产业不成功，没有理由！”

胡启志说，创意产业在顺德转型升级中的作用，有目共睹，不可能没有发展空间。“企业好像99℃的水，差1℃开不了。这1℃，就是工业设计。顺德工业，不可能缺少了工业设计。”

他以广东工业设计城举例说，设计城使得北滘镇的人才结构发生改变。以前北滘镇要引进工程师，现在要引进设计人才。设计城如果办好了，在北滘镇未来发展中将起到引领作用。

对于创意产业园区的发展，胡启志认为：“如果有一套好的理念，有一个好的制度安排，有一个富有激情的专业管理团队，把国内国外的顶级设计师聚集在一起，面向产业、面向城市化，社会上又能就创意产业的发展达成共识，那么，创意园的发展就不可能不成功。”

跋 Postscript

从工业设计城到魅力小城

2012年12月9日，习近平总书记到广东工业设计城考察，对设计城和工业设计推动产业转型升级的作用给予了充分肯定，并提出“希望下次再来的时候，这里能有8000名设计师”的殷切期望。在广东省经信委、顺德区委政府“省区共建”的有力支持下，广东工业设计城用了短短四年，从一个旧工业区变身成为国内最有影响力的工业设计主题园区之一，发展速度大大超出了我们的预期。

我们为什么要发展工业设计？它是顺德制造业转型升级“倒逼”出来的，它不仅仅是工业的支点，同时也是撬动城市品味和小城魅力内涵的支点。2013年，北滘镇规模以上工业产值已经达到1780亿元，要实现可持续的、有质量的增长，走消耗资源、粗放式发展的老路是行不通的，必须要加快产业转型升级步伐。为此，近年来北滘不遗余力地打造家电全产业链。工业设计作为家电全产业链的“上游”，成为北滘完善家电全产业链、打造家电总部新城的重要抓手。

如今，工业设计产业在北滘这片创新意识涌动的土地上方兴未艾，而这片产业的根据地——设计城，已经吸引超100家中外设计企业、超1000名设计师进驻，还有100多家企业等候入驻。设计城的发展日益加快，扩容提质成了势在必行的事情：一个涵盖国际设计中心、设计工作室、研究生培训的“设计广场”综合体正在如火如荼地建设中，全面建成后，将与2015年落成的慧聪中国家电城实现“双城联动”，一条包含“研发、设计——生产、制造——会展、销售”的全产业链将贯穿北滘，使北滘的制造业优势得以充分发挥。

发展工业设计产业、打造家电全产业链成为北滘推动产业转型升级的重要一步，而在此之前，北滘更下了战略性的一步棋——于2006年在全国镇域中率先提出总部经济发展战略，重点发展升级效果明显、带动性强的总部经济以及现代服务业，目前已吸引美的、碧桂园等十余家实力雄厚的民营企业扎根，北滘总部经济格局的成型散发出强烈的辐射效应。总部经济的发展正与工业设计、家电全产业链的发展相得益彰，成为推动北滘产业转型升级的重要引擎。

早在2011年，北滘镇党委政府便提出了“超前引领产业转型升级，以城市化带动区域发展”的思路，期望推动产业和城市的互动与融合，焕发北滘小城魅力。几年下来，以工业设计、家电电子商务、总部经济为代表的都市型产业在北滘快速发展，为经济转型注入了强劲的生命力；而北滘城市升级步伐的加快，使北滘不仅是一座产业先进的城市，还是一座产城人交互融合、工作和休闲相得益彰、服务设施配套完善、充满生机和活力的“魅力小城”。

从广东工业设计城的建设到实现“魅力小城”的目标，这一路似乎已经走了很远。设计城带给我们的启示，不仅仅在于一定的行业领域，而在于如何通过“顶层设计”令我们的城市、产业、生活更美好。这段发展历程考验着我们的智慧与胸怀。

我们秉承顺德人务实开放的精神，热情欢迎、欣喜接纳来自五湖四海的每一家设计机构、每一位设计人才走进工业设计城，走进魅力北滘。我们期待，更多智慧与创意的火花在这里碰撞，小城的魅力进一步焕发，北滘能成为众多高端人才创业发展、享受生活的理想家园。

北滘镇党委书记　冼阳福
2014年4月